本书为山东女子学院高层次引进人才科研项目“传媒教育时代教师公共形象的型塑、构建与传播研究”（2020RCYJ04）的成果之一

作为学术职业的教授

形塑与建构

王飞 著

江苏大学出版社
JIANGSU UNIVERSITY PRESS
镇江

内容简介

教授作为一种学术职业，有其特定的学术职业基础、学术职业历史、学术职业场域、学术职业逻辑、学术职业角色、学术职业权责、学术职业发展建构等，本书从这些方面对教授这一专门学术职业从业人员进行了系统深入的研究。本书的主要创新在于从遵循历史环境是多变项的因果关系这一原则出发，避免以逻辑剪裁特定历史背景里的职业群体的思路，尽量全方位地呈现一种学术职业的发生发展历史，将它的面貌较为完整地呈现出来，结合人学、历史学、社会学、教育学等各种理论知识，记载、论述、描画了教授作为学术职业从规训到规范的全景，丰富了学术职业的理论研究，为学术职业的高质量发展建构了一套科学且合理的认识论、方法论和价值论。

图书在版编目(CIP)数据

作为学术职业的教授：形塑与建构 / 王飞著. —镇江：江苏大学出版社，2022.9
ISBN 978-7-5684-1756-3

Ⅰ. ①作… Ⅱ. ①王… Ⅲ. ①教授—职业—研究 Ⅳ. ①G645.1

中国版本图书馆 CIP 数据核字(2021)第 275560 号

作为学术职业的教授：形塑与建构
Zuowei Xueshu Zhiye de Jiaoshou：Xingsu yu Jiangou

著　　者/王　飞
责任编辑/孙文婷
出版发行/江苏大学出版社
地　　址/江苏省镇江市京口区学府路 301 号(邮编：212013)
电　　话/0511-84446464(传真)
网　　址/http://press.ujs.edu.cn
排　　版/镇江市江东印刷有限责任公司
印　　刷/镇江文苑制版印刷有限责任公司
开　　本/718 mm×1 000 mm　1/16
印　　张/14.25
字　　数/228 千字
版　　次/2022 年 9 月第 1 版
印　　次/2022 年 9 月第 1 次印刷
书　　号/ISBN 978-7-5684-1756-3
定　　价/58.00 元

序　言

构思写一部关于教授的书，总的目的是更好地推进教授这种学术职业的发展。教授发展，实质上与释放学术潜能、促进科学研究发展密切相关，进而与学生培养、院校建设、社会发展息息相关。从“职业”的角度思考“教授”的发展，在学术界较为合适的是从“学术职业”的视角来进行。“学术职业”是一个非本土概念，最早提出此概念的人是马克斯·韦伯，他把“academic profession”看成“以学术作为物质意义上的职业”①，强调的是通过从事学术研究获得物质报酬以生存发展。以此为基础，本书基本赞同一中一外两位学者的定义。一个是美国教育学教授马丁·芬克尔斯坦的定义，即学术职业是拥有专业知识背景的、易受新知识生产影响的、随着学术劳动力市场波动的、遵循共同学术规则和学术伦理的自主性职业②。一个是中国学者沈红教授的定义，即从广义角度讲，学术职业指的是散布于各个研究组织内的全部学者及他们所为之奋斗的学术工作，从狭义上讲，学术职业指的是于四年制本科院校内开展个体职业发展的所有学者及其为之奋斗的学术事业③。这两个定义，从内涵特征的角度看，前者的界定较为清楚，而从范围和层次上看，后者的定义较为清楚，各有所长。但前者的定义所包含的特征不全面，后者对“四年制本科院校”的分层强调把“专科院校”及其他领域的学术性工作排斥在外有其不妥之处。学术之所以成为一种具有较长历史的职业，是因为有其相当的重要性，简言之，即决定着学术治理模式的发展，也在很大程度上影响着现代大学治理体系和治理能力的建设。

---

① ［德］马克斯·韦伯：《学术与政治：韦伯的两篇演说》，冯克利译，生活·读书·新知三联书店，1998 年，第 155 页。

② 郭丽君：《学术职业的思考》，《学术界》，2004 年第 6 期。

③ 沈红：《论学术职业的独特性》，《北京大学教育评论》，2011 年第 3 期。

由上述定义已知，大学教授是从事学术职业的主要主体。“如果说木匠的工作就是手拿榔头敲打钉子的话，那么教授的工作就是围绕一组一般的或特殊的知识，寻找方式扩大它或把它传授给他人。不管我们的定义是广义的还是狭义的，知识就是材料。研究和教学是主要的技术。”① 因此，这种职业基于知识有着鲜明的特征：“① 受过专门知识的训练；② 受学术劳动力市场的影响；③ 遵从共同学术伦理；④ 以知识作为获得薪酬的条件；⑤ 有专门的教学或研究领域；⑥ 具有永久性或稳定性；⑦ 有具体的职业称谓；⑧ 依存于某种学科和专业。”② 从这些特征可知，需与时俱进地来思考从事学术职业的教授的发展，尤其是在社会急速转型期，中国高等教育已经步入普及化时代，政治的、经济的、文化的、科技的、社会的各项元素相互影响、协同进化，各种思想、价值观与利益诉求相互碰撞，共同勾画出一幅色彩斑斓又急速变换的社会图景。我国作为世界高等教育第一大国，学生日益增多，需要更多的新成员加入到学术职业中，学术职业一波一波的从业者的更替、新从业人员的招募、学术职业的晋升机制、学术职业梯队的合理建构、在教学和学术之间的时间配置、职业保障、学术自由与学术自治怎样得以保障、学术本身在发展中不断演变、学术职业人员需要具备在变动中理解并驾驭学术的能力、引领实现学术变革和突破需要特殊的智慧和修为，这些都对学术职业人员尤其是教授的学术发展构成了挑战和困境。

带着这样的认知，本书试图给从事学术职业的教授的发展指明三个维度：

第一，教授的继续专业发展。“继续专业发展”在大学中得到日益广泛的推广，它面向全体员工，在很多情景中与周期性评估计划或个人发展计划相关。这些计划的确立和运行常常与院系发展目标相一致。在继续专业发展方面，“发展”一词的含义很宽泛，它意味着一个权威色彩比较弱的长期进程，“发展”不论对于组织还是个体，都有积极作用。“继续专业发展”这一术语也同样适用于作为学术职业主体之一的教授。在这种发展中，“继续”这一概念是极其重要的，特别是在变革时代。

---

① ［美］伯顿·R. 克拉克：《高等教育系统：学术组织的跨国研究》，王承绪，等译，杭州大学出版社，1994 年，第 12 页。

② 王春艳：《美国高校学术职业解读》，东南大学出版社，2012 年，第 10 页。

我们发现，为了教授的继续发展，需要进行良好的认识以保证他们有能力应对这些变革，这对于远景目标的实现和事业的成功是至关重要的。

第二，教授更需要终身学习。这里也有必要探究“终身学习”。教授虽然已经拥有特定岗位所需要的知识、技能和态度，但是更要具有灵活性、适应性、创造性和互补性等个性特征与能力，以应对变革。换言之，在他们的职业生涯中要具有持续学习的能力。

第三，教授的深入发展。“教授发展”一词，在大学和其他一些组织中被人们所使用，其含义的宽泛程度不同。广义的定义涉及三个维度，即个体、职业生涯和群体。在第一个维度，要开展广泛的活动，提高个体在不同工作领域和层次上的绩效表现。在第二个维度，要对未来的职业生涯发展进行规划并不断取得进步，尤其是在各大学教授群体越来越年轻化之后。在这一过程中，教授个体能够进行相关学习以实现发展的目的，具有合理的工作前瞻性，能够激发他们的积极性并使他们获得某种满足感。第三个维度，即“群体视域中的个体发展”，这在很大程度上是战略性的，涉及总体规划及对于个体的要求和安置等。一方面，它体现了团队的整体性发展活动；另一方面，它体现着组织体系的整体观，从而使大学全体员工的个人发展与职业生涯发展都能够实现。实际上，“教授发展”的意义十分深远，涉及一个组织机构中个体发展和安置的整个过程，如教授培育、教授评定、教授治校、教授角色、教授权责等。

回望历史，近代以来，随着中国社会发展的风云变幻，教师职业在中国走过了艰难曲折的发展历程，尤其是近代型教师的历史性出场与成型，凝聚了几代教师群体的思索与更新，至今终于向专业化教师的职业理想迈进了一步。教授是教师群体里的一个重要组成部分，对推进学术职业的发展意义重大。

当前，在社会急剧变革和教育全面自我更新的时代，学术职业面临着前所未有的机遇和挑战。为了成功地应对这种机遇和挑战，我们不仅需要借鉴他人，研究现实与未来，而且需要回顾与审视历史。① 自 20 世纪 90 年代以来，越来越多的中国教育研究者认识到，对 20 世纪教师在

---

① 叶澜：《百年反观：为了教育学的未来》，《探索与争鸣》，2005 年第 12 期。

中国发展历史中的作用的回顾与审视，是能否本土化地更新教师发展模式、避免重蹈覆辙、实现新的发展的重要认识性条件，于是近二三十年内，国内掀起了一股前所未有的教师研究热潮。所有这些都成为本书进行教授发展研究的基础，为本书研究教授发展问题提供了多层次、多角度的启发。但同时，我们深切地感受到对教授发展问题的认识更多地落脚在大学教育的演变史这一制度化层面的分析，尚缺乏对教授作为学术职业的来龙去脉和本体论的详细梳理。

因此，教授职业本体的思考对于我们更深刻地理解教授这种学术职业在生命发展中所展现的各类问题和在人才培养、科学研究中所积累的重要经验，对于我们更清楚地认识“教授”的发展及其在社会与人类自身发展中的地位与作用，对于我们更好地促进教授的成长，都具有十分重要的理论价值与实践意义。

在《存在与时间》一书中，海德格尔对于人的存在，人们的共同存在，人在一生的时间中种种的自由、命运、操心或关怀，以及人生的计划和责任、意义与价值、生活世界中的种种真伪和超越等问题均有非常精确深刻的探讨。从海德格尔及其他人文主义思想家的角度看，成为教授的人一生在大学里的悲欢苦乐；教授对于自己所选择的教学科研工作，对于学生的来来去去和岁月更迭，对于日常生活与学术生活的同步历程，对于自己的职业与人类历史、人的发展质量间的意义认识，对于自身生命价值的定位等，究竟是如何默会体悟的；教授究竟可以怎样从教学和科研生活中认识自己、肯定自我的存在与价值，从而超越自我，超越功利社会的种种冲击或束缚等问题，都值得深思与研究。

本书意在弄清教授作为学术职业的本然、应然问题。在相关叙述中，我们认定教授的发展是与整个国家、整个高等教育的发展连成一体的，教授在大学的发展中不但有自身的连续性和继承性，而且与国家的政治、经济、文化及教育状况有着密切的关系。这一点应是学界的共识。以什么方式和观念来理解教授，恐怕是每一个从事教授研究的学者都不可回避的问题，这或表现在言说中，或表现于研究方式本身。对于教授发展问题的研究同样不可避免地要面临这样的状况。对教授群体的研究要把“教授”看作一个全体系，它的复杂性在于有一个“多变项的因果关系”，因此，绝不能执一概全。许多人随便捡拾古人的一个思想或现实社会的一个事实便拿来支持他预定的假设或判断，殊不知同一思想或事实常常也可被用来推翻他的假设与判断，除非我们了解社会各个结构间的功能关系，否则我们确实无法做客观的判断。

换言之，对教授的研究是将其作为一个“全景人”（即本书的整体框架结构所涉及的内容）进行的。“对于教师的生存状态，我们既要看到外显的又要看到内在的方面，尤其是要深入到教师的工作和日常生活中体验教师的内心世界，而不能光从意识形态化的媒体宣传中得出结论。”①（这里的教师包括教授）同时，还要尽量摆脱文化的、种族的、时空的和个人的成见，要具有斯宾诺莎那种“不笑、不悲、不怒，只是理解”的心态。以这样的心态对作为学术职业的教授进行系统深入的认识，才能真正对教授这种学术职业进行形塑与建构。

对特定职业群体的研究难免要遭受三个层面的困扰：一是来自整个社会变革层面，包括制度变革、事实变革的困扰；二是来自思想界的认识与主张的困扰；三是来自研究对象本身内在发展线索的困扰。很多情况下，这三者之间变革的步调、方向并不一致，甚至相互牵扯与制约。换言之，人们通常所理解的因与果的关系在特定历史背景下的职业群体中常常是不成立的，也正体现了金耀基所讲的历史环境是“多变项的因果关系”这一论断。由此，在研究中就应尽量避免“以逻辑剪裁特定历史背景里的职业群体”的思路，并尽量全方位地呈现历史，将它的面貌较为完全地呈现给读者。

任何一个职业群体的发展环境都有“大环境”和“小环境”之分，本书把在每一历史时期“大环境”中引起普遍关注的命题作为基本的结构性问题序列，一方面对“大环境”的命题做出概括，另一方面通过教授作为学术职业的发展所涉及主要内容的分析来描述、解析这些命题的特殊展开方式。论述的重点则是在对其具体的描述中提炼出问题，以使思想命题具体化和复杂化，获得一种多层次地、立体地重新评价教授发展的生存与精神线索。

综上，本书从遵循历史环境是多变项的因果关系这一原则出发，尽量全方位地呈现一种学术职业的发生发展历史，将其面貌较为完全地呈

---

① 朱新卓：《专业：教师生存状态与教育问题的一个分析视角——兼答教师职业为什么要专业化》，《教育理论与实践》，2004 年第 3 期。

现出来，结合人学、历史学、社会学、教育学等各种理论知识，描画教授作为学术职业从规训到规范的全景，并力图从广义的视角，对教授这一学术职业发展过程中的不同要素进行分析，为学术职业的发展构建探索科学且合理的认识论、方法论和价值论。学术职业的构建，问题深远且复杂，并非一本小书可以解决。笔者一家之言，只为相关研究和实践工作尽绵薄之力，能力有限，有不当之处，还请方家指正。

目 录

第一章　教授的学术职业基础

"教授"作为学术职业，有其特定的学术职业基础，这个基础即蕴含在教授自身作为"特定人"和从事的"学术工作"中。教授作为一种专门学术职业的展开与形塑，首先离不开对其作为"特定人"这个第一基础和"学术工作"这个第二基础的阐述。如果教授与"人"和"学术"这两方面中任何一方面的本质属性脱离，那么教授都不能成为教授。把握"人"和"学术"这两个基础，便可为把握教授这种学术职业的根本内容奠定最重要的基础。

第一节　教授的基础是人与学术

一、教授作为"特定人"是其从事学术职业的第一基础

（一）教授作为"特定人"的职业潜力基础

"学术职业是指供职于大学，专门从事某专业领域的学术活动，拥有特定文化的教授、副教授、讲师、助手等大学教师的总称。"① 从这个概括性的概念可知，教授是从事专门职业的人，是学术职业里通过研究、传授、应用专业领域的知识来培养其他职业人才的特定主体。成为这个职业主体的是特定的人，如张三是教授，李四是教授，这个特定的人就是"张三"与"李四"。关键在于对这个"特定"的含义的认识，把"特定"解读清晰了，也就知道了为什么说教授的载体首先是人。怎么认识这个"特定"？笔者主张用张楚廷的"教育学五公理"来予以说明。张楚廷先生提出的教育学五公理分别是指：人的潜在性对应着潜在公理、人的生长性对应着能动公理、人的自省性对应着反身公理、人生

① ［日］有本章：《大学学术职业与教师发展（FD）：美日两国透视》，丁妍译，复旦大学出版社，2012 年，第 1 页。

来而美对应着美学公理、人的环境性对应着中介公理。① 这五个“人的特定属性”产生的教育学的五大公理，在作为教授的人身上体现得淋漓尽致。教授是已经把自己的潜在性在相当程度上进行了挖掘和释放的人，教授是经过一定时间的生长和积淀之后成为教授的，教授在自己的职业生涯中时刻运用理性的技能和感性的天赋进行自我反省并带领他人反省，教授经过自己的拼搏奋斗在很大程度上使自己作为一个人的那种美得到了最大的释放，教授在自身作为人所处的环境里发挥着对环境的建设作用。可见，教授的载体是人，而且是具有这五方面特定属性的人，不是一般的人。总之，审视作为教授职业载体的人，其遵循的根本指导思想是“人的根本就是人本身”“人是人的最高本质”②。教授的根本就是教授本身。

（二）教授作为“特定人”的职业修为基础

成为教授的基础就是必须从个体做起，从个体具体的修为方向和修为内容做起，从个体的自然属性和社会属性两个方面出发：以规范自然属性的教授学术精神回归为基础，重建对己的精神要求和精神约束，即作为自然人应该建立持仁爱之源、怀知耻之心、守独立之格、秉正直之气的修为规范。在持仁爱之源方面，仁爱是中国传统思想的基石，是贯穿中华文明发展历史的主线，也是中华文化的永恒主题。仁爱有着本能意识的生命情怀，有着确保人性延续的社会担当。仁爱是个体修为的起点，也是没有终点的修为目标。在怀知耻之心方面，较长时间以来，由于没有开展有效的知耻教育且未能形成应有的耻感氛围，社会上有些人耻感意识淡薄，缺乏羞耻感、知耻感和耻辱感，甚至毫无廉耻，更没有负罪感、内疚感和忏悔感，为达到一己私利无所不用其极，人性的底线被一次次践踏，社会的底线被肆无忌惮地击穿，这都在一步步拉低整个社会的道德水平，并可能导致整个社会趋向低俗化、庸俗化和利益化。在守独立之格方面，一个社会文明进步的表现，很大程度上体现为个体所具备的思想认知的判断力和自我言行举止的独立性。越是文明进步的社会，个体的理性思考的深度就越深，思想氛围就越活泼，社会创新的

---

① 张楚廷：《人论》，西南师范大学出版社，2015 年，第 32-33 页。

② 中共中央马克思恩格斯列宁斯大林著作编译局编：《马克思恩格斯选集》第一卷，人民出版社，1995 年，第 9 页。

动力就越足，整个社会也就随之更具朝气和活力。反之，思想受到禁锢、言行受到束缚、举止受到限制的社会，必然是一个封闭、盲从、落后的社会。因此，培养和崇尚个体理性条件下独立的人格精神，应成为促进整个社会充满活力、不断进步的重要举措，也是提升新时代文明涵养和进步程度的必经之路。在秉正直之气方面，正直是自我忠实于道德标准的社会体现。正，就是能够心存正气、坚持道义、不畏强势、敢作敢为，能够坚持正道；直，就是心无私念、光明磊落，义无反顾地公开反对坚信是错误的东西。正直就意味着勇敢地坚持正义并义无反顾地坚守，而对于错误的东西能够确认并反对。

（三）教授作为“特定人”的职业精神基础

除了自然人层面的学术职业基础之外，以规范社会属性的人际关系为框架，重建教授个体对他人的精神要求和精神约束，即作为社会人应该建立尚尊重之德、践责任之为、恪守信之义、立契约之节的学术修为规范。同时，在此基础上，逐步按照学术领域的特点、职业范围的需要，不断扩展丰富并形成整个社会的精神秩序。在尚尊重之德方面，由自然人逐步进入社会成为社会人后，所面对的首要问题就是怎样与广大的社会人建立起良好共融的社会关系。换言之，应该秉持怎样的处世原则使得自身逐步融入社会，成为社会所接受与认可的社会人。从培养人的综合素养角度来说，这就是要使自身成为具有优秀涵养且秉持坚定信念的人，并从容、淡定、充实地生活和工作。在践责任之为方面，责任就是一个人应当做某些事情或不应当做某些事情。从自然人的角度来看，自然人的“责任”是与生俱来的，即人处在不同的年龄段应该承担相应的责任。从社会人的角度来看，人不单单有着动物本能性的“责任”，还有着人类世界的社会性“责任”，具体而言，就是社会人的“责任”问题。在恪守信之义方面，“信，诚也。从人从言”；“守”，是保证、保护、遵守、奉行的意思。守信，即保持诚信，遵守信约。在立契约之节方面，从中国社会历史的演进看，“利”往往是与“义”相分开的，甚至是相对立的。所以，契约伦理、契约精神也就很难直接进入中国人的精神秩序当中，成为中国人直接继承的一种品格。但与此同时，这种直接进行物质交易的行为通过人格化的转变，得以以另外一种方式体现，即以“诚信”“守信”的精神理念出现在中国社会。这些都是新时代从事学术职业的教授应具有的精神。

二、教授开展的学术工作是其从事学术职业的第二基础

（一）把握科学的学术内涵是学术职业的根本性基础

科学的学术内涵包括精确、求真、批判性提问、正确的怀疑态度、对事实和不确定性的尊重，以及对大自然和人类精神的丰饶保持求知欲。① 简言之，学术的基本内涵是“研究”，而非“学习”，学习与研究是有差异的。研究在于产生知识增量，而学习则不然，如果不从“知识增量”的角度来看研究，一切研究都没有意义。“研究”和“学习”有明显的区别。学习的本质是通过人类已有的知识存量来解决问题②，即通过一条线路：明确问题→判断方向→搜索调查→筛选资讯→感性判断→得出答案。通过知识叠加找到答案，是学习的本质。研究的本质是通过创造知识增量来回答问题③，即通过一条线路：质疑现状→创新视角（方法）→理性判断→解决问题。通过知识创造解决问题，是研究的实质。二者的区别见表 1-1。

当然，两者不是截然对立的。在具体的研究中，刚开始就全盘确定研究中的具体明细的内容是不可能的，一定有很多东西要去阅读和探究。因此，在研究之初，学习与研究之间是处于游移状态的，从“学习”到“研究”的游移是正常的，只不过重要的是要尽早、尽量、尽快地确定方向和主题。研究的本质和目标是尽量尽快地实现从“学习”到“研究”的游移。表 1-1 中，“研究”层面确定的内容越多，能完成研究的可能性就越大，且越能创造知识增量彰显研究的本质。明确学术的基本内涵，这是学术职业的根本性基础。

---

① ［美］亚伯拉罕·弗莱克斯纳，［荷］罗贝特·戴克格拉夫：《无用知识的有用性》，张童谣译，上海教育出版社，2020 年，第 38 页。

② 熊浩：《论文写作指南：从观点初现到研究完成》，复旦大学出版社，2019 年，第 8 页。

③ 熊浩：《论文写作指南：从观点初现到研究完成》，复旦大学出版社，2019 年，第 9 页。

表 1-1　学习与研究的区别

类别	学习	研究
主题	先研究，后确定主题	先确定主题，后研究
目的	知识总结	贡献新知
论点	“立说”不明（观点/态度/立场）	“立说”明确（观点/态度/立场）
论证	主观证明（感性判断居多）	客观证明（理性认知居多）
文献处理	置身茫茫文献海洋，难以把握现有研究的不足	预定可修改的论点，较好把握创造新知的突破口
方向	迷失	清晰
理论	难以找到或建构节省认知成本的理论	较易找到或建构节省认知成本的理论
完成难度	容易	困难
结果	依然继续学习	获得高阶研究
水平	知识的叠加	知识的创造

（二）应用科学的学术方法是学术职业的关键性基础

学术是方法。对于学术，方法更重要。① 马克思说，在黑格尔看来，形而上学，整个哲学，是概括在方法里面的。② 对作为学术职业的教授而言，整个学术，是概括在方法里面的。人在每一项活动、每一项工作中，都有方法问题。③ “人”在这里是泛指，自然包括作为教授的人。而在所有的方法中，最重要的方法是思想方法④。不管是什么学科专业领域的教授，最重要的是要有自己的思想，这个是学术职业的关键和生命力。基于科学的思想，要能开展有效的论证。从逻辑上看，有效论证

① 张楚廷：《人论》，西南师范大学出版社，2015 年，第 82 页。

② 中共中央马克思恩格斯列宁斯大林著作编译局编：《马克思恩格斯选集》第四卷，人民出版社，1995 年，第 137 页。

③ 张楚廷：《人论》，西南师范大学出版社，2015 年，第 83 页。

④ 张楚廷：《人论》，西南师范大学出版社，2015 年，第 83 页。

取决于确立一个真实的假设。创造知识增量，就要靠双管齐下的有效论证，一方面是不断设想各种大胆的真的假设（推断的可能性），另一方面是千方百计地对这些假设进行反驳或证伪（论证）。简言之，即前提为真，逻辑自洽。这种工作越多、越好，知识发展就越快。科学理论是猜测，证伪则是对猜测的反驳。科学认识就是在这一猜测与反驳的双方交锋中不断前进的，这就是人类科学知识进步的规律。此外，有效论证取决于倾向一种客观的证明。逻辑自洽的论证有两种方法：主观证明和客观证明。主观证明是遵循“目的理性原则”所做的证明，即遵循的原则是基于效用和偏好，每一理性选择都是为了效用最大，行为的动机是取得主观效用①。目的理性行为，属于目的或后果导向的选择规则和基于主观效用的行为动机相结合的行为，在这种行为中，诉诸的情绪和感知，是一种感觉或感知建构的相信，而不是逻辑建构的论证，研究者要对此有所警觉。客观证明即前述前提为真、逻辑自洽的论证，遵循“价值理性原则”进行证明，即基于价值和理念，行为的动机是实现理念价值。行为动机总是出于广泛意义上的“价值”②。

（三）明确科学的学术价值是学术职业的重要性基础

第一，有利于把握好有现实影响的真问题。真问题有清晰的问题意识。真问题的第一层含义是教授能驾驭的问题，不但能驾驭，而且能产生现实影响。换言之，真问题指向一种“现实感”，即能够感受到现实中存在的误区、困境、错误等。这种现实感就是问题意识。“问题意识”是做学问的基本要素，也是人生的基本要素。③ 所有的学术研究都是理解、解释、回答、分析、论证某一个问题（question）的。学术研究以回答问题为导向，为解释和回答问题而进行。问题意识可以理解为提出的问题是否清晰、是否明确具体，即是否能够转换成一个确定的学术研究问题。因此，这个价值表现在两个层面：一是对于现实中存在的困境、错误、误区等具有敏锐的洞察力；二是作为研究者对问题的凝练与抽象能力。这种清晰的问题意识具体通过分清楚“problem”“topic”“is-

① ［德］米歇尔·鲍曼：《道德的市场》，肖君，黄承业译，中国社会科学出版社，2003年，第272页。

② ［德］米歇尔·鲍曼：《道德的市场》，肖君，黄承业译，中国社会科学出版社，2003年，第273页。

③ 余世存：《人间世》，九州出版社，2014年，第55页。

sue”“question”四个概念所代表的不同内涵呈现出来（见图 1-1）。

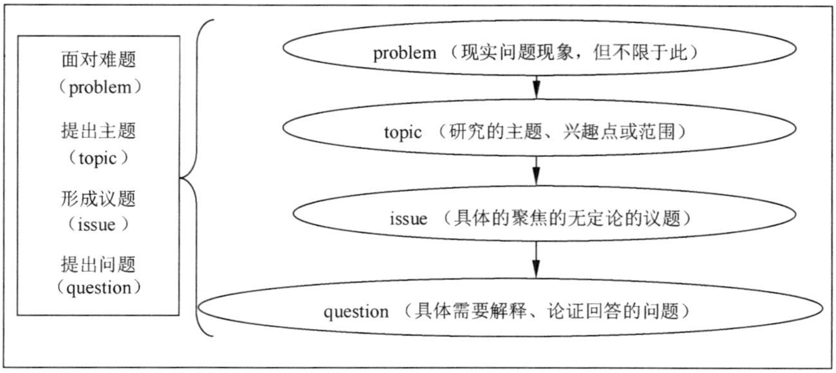

图 1-1　学术研究问题的形成路向

问题意识要能产生影响。前述经过问题意识梳理产生的可研究的具体问题，是能产生影响的问题。教授要基于能够产生一定的影响这一原则去开展研究。怎样把握这个影响？可从“影响圈里的问题”（从事的工作、专业技术涉及的问题等）和“关注圈里的问题”（新闻事件、小道消息、网络传言等）两个视角进行把握。影响圈的范围比关注圈小，影响圈是可以控制、介入、改变的领域，而关注圈涉及的是教授不能影响、不可改变和不可控制的事（见图 1-2）。

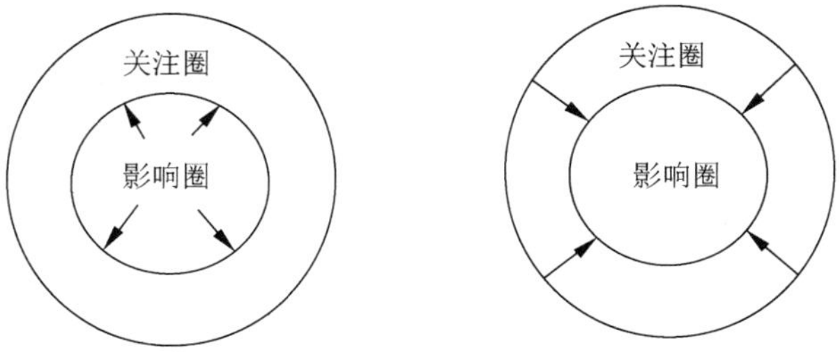

(a) 能产生影响的问题（主动）　(b) 难以产生影响的问题（被动）

图 1-2　基于影响圈思考能驾驭且有影响的真问题

在选择问题时，在关注圈花的精力越多，影响圈就越狭窄，可自我决定的事情会越受到限制，意义则被大量消散。反之，在影响圈多花精力，研究能力就会扩大，能驾驭、能介入的问题就会多且具体。因此，教授应多在自己的影响圈下功夫，少留意关注圈，即通过关心自己专注且能驾驭的问题研究提升自己的影响。

第二，有助于把握关乎外在和自己的现实问题。真问题是通过知识的外溢效应和内在力量来体现的。人的大脑不会自动分泌知识与思想，知识与思想是经过努力学习和研究之后发生在人头脑中的存量或增量，知识具有丰富的外部性与社会性，多一点少一点，深一点浅一点，主要与学习者和研究者自己的能力及视野相关。当我们的能力还停留在学习者的时候，所获得的知识主要是存量；当我们的能力上升到研究者的时候，所获得的知识就是增量。人为什么要花精力努力在学习的基础上去进行研究，上升到研究者？为什么要从知识存量上升到知识增量？国家为什么要花大力气办教育？为什么要花大力气办好高等教育？根本原因在于人们经过学习与研究后能够获得知识，这不仅给学习者或研究者带来好处，还能给国家与全社会带来好处。人如果不学习、不研究，那么其自身的愚昧不但会伤害自己，也会伤害其他人，进而阻碍国家与社会的进步。单一的学习者或研究者是一个独立的个体，同时更是社会性的动物。优良的知识存量与知识增量教育，表面上看是个人受益，但实际上整个社会网络才是最大的受益者。可见，知识的外溢效应及其内在力量决定了即便是已经身为教授的人也必须去学习，不但要学习，更要研究，使自己从知识存量的拥有者上升到知识增量的创造者。可见，做好知识增量的创造中要做到：真问题来自中国现实，不来自书本。①

第三，有助于把握能产生拓荒效应的真问题。能产生思想拓荒效应的问题关键是人文学科范畴的问题，即人类思想可能触及的崭新可能，用易中天的话讲是：人文学科的任务不是得出结论，而是提出问题。对思想家来说，问题是比结论更重要的东西。因为结论是不能被证明的。问题却可以启迪智慧，磨砺思想。② 然而，思想拓荒的门槛很高。首先，思想拓荒不是任何一个人都有能力去完成的，关乎智力，关乎才情，关乎时代光华的眷顾；其次，思想拓荒不是天马行空的自我意淫，它要能对时代大问题的统贯性起到指引作用，要有价值理性意义上的价值；最后，人文科学与社会科学需要能从方法论层面进入经验层面，能被经验检视、验证或拓展，不管多么对立的理论都能够在经验意义上进行沟

---

① 苏力：《问题意识：什么问题以及谁的问题?》，《武汉大学学报（哲学社会科学版）》，2017 年第 1 期。

② 易中天：《破门而入：美学的问题与历史》，复旦大学出版社，2006 年，第 28 页。

通。这是学术职业的最高境界的价值。

（四）谨守科学的学术道德是学术职业的主要性基础

科学的学术道德是指秉持明晰的道德思维和崇高的道德信仰来履行学术职业。道德思维是人类思维活动的重要方式和特殊样式，人的道德行为方式在很大程度上受道德思维水平的支配和制约。道德思维是一种综合性思维，从综合性思维到分析性思维再到反思性思维的演进历程，有助于深刻理解道德信仰、道德规范、道德语言和道德共识之于人类生活和社会发展的理论价值和实践意义。综合性思维、分析性思维和反思性思维的本质都集中体现于道德思维中的向善取向。“抽象的规定在思维行程中导致具体的再现。”① 学术职业中的某些抽象思维的重要价值就在于此，道德思维的明确价值就是引领人们以“求善”的思维方式认识并改造世界，追求善，祛除恶，进而处理好善恶矛盾，使善成为矛盾的主要一方，以此建立起人的一种受到善主导的价值理性，这种价值理性是合目的的。道德思维在思维主体维度上表现为“内我思维”。“内我思维”把具体的、与他人相分别而有种种特殊性的、活生生的自做主宰的思维主体自身——“我”，置于思维统摄的范围以内，使之成为思维的轴心和思维对象的一个重要方面，而且思维主体在思维过程中自始至终都意识到自身——“我”的地位和意义。② “内我思维”是具体思维主体之“我”与外在于“我”的“他者”的相互关系的一种价值判定。镶嵌于这种内我思维中的核心思维成分是道德思维在思维对象上彰显为向善的一种思维，“善”是人和人之间一种价值关系的表现。从学术职业的道德信仰来讲，信仰对道德有论证、聚合、圣化作用，信仰教育对道德教育亦有内在和外在的补遗作用。③ 道德作为一种支配人精神情感的元操作理性活动，所要解决的问题是人们的实践价值观问题，即“人们该怎么做人做事”。在解决这个问题的过程中，道德主要通过道德判断把人所在的世界区分成“善与恶、正义和非正义、该和不该”这三个维度来进行认知，同时用这些认知指引人的行为，把这些认知提升为一

---

① 中共中央马克思恩格斯列宁斯大林著作编译局编译：《马克思恩格斯文集》第八卷，人民出版社，2009 年，第 25 页。

② 任建东，陈嵩：《人生何以需要道德信仰》，《唐都学刊》，2011 年第 2 期。

③ 檀传宝：《论信仰教育与道德教育》，《北京师范大学学报（社会科学版）》，1997 年第 2 期。

种内在律令来执行。道德信仰在本质上是道德生活的价值导向，通过这种道德认知使人所处的道德环境是一个平衡与和谐的环境体系，道德品质也是通过平衡好这三个维度的道德认知和信仰彰显出来的。道德信仰旨在引导人们通过特定历史条件下的社会舆论、风俗习惯和内心信念，来调整人与人之间、人与社会之间的关系。一个恰当的道德信仰和道德原则应具有“自我与他者的对称性”的理论品质和实践智慧，并切实成为指导人们生活的普遍原则，这样的道德信仰才可能成为人类社会的共生性价值尺度。在教授履行学术职业的过程中，这种学术道德和信仰自然是其职业的基础。

（五）遵循科学的学术规范是学术职业的引导性基础

学术在于追求真理，学术活动作为基于“学科”与“学说”进行的科学探究，都是相当理性的活动，都是在理性范围内严格地遵循学术规范开展的。学术是根据提出问题、分析问题和解决问题的科学规则开展的严肃工作，其灵魂在于遵循学术规则进行科学“论证”，通过理性的论证来开展学术研究是一切学术工作的本质。论证是学术活动的基本逻辑，在这个基本逻辑的基础上可展开为五个小逻辑构成的学术规范论证逻辑——论旨、论点、论断、论据、论述。

论旨即主旨、核心命题，没有真假之分，只有“有道理、无道理”“可接受、不可接受”之分。人不可能毫无理由地对某事物进行批判①，即不能毫无理由地进行学术论证，首先必须以主旨为根据。换言之，学术论证主旨的主要手段是逻辑手段，就是看一个命题是否得到了很好的论证和支持，是否被置于与其他学术问题的逻辑关系里，是否被整合到了某种更宽泛的知识架构里。对于学术论证而言，论证使某个主旨命题具备了可理解性、可批判性与可交流性，进而使学者能进入读者（评价者）的思想世界，且学者与读者互相能进行理性对话。

论点即意见和论证意见的理由。有清晰明确的意见和论证意见的理由就能使学者凸显“自圆其说”和“自成一格”。“人不仅在其说出的话中代表自己的意见，而且也正是在其说出的话中真正形成这种意见并使之明确起来。在此过程中，人同时获得了其内在的坚强性，从无名的

---

① Nagel T. The last word. Oxford University Press，1997：20.

集体存在中摆脱出来，变成一个名副其实的‘自我’。”①

论断即分析判断和评论好坏。完美地写出科学的学术论文不是件容易的事。从某种程度来说，科学和媒体（刊物）本身就很难调和。科学一直以来都反对急躁与冒进，对观点的态度相对保守，绝不轻易认可新的发现（至少理应如此）。与之相反的刊物等学术媒体，则总是希望能获得吸引眼球乃至爆炸性的文本，学术文本越新鲜越好，也不用很复杂。阅读率和引用率对学术刊物来讲是生存底线，而这与某些发文因素直接相关，如文章主题能引发多大争议，或能引起多少人的情感共鸣；文章有多么振奋人心；文章的主题有多大的诱惑性；传递的信息是否简单直接，以及是否有任何形式的模仿嫌疑。这些都取决于论断。

论据即与科学论断和理论相关的证据，分为个人意义上的证据、社会意义上的证据、无人称意义上的证据。个人意义上的证据是一个断言在某个时间对某个人来说是有根据的程度，社会意义上的证据是一个断言在某个时间对一群人来说是有根据的程度，无人称意义上的证据是一个断言在某个时间是有根据的程度。② 不管是哪种证据，有力的论据务必确保支撑论据的信息来源是真，那究竟怎样区分“真信息”和“假信息”呢？因为二者之间不总是泾渭分明的，所以我们不得不借助模糊的界限和有限性的定义。根据亚里士多德的界定：以是为是，就是真；以不是为是，就是假。③ 换言之，信息或真理与世界一致就是真，反之则是假。这种符合论的符合特征越明显，信息的真实性就越强。符合程度越低，就越有理由将其斥为虚假信息。

论述即叙述和分析。人们对这个世界的描述，有时真，有时假。对是真是假的判断，关键取决于学术研究者所做的学术表达是否与世界的本来样子相匹配，不管在语言上怎么组织词句，本质上都应当是吻合真实世界的表达，不能出现与真实世界不相容的“真理”。

（六）具备科学的学术环境是学术职业的创造性基础

良好的学术环境是学术职业的创造性基础，而现代社会的危险是创

---

① ［德］O. F. 博尔诺夫：《教育人类学》，李其龙，等译，华东师范大学出版社，1999年，第117页。

② 陈波：《与大师一起思考》，北京大学出版社，2012年，第194页。

③ ［瑞典］奥萨·维克福什：《另类事实：知识及其敌人》，汪思涵译，中信出版社，2021年，第14页。

新不足，因为一个社会往往在不知不觉中接受了许多常识、成见、假设、前提，“要使对真理的追求（或者对正义的追求，对自我实现的追求）持之以恒，就必须对假设质疑，向前提挑战，至少应做到足以推动社会前进的水平”①。而要有充足的创新性成果出现，社会就要优化一定的学术环境：（1）建设宽容的学术环境，遵循的主要原则是不能使其“因思想致罪，因言论招祸”；（2）建设既能竞争又能合作的专业共同体，遵循的主要原则是“赋权由国内外学者组建的专业共同体，开展学术交锋和争鸣以及论战”；（3）有一批专业水准很高的学术刊物。学术刊物是发表独创性成果的主阵地，学者主要通过刊物获知最新的学术动态和学术进展。但在人文社会科学领域，中国还少有真正权威性的有国际水准的学术刊物，这有多方面的原因：（1）缺乏严格的匿名审稿制度，经常交付编辑去判断，而编辑并非特定领域的专家，难以判断。（2）绝大部分刊物都限制论文字数，一般的省级刊物和大学学报规定不得超过 8000 字或 1 万字，较权威的刊物如《中国社会科学》也规定 1.2 万~2 万字为宜。究其原因，也许是中国以职称评定制度为核心的一整套学术考核和评价机制，如规定必须在什么级别的刊物发表多少篇文章，于是刊物的版面供不应求，只好限制字数，有些刊物索性把注释与参考文献也省掉了，这违背了起码的学术标准。翻开国际上的知名刊物，一期常常只有 4~8 篇文章，单篇文章长的可达 30~40 页，然后配以学术答辩文章，以及少量书评、书讯。中国的学术刊物，至少是最重要的刊物，希望在新时代也能按照国际上知名刊物的标准执行。

第二节　教授作为“人”的本质结构

人这一“斯芬克斯之谜”总是在不同的时代引起人对自身的一再反思。② 教授作为人，前述已说不是一般的人，而是已经相对充分地具备了人身上两大本质结构——自然人和社会人——的人。人一生都活在“自然人”和“社会人”的双重身份之中，在时间造就的深渊里，成为

① ［英］布莱恩·麦基：《思想家：当代哲学的创造者们》，周穗明，翁寒松译，生活·读书·新知三联书店，1987 年，第 4 页。

② 蓝劲松：《致知穷理：大学发展的多维探索》，人民教育出版社，2008 年，第 50 页。

一直疲于奔跑的人。动物只沉浸在眼前的快乐或痛苦之中，只有人类在欲望的驱使下追逐未来的财富。教授也是如此，多数教授会选择努力经营自己的生活，作为一个生理的存在和一个社会的存在。

一、作为自然人的教授

首先，从自然人的自然属性来看，自然人身上首先具有的属性是理智和欲望。在意志和理智之间达成某种平衡，是一切动物尤其是人在世界上生存和进步的必要条件。① 意志是属于潜意识层面的东西，是通过潜意识的力量在不知不觉中支配乃至主宰着人的一种巨大隐形力量。意志是与思考相反的能力，意志的主要特征是无意识，在意志方面人或许能意识到自己的意图，但实际上人是意识不到意志的，意志是不可捉摸的。理智是属于理性范畴的要素，理性的反义词并不是感性，换言之，理智的反义词也不是感性；理性的反义词是本能，也就是说，理智的反义词也是本能。本能即人与动物在进化过程中形成的、由遗传固定下来的、对个体和种族生存有重要意义的行为，如婴儿吃奶、蜜蜂酿蜜等，也就是有机体在外界刺激条件下做出的不知不觉的、无意识的反应。作为自然人的教授，从作为自然人属性的理智和意欲（有本能和潜意识成分）来看，判定成为教授的人是否真正具有了教授的样子，就看他是否可以在意志和理智之间达成某种平衡，如果达成了，就说明他获得了在世界上生存和进步的必要条件，作为教授，他就能把自己的理智或理性更多地调控到引领支配自己的本能方面。因此，对于作为教授的人来讲，他们的智力是忠实于自己的学术本能的，也就是说倾心于学术研究的智力是为了更好地服务于学术意志而存在的。所以，学术智力是全心地服务于学术意志的。当然，理智并不是一直会发挥作用的。我们总是会基于有限的证据做出或扩大、或缩小的判断，假如一个人慷慨，我们便会推说他是公正之人，这种片面的思考方式，经常使人陷入困境，因为人有欲望。

其次，自然人身上具有的属性是性格。什么是性格？性格是通过对人、对事的态度与行为方式所表现出来的心理特征，如坚强、软弱等。作为自然人，每个人都有自己的性格。作为教授，其身上所呈现出来的

---

① 王婧怡，唐亚微：《不灭的灵魂：叔本华及其惊世哲学》，经济科学出版社，2012 年，第 82 页。

性格应该对他人的性格具有指导作用，尤其要对学生的性格具有教育作用。在这个意义上理解作为自然人的教授之性格，对学生具有教育作用的教授性格或个性发挥的旨归是为了不断成长的人性，是如何把人性注入教育的每个环节并为它赋予新的生命，让学生们健康成长，不仅在智力方面，而且包括情绪、运动、社交、艺术与道德方面，这个是作为教授应该具有的宏大教育图景。教授的全部重心都应该倾注于使自己和让别人走好性格养成这条道路。性格养成是一条什么道路呢？是“让精神有效地影响世界的道路。这是一项具体严肃的任务，要求健康的常识和专注的思考”①。换言之，作为自然人的教授，要靠其健康的精神性格引导学生进行自我教育。正如德国教育家施泰纳所说：“教育都是自我教育。通过教师自身的自我教育，学生会觉得老师‘很有趣’，学生也就能从老师身上找到‘环境’，用于寻求自我发展。这不就是教育的本意吗？”作为自然人的教授，要靠其身上特有的性格属性去为这个教育本意而努力。如果教授没有能力把自己塑造成一个有趣味性的人，那么再多么强力的灌输都没有意义，都是违反精神自由和灵性生活的，只会使学生厌恶学习。尤其是在信息爆炸的今天，信息量呈指数级增长，根本灌输不过来。此外，学习资料、器材、装备日益变得廉价而普及，只要想学，无论什么课程，信手就能找到资料、教材。据此，教育和学习的趣味性和能力就变得越发重要，有了趣味性和能力，就能不断学习，人就会不断成长；反之，人就会不进而退。

二、作为社会人的教授

从社会人的结构上看，首先，体现社会属性的第一个维度是教育。人需要教育，教授更是深刻接受了教育的人。教育是一个不急不躁的过程，因为一个人一生中各个阶段所学习的各门学科知识都应该与那个阶段所能达到的智力相等。教授在成为教授之前的学习过程中，对各种专门的知识的选择是谨慎的，且在特定的时期学到的东西是一个教授一生都能使用的。除了在知识选择上要小心谨慎，还要注意提炼知识中的精华与实质部分，要做到这一点，就要掌握每一种思想里的主导精神，据此来对大量的信息进行筛选。当一个人所具有的抽象概念与其经历的观

---

① ［荷］克里斯托夫·维歇特：《华德福教育之道》，魏羽译，深圳报业集团出版社，2014 年，第 138 页。

察能够相符合时，我们就说他在知识的掌握上是成熟的。成熟是经验作用的结果，因此，它需要时间。所以，教育不应该是急躁的过程，我们即便在年轻时就掌握了抽象观念也掌握了观察事实，二者也很可能是分离的，在观念中无法整合。像人情世故这样的知识是最让人生厌的，学习起来也是最困难的，有些人终其一生也未见得掌握。有时候，年轻人通过小说、戏剧等来学习这种知识，这无疑是错误的，这类文学形式展现的并非真实的世界，所教授的观念也就不适用于现实。这就是一些大教授、大专家讨厌人情世故的原因所在。

其次，体现社会属性的第二个维度是社会支持。作为社会人需要得到别人的支持，但是我们需要正确看待他人以及他人的支持。人类是需求的集合体，换言之，也是残缺的集合体，因此，人类才会渴求。① 在这个意义上理解他人以及他人的社会支持，我们就能相对正确地把握社会支持。把握住自己的需求和残缺去与他人相处才是正确之道。然而，几乎所有的人都会因为别人的赞美而由衷地高兴，这显示了人们对于别人的看法顾虑良多的倾向。这倾向有时候使我们在面对彻头彻尾的谎言时，也会十分受用，当然，遭人鄙视时，也就痛苦万分。这种期望别人尊敬的心态其实扰乱了我们的平静，破坏了我们的幸福，所以人还是要在这个倾向上克制自己，否则便很容易成为“他人意志的奴隶”。我们的人格和财富，我们活着时的所有一切，代表了我们的本质，对我们的生存有直接的影响，那些他者眼中的形象，只是他们意识中的存在罢了，是间接的，对我们来说其实是无关紧要的。幸福怎么说都是自己的事情，依靠他人实在是不靠谱，如果我们能够清醒地意识到这点，也就可以控制自己的这份愚蠢了。“他人的尊重并无直接的价值，只有相对的价值”，认识到这一点，才能获得真正的平静，所以有时候我们身处幽静之处，并非因为环境而获得平和之感，而是因为远离了人群，远离了种种看法和评断。这是作为教授的人需要把握好的。

再其次，体现社会属性的第三个维度是荣誉和名声。人作为社会性动物，很难不把荣誉之事放在心上，一个有用的社会人，必定要肩负起社会赋予他的责任，并且努力在其他成员面前维护形象，这就是“荣誉

① ［日］小川仁志：《世界第一好懂的哲学课》，郑晓兰译，中信出版社，2015 年，第 151 页。

感”的体现，或者说是“耻辱感”的体现。他人的尊敬能带给许多人勇气，这勇气似乎是他面对不幸的防火墙。名声和荣誉是一对孪生兄弟，名声是不朽的，而荣誉是短暂的，荣誉仅仅与期望人们在同样的环境里所表现出来的品质有关，而名声只涉及任何人都无法要求的一些品质，荣誉具有这样一些品质，每个人都有权认为这些品质为自己所有，而名声则是这样一些品质，这些品质需要让别人来评价①。荣誉是为所有了解我们的人所知道的，而名声甚至可以让从未谋面的远方之人预先了解我们，因此，我们可以追逐荣誉，但只有取得非凡成就的人，才能赢得名声。取得非凡成就主要有两种方式：一种是通过行为途径，主要是具备高尚的心灵；另一种是通过作品表现自己杰出的才智。行为的影响是转瞬即逝的，但作品的波荡是永恒的。行为最终剩下的只是记忆，而作品是不朽的。伟大的作品能获得永恒的生命，就如我们对于古代君王的了解，也不过是他们的名字而已，但是柏拉图和亚里士多德透过他们的作品依然充满生命力，他们如活着一般正在影响着今天的时代。除此之外，行为还受到机遇的影响，“行为所赢得的名声完全不是来自行为的内在价值，而是根源于一些碰巧使得行为身价百倍并使其披上光彩的条件”，并且还需要有些证据证明这些行为发生过。虽然行为受到事件的影响，但因为其本身具有的实践性，所以更容易被大众所理解，一旦人们接收到了正确的信息，那么行为高尚的人便会受到人们的礼遇。作品则不需要受到机遇的影响，完全取决于作者的水平，伟大的作品留存于世的并不是记忆而是它们本身，可能有些作品要经过一些年月才会被人真正理解，但这又如何呢？真正伟大的作品，必定会获得不朽的名声。作者能否在有生之年看到自己的作品获得名声，则真的要取决于机遇，有时候越是高尚的作品，可能在作者活着的时候获得认可的概率越小，一些嫉妒之人可能会压制这类作品的价值，但这些嫉妒之人也有消亡的一天，不朽的作品最终会获得持久的名声。它们不会如昙花一现般，它们的成长是缓慢的，但却是扎实的，它们所建立的不是虚名，而是实名。

教授虽然是作为“自然人”“文化人”“知识人”的社会里的知识

---

① 王婧怡，唐亚微：《不灭的灵魂：叔本华及其惊世哲学》，经济科学出版社，2012 年，第 95 页。

分子，但是也有“俗”（追求荣誉与名声）的一面，自然也离不开“差序格局”文化所形塑的巨大文化圈子，自然也是一个“环境人”和“关系人”。

第三节　教授作为“人”的特性

要深刻全面地剖析奠定教授的人性基础，必须从人的特性方面展开系统全面的解剖。如果说拥有一支以教授为代表的师资队伍是办好大学的关键，那么更为关键的是教授作为人的本质和特性。试图解剖教授的人性基础时，“人”的特性是认识教授这种学术职业的主要内容。

一、人的可能性

人的可能性，也即人的潜在可能性，又称非终极性，是指自我成长过程中具有无限可能的特征。人类精神有一种飞跃的本质，踏上阶梯，就会不断克服困难，至顶点方休。① 这就是对人的可能性的最好诠释。具体言之，人的可能性可分解如下。

（一）人都蕴藏着理性与悟性的潜能

人身体里最主要的潜能是人具有理性和悟性的能力。对于一个动物来说，真理是不存在的，唯一存在的就是事实。这便是实际的悟性和理论的悟性之间的区别。事实和真理的区别，与时间和空间、宿命和因果的区别是相同的。事实专心地侍候着整个醒觉意识，为存在服务，而并不侍候醒觉意识中妄想它能脱离存在的那一方面。现实的生命中，人们的生活经验和知识仅与事实打交道。有意志、有行动、有斗争的积极的人物天天衡量着自己在事实的威力面前的力量，他将纯粹的真理看得并不重要。“尼采的最伟大的成就之一就是，他让科学与真理及知识的价值问题对质——虽然对天生的思想家和学者来说，这种办法是廉价的，甚至是不敬的。他们认为其整个存在的理由都受到了它的攻击。”② 笛卡儿怀疑所有的一切，但是当然并不怀疑其怀疑本身的价值。然而，提出

---

① ［美］史景迁：《追寻现代中国：1600—1949》，温洽溢译，四川人民出版社，2019年，第154页。

② ［德］奥斯瓦尔德·斯宾格勒：《西方的没落》，张兰平译，万卷出版公司，2015年，第10页。

问题是一回事，问题的解决则又是另外一回事。植物生活着，但它并不明白自己是在生活着；动物生活着，但它明白自己是在生活着。人类则被其生活所惊，并环绕着他们的生活提出种种问题。但是，人类是永远处于想方设法为自己的问题找出答案的过程中的。秘密为何要被揭穿，疑问为何要得到解答呢？这难道不正是由那种从儿童的眼中表现出来的恐惧感所致吗？难道不正是由人类醒觉意识的可怕的禀赋所致吗？这种醒觉意识迫使现在已从感觉获得自由且正在孕育着心理的悟性极力寻求着解答，而这种解答就意味着解脱。在知识方面的坚定信念能否让我们从重大问题的梦魇之中获得解放呢？“凛然敬畏的心情是人类所具有的最高贵的方面。”人必然要去发现秘密，要去研究、剖析与破坏那令人敬畏的事物，从中得到知识。追求体系的意志是一种想要扼杀活生生的事物，想要让它“建成”、稳定、僵化，想要让它束缚于逻辑秩序中的意志。才智如果完成了优化的任务，才智便取胜了。人身上的这种理性与悟性，通过这个过程得以彰显。这种通常被视为“理性”与“悟性”之间的区别，实际是先见、眼力与悟性本身之间的区别——前者是我们的植物性方面的属性，它利用眼及词的语言；后者则是我们的动物性方面的属性，它是由语言演绎而来的。在这种意义下，“理性”是让观念进入生命的东西，“悟性”则是发现真理的东西。真理是无生命的，是能够灌输的观念属于创造它们的人的活生生的自我，是只能同情地被唤起的。悟性实质上是鉴别性的，理性实质上是创造性的。后者产生其活动中的对象，前者则是从对象出发的。

（二）人都具有把握因果关系的潜能

在人的可能性里，有一对感性的因素可以组成人身体里巨大的潜能，即因果关系。关于因果关系的诠释，德国思想家奥斯瓦尔德·斯宾格勒的论述颇为精彩，他在《西方的没落》一书中的基本论述可概括如下：在我们将一对感性的因素称为“原因”与“结果”，或将一对智性的因素称为“前提”与“后果”时，我们便是在它们中间确立着一种力量与等级的关系——有其一便必有其二。需要注意的是，在这类关系中，时间是一点也不占重要地位的。我们所关心的并非命运的事实，而是因果性的真理，不是“何时”，而是法定的依存。毫无疑问，这便是悟性的最光明的活动路线。人类最幸福的时刻大概便是这类发现所带来的。因而，他便由这些直接打动他的、近在眼前的日常生活中的对立物出发，做出一系列的没有穷尽的结论，直到关于自然的结构的最早与最终的原因被发现。人集中整理可以检查其体系、其关于规律关系的教条，并在其中找到对于无法预见的事物的避难所。人在这个过程中靠这种潜能发挥作用后便不再有恐惧。但因果关系的本质到底在哪里呢？它是在于认识的过程，是在于被认识的事物，还是在于二者的结合呢？这中间存在一个张力，张力的世界本身肯定是僵硬的、死板的，也就是“永恒的真理”，是超越时空的东西，是变成一种状态的东西。可是，醒觉意识的现实世界却是充满变化的。这种情形一点也没有惊动一只动物，但它却让懂得思考之人的思想变得一筹莫展，由于静止与运动、持续与改变、已成与方成等对立物表示一种本质上“完全无法理解”的，因此从悟性看来必然含有一个错误判断的事物。无法用真理的形式从感觉世界滤出来的东西，难道能算得上事实？反过来，世界虽然是作为没有时间的东西而被认知的，但是时间因素仍然依附在它的身上，紧张表现为节奏，方向与扩张相联系。①

（三）“人”这一概念本身就意味着时刻开展着思维运动

“人”这一概念本身就意味着时刻开展着思维运动，意思就是说，时刻进行着思维运动的高级动物是人。但是仅仅从“时刻进行着思维运动”这个角度来看，还不足以深刻解释“人”的概念，还需要回答时刻进行着思维运动的目的是什么。时刻进行思维运动的目的在于使人建立一种人格，换句话讲，时刻进行思维运动使人成其为人的最大可能性在于人要通过思维运动来获得成为人的最大资格，这个最大资格应该是“人格”，正如有关学者指出的：“我们的反应是我们人格的产物。”② 思维运动，本质上就是一种反应，这种反应不是简单地就能成为人格，而需要靠时刻进行思维运动来获得一定水平的理性反应才能是指向人格的反应。从长远来看，一个人的价值，归根结底是这个人持续不断地进行有效思维和理性思维的价值。教授是在这种思维运动中处于高级阶段的人。

---

① ［德］奥斯瓦尔德·斯宾格勒：《西方的没落》，张兰平译，陕西师范大学出版社，2008年，第11页。

② L. S. 斯泰宾：《有效思维》，吕叔湘，李广荣译，商务印书馆，2008年，第19页。

二、人的唯一性

任何一个人，都是独一无二的。人要想活得出彩，活得真实，离不开这种独一无二性。这种独一无二性与人是否活得真实之间的逻辑关系是通过两个要素来理解的。我们可以确认，任何一种真实的生活必定包括两个要素，一是健康的生命本能，二是严肃的精神追求。生命本能受到压抑，萎靡不振，是活得不真实。精神上没有严肃的追求，随波逐流，也是活得不真实。这两个方面是相互依存的，生命本能若没有精神的目标是盲目的，精神追求若无本能的发动是空洞的。最重要的是每一个人都应该去寻找一种适合于自己的方式，都应该倾听自己内在生命的呼声，关注自己的生存状态，不断地寻求一种既健康又高贵的人生，简言之，一种真实的活法。对教授而言，同一个学科专业的教授，其唯一性也是很鲜明的。不少著名大学的著名教授是很有独一无二的个性的，绝对不是一个“模子”。在这个意义上，不能忽视人的唯一性。尊重人的唯一性是人发展的普遍的社会规律，也只有这样，一个人的创造力、一个教授的创造力、一个民族的创造力才容易发挥出来。

三、人的独特性

独特即独有的、特别的和与众不同的。从“人”的广义角度看，其独特性主要是指个人能摆脱限制自我的条件从而得到积极且特别的发展，即可以从“自我性”上来寻找并发展自己的独特性，可以立足于此对“我是谁”“我的身份是什么”这些问题进行独特性的探索，也就是对自身的认识和自我的意义的探索和发展。这种自我性强调的是个人自省、理解自我复杂性和独特性的能力。这种基于“自我”流露出来的独特性不是一成不变的，它会在生命发展过程中不断变化。人的发展是一个动态的过程，而非一个固定的、静态的实体，更不是一系列固化的特征或由实体物质构成的块状物，它更像一条流动的河流，是一片有无穷变化潜能的星系。① 把人的这个基于自我的独特性和作为特定的学术职业的教授相结合来看，教授作为人的独特性主要通过学术的独特性彰显而出，这种学术的独特性主要是形成个人理论，学术必须51%以上是个

① Rogers C. On becoming a person : A therapist's view of psychotherapy. Houghton Mifflin Company，1961：66.

人的，必须形成个人理论①，否则就不是学术，是工具，或者说是不好的学术。世界上有两种学术，好的学术与坏的学术，对文人或者知识分子来说，是认真做和不认真做的学术。任何一个学术过程都集成了各种复杂的异质要素而完成学术建构。这种集成建构的过程就是学术创造、创新的过程。事实上，由于不同学术的“边界条件”不同，每个学术过程都是独一无二的。每一项学术工作都是创造的产物，其创造性往往体现在学术理念、学术设计、学术实施和运行、学术管理等学术活动的全过程，其显著特征则在于它的独特的创造性。

四、人的珍贵性

唯一性、独特性决定了人的珍贵性。人在生活中会不知不觉地被一种生活方式占有，包括家庭、教育、职业，种种自己不能支配的因素把人纳入了一条固定的人生轨道。要从中跳出来看一看自己的生活方式到底有没有价值，这不是一件容易的事情。要改变自己的生活方式，真正换一种活法，这就更难了。要做到这些，恐怕只能靠哲学、靠艺术，哲学就是教人跳出来看自己正在过的生活，艺术就是让人体验一种与正在过的生活完全不同的活法。换言之，能够找到并检视自己活法的人是具有理性的人，这种珍贵性有理性的成分，人必须使自己接受理性的指挥②。在笔者看来，在一个人所拥有的各种知识中，对我们最有用但是我们掌握得最少的，是关于自身的珍贵性的知识。当一个人找到了自己的这种“珍贵性”，就可以成为一个有价值的人——认为自己有能力实现自己设定的目标、相信自己的能力、才华及效率。这样的珍贵性理念可以使人采取行动并取得进步，使自己不至于在各种决定面前踟蹰不前；能使一个人抛开自卑心态，投入充满热情的事业中，进而塑造人的行动，赋予人成就感，引领人继续超越自己。教授之所以能够成为教授，恰恰是因为在成为教授的路途中对自我价值的意识、感受，以及经过学术职业的训练从中获得某种信心并找到了自己的珍贵性。

五、人的主动性

人的主动性也即人的能动性，它表现为人的积极性、灵活性、选择性、创造性等。主动性创造出主人道德人格。尼采说过两种道德——主

---

① 郑杰：《首席教师》，华东师范大学出版社，2015 年，第 65 页。

② 任钟印：《世界教育名著通览》，湖北教育出版社，1994 年，第 498 页。

人道德与奴隶道德。前者是鼓励能量的，后者是压制能量的。① 教授作为人才培养和科学研究的主要的主体，需要有这样的主人道德。因为自古以来中国的学者在主流上都是具备这种主人道德的人，他们靠这样的主人道德来治理国家。在几千年的历史中，统治中国的不是贵族，不是军队，不是神职人员，而是学者。② 教授有理由主动、有底气主动、有能力主动进行选择，在所有的历史成因中，至少还有一项是取决于我们自己的，那就是我们选择作为或者不作为。笔者要说，正是由于这种选择的自由，我们的未来才可能是有限敞开的和部分或然的。教授的人性基础需要能够富有主动性。

六、人的选择性

人生道路中，或多或少都要面临选择，选择自己的道路，选择自己的职业，选择自己的伴侣，选择自己的一切。换言之，人生就是一个充满各种选择的过程。对于教授而言，在此需要强调的是，选择成为一名什么样的教授是其关键选择。教授有两种，一种是靠大学成就了的教授，另一种是成就了大学的教授。在任何名校那都是一样，有些人只因为执教于此才显得是个人物，有些人则因为本来是个人物才会执教于此，而一旦后一种教授日益稀缺，或者一旦前一种教授成为主导，整个大学就难免要江河日下了。③ 前一种教授是“社会的盲肠”；后一种教授是有真才实学的教授，他们是大学的脊梁。大学教授如果失去了以有水准为基础的批判职责，就沦为了社会的盲肠。④ 很明显，教授理当选择成为“大学的脊梁”。再细说，成为教授的人，要在具体的选择中成为大学的脊梁，都是有了在某些方面的选择之后才具备成为教授的资格的，选择论文、选择课题、选择问题、选择课程、选择研究、选择学术……“爱我所爱，做我所能”应该是最基本的选择原则。

七、人的超越性

自我超越是人特有的行动，通过它，人不断超越自身（超越他所

---

① 崔健，周国平：《自由风格》，湖南人民出版社，2012 年，第 232 页。

② ［英］恩斯特·贡布里希：《世界小史》，吴秀杰译，广西师范大学出版社，2016 年，第 109-111 页。

③ 刘东：《道术与天下》，北京大学出版社，2011 年，第 343 页。

④ 刘东：《道术与天下》，北京大学出版社，2011 年，第 344 页。

是、他所期盼、他所有）。超越性是指超越自己、超越他人、超越小我。对大学教授而言，要具有这样的超越性才能成为学术大师。“一个学校的镇校之宝是它拥有或者拥有过的学术大师，否则的话，未名湖畔再怎么风光旖旎，也不过是一弯浅水罢了。”① 具有这样的超越性，人才不会堕落，尤其是作为专家的教授不能堕落。在一个正常的社会当中，专家是受人尊敬的一群人，他们利用自己的专业知识作为某些领域的建议者与裁判者，具有崇高的社会地位，专业与声誉就是他们的生命，也是别人愿意付钱给他们的原因。他们值钱的地方，恰恰是他们的超越性所在的地方。

教授的学术职业基础首先体现为人的本质、结构与特征。当然，这仅是教授学术职业基础的最基本的部分。

① 五岳散人：《中国人的里子与面子》，九州出版社，2013 年，第 129 页。

第二章　教授的学术职业历史

教授作为一种具有悠久历史的学术职业，有一些显示出相对的稳定性和连续性的元素，思考这样的历史极为重要。在此，我们将追溯教授这种学术职业显著特征的发展轨迹，以便为后续的一些分析提供历史背景，并弄清楚教授这种学术职业中连续性和变革之间的平衡，进而为教授的现实定位寻求一些历史渊源。通过对教授产生历史的考察，一方面可以为我们提供一种关于教授产生历史的道统，另一方面可以将教授产生的历史和现实中的某些教授发展境遇进行比对，为教授这种学术职业的未来发展奠定基础。

第一节　教授内涵界定与现代通用意义考察

一、“教授”一词作为职称的理解

有学者指出，“一个概念被千百人亿万次地使用，并不说明这一概念已经具备了明确、公认、凝固的定义”①。在当代很多国家，“职称”也是这样的一个概念。人们会在不同层面和语境中理解这一语词，但归结而言，一般从“资格”和“职务”两个角度理解和界定“职称”的内涵。

首先，职称具有“资格”与“称号”的意义。中国的《党政干部大词典》把“职称”明确定义为“职务的名称，反映干部业务水平和业务能力的称号”②。这种意义上的职称具有如下特征：第一，职称的评定主体是同行专家；第二，没有数额限制及岗位职责的约束，且不与工资待遇挂钩；第三，一旦拥有，终身享用；第四，相同的职称，评定的标准应

① 王红艳：《新手教师如何从“经验”中学习》，《教育发展研究》，2012 年第 4 期。

② 刘雨樵：《党政干部大词典》，陕西人民教育出版社，1987 年，第 365 页。

大体相当；第五，与人员使用无关，离退休人员也可以参加职称评定。

其次，职称具有“职务”与“岗位”的含义。在此语境下，职称是指包含权、责、利的专业技术职务或岗位，其具体表述有“专业技术职务”“职务”“岗位”等。① 中国的《现代汉语词典》将“职称”定义为“专业技术职务的名称”②，而“职务”是“职位规定应该担任的工作”，因而职称即是对职位规定应该担任的工作的称谓。在教育部、卫健委等部门制定的规定和条例中，“职称”亦解释为“职务的名称”。这种意义上的“职称”具有如下特点：第一，评聘主体是同行专家和行政领导；第二，有数量和任期限制，与工资待遇挂钩；第三，有明确的职责和任职条件，并依附岗位而存在；第四，与工作需要紧密相关，离退休人员一般不能参加职称评聘。

综上所述，当意指“称号”时，“‘职称’是对专业技术人员的一种基准性评价，是能力和水平等级的标志”③，是一种“身份”；当意指“职务”时，“职称”是权、责、利的统一体，是根据工作需要设置的有数额限制的岗位。“职称”成为包含“资格”“称号”“学衔”“职务”“职位”等多种含义的一个约定俗成的专用概念。

“教授”明显具有上述职称的内涵。

二、“教授”一词的现代通用意义起点

在实践中，学衔和职务与职称紧密相关。一般认为，学衔的设置起源于中世纪的大学。当时，获得博士学位，即获得在大学教书的权利。因此，在大学实际授课的教师，除“博士”称号外，常加注“教授”的称号。这两者实际上为同义语。1546 年，英王亨利八世设置皇家教授职位，“教授”一词的现代通用意义，即从此开始。④

从世界各国设置学衔制度的情况看，学衔的对象比较明确，专指教

① 樊思：《高校教师职称评审代表作制度研究》，湖北大学硕士学位论文，2012 年，第 6 页。

② 中国社会科学院语言研究所词典编辑室：《现代汉语词典》，商务印书馆，2016 年，第 1682 页。

③ 樊思：《高校教师职称评审代表作制度研究》，湖北大学硕士学位论文，2012 年，第 6 页。

④ 教育百科辞典编审委员会：《教育百科辞典》，五南图书出版有限公司，1994 年，第 699 页。

育科研领域专业技术人员的职务或称号等。职务含义相对宽泛，人们在政府、企业和高校等各个领域所从事的工作都可用职务表示。从事行政工作的具有行政职务，如部长、厅长、局长、处长、科长等；在企业则有董事长、总裁、总经理、经理等职务；在高校、科研院所等教育研究领域则有专业技术职务，如教授、副教授、研究员、副研究员等，以及校长、处长、系主任等行政职务。从职称、学衔和职务各自的定义可以看出，三者之间存在一定的区别。

第一，职称的外延较宽泛。职称是对专业技术人员所具有的专业技能水准的评价和认定的通称，包含技术职称、业务职称、学术职称等。就中国现行职称体系而言，以等级划分，分为三个等级五个档次，即高级（正高级、副高级），中级，初级（助理级、员级）①；以专业属性划分，共有 29 个系列，涵括 12 个大类学科 700 多个专业。所有这些学科专业人员通过评审、考试所获得的称号都可以统称为“职称”。②

第二，与职称相比，学衔是小概念，一般仅适用于高等学校的教师和科研人员，是“根据大专学校教师所担任的教学工作及其专业水准授予的职称。一般依次分为教授、副教授、讲师和助教四级”③。《高等教育辞典》中将学衔表述为“高等学校的教学人员、科学研究机关的研究人员的职务称号。如教授、研究员等”④。

第三，职务主要强调的是工作性质。工作不一样，职务就不一样。同一样工作内的不同岗位之间也是遵循能力和水平的差异来凸显的，这种凸显的依据是“工作”或“事（业务）”，而不是“专业水准”。

作为在很多方面具有区别的几个词语，职称、学衔和职务之间也存在紧密的联系，这种联系往往体现在各国管理专业技术人员的具体实践中。

（1）学衔与职称。学衔是职称的一个子系统，均有“称号”之意。

---

① 游美琴，胡长和：《高职教师职称晋升制度探讨：基于新加坡等国“高职”教师职称制度的启示》，2011 International Conference on Education Science and Management Engineering (ESME 2011)（2011 年教育科学与管理工程国际学术会议），2011 年，第 69 页。

② 叶芬梅：《当代中国高校教师职称制度改革研究》，中国社会科学出版社，2009 年，第 37 页。

③ 教育百科辞典编审委员会：《教育百科辞典》，五南图书出版有限公司，1994 年，第 699 页。

④ 朱九思，姚启和：《高等教育辞典》，湖北教育出版社，1993 年，第 287 页。

学衔是根据高等学校教师所担任的教学工作及其专业水平、学术水平授予他们的职称。……学校对不同学衔或职称的教师往往聘任相应高校教师职务，高校教师职务不同，职责也不同。①

（2）学衔与职务。在教育科研领域，有些国家的教师和科研人员的学衔即是其职务，学衔和职务等同。在美国，学衔即是职务，是资格、职位职务和经济待遇等因素的混合物。教师的学衔由学校评定授予，一旦离开原来所在学校而为另外的学校所聘任，则需要重新评定学衔。

（3）职称与职务。目前，学界对职称和职务的关系主要有以下两种观点：其一是职称具有职务因素。《教育辞典》将职称界定为工作职务的名称。它既具有称号性质，又具有职务因素。在中国过去是一旦授予，终身享有。② 其二是职称与职务是根本不同的两个概念。一是两者性质完全不同。职称强调的是业务水准，职务强调的是业务自身。二是两者价值取向完全不同。职称倾向于评价，职务倾向于任用。

可见，由于世界各国专业技术人员管理制度的多元化和多样性，以及制度本身发展的复杂性和多变性，职称、职务、学衔在实践中所使用的含义与理论上的界定并不完全一致，三者之间关系也较为复杂。简言之，职称是以学术技术水平为基准对专业技术人员进行分级的专业技术称号的总称，学衔是专指教育研究领域的专业技术人员职称或职务，职务则是指包含权、责、利在内的工作岗位。从横向角度看，国际上高校教师职称制度是通行的人才管理制度，但是“职称”这个词在不同的国家所对应的语词有一定的区别，如美国主要采用“学衔”，日本则为“职种”或“职名”。在不同国家虽然名称不同，但含义基本相似。

鉴于此，本书对教授的内涵界定遵循的是：教授是“区别专业技术水平、能力与成就的等级称号”③。这一称号中具有权、责、利相统一的高校教师岗位职责要求。

---

① 《中国教育百科全书》编委会：《中国教育百科全书》，海洋出版社，1991 年，第 116 页。

② 张焕庭：《教育辞典》，江苏教育出版社，1989 年，第 738-739 页。

③ 孙福兵：《高校教师职称制度研究》，山东师范大学硕士学位论文，2008 年，第 18 页。

第二节 西方教授的历史考察

一、中世纪大学教授的产生

“只有研究历史发展才可以对当今社会构成要素之间的相互关系进行权衡和评价。”① 现代大学的雏形是西方的中世纪大学。大学产生于中世纪后期的12世纪初。当时，学校、学园、社团、行会等机构制度相对成熟，欧洲古典知识的积累和新知识的发现已达到一定的程度和数量，社会政治、经济和城市的发展需要大批受过高等训练的高层次人员（如管理者、律师、医生、牧师、文书等），社会对知识教育的渴望激增，一些城市的学校（修道院学校、教会学校、城市学校等）在某些学科（如医学、法学、神学）的教学上享有很高的声誉，于是欧洲各地的学生开始大批地求学于名教师，他们聚集于这些学校，这些学校逐渐具备了相应的管理体制，将自己变为永久性的机构，并从城市当局和教会那里赢得明确的承认，这就是第一批大学的起源。“最初的大学并非有计划地建设起来的，而是自发形成的。当渴望求知的学生集中于某些杰出的学者的周围时，大学便产生了。”② 大学起源于行会，包括教师行会与学生行会，它的本质是一种学者或学术组织，也是一种知识机构。大学产生的意义不在于教学科目，而在于它取得了法人团体，获得了独立和自治，形成了一种永久性的组织形式。同时，中世纪大学存在于中世纪教权、王权和新生的城市权力等多方势力争斗的夹缝中，这为它设法争取和追求自身特权赢得了便利。“作为一个机构，大学的影响应归功于这样一个事实，那就是大学起源于教会的道德权力和政治权力正在衰退而现代政权体系尚未完全建立之时。”③在中世纪大学，学者是主人，学者以大学为载体形成学术共同体。因此，在中世纪大学获得生存、独

① ［美］丹·克莱门特·劳蒂：《学校教师的社会学研究》，饶从满，于兰，单联成，等译，人民教育出版社，2011年，第1页。

② ［美］马文·佩里：《西方文明史》上卷，胡万里，王世民，姜开君，等译，商务印书馆，1993年，第320页。

③ ［英］杰勒德·德兰迪：《知识社会中的大学》，黄建如译，北京大学出版社，2010年，第35-36页。

立和自治等特许权力之时，中世纪大学中的教师也享有了其所独有的学者的权利、荣耀和地位。

中世纪大学被历史学家称为中古时期“最璀璨夺目的文明花朵之一，留给后世最可称颂的文化遗产之一”①。中世纪大学有一定的发展速度，到了 1300 年，意大利、法国、西班牙和英格兰的大学已经发展到 16 所，到了 1400 年，整个中欧又增添了 14 所，而以后的 100 年中世界上又多了 28 所大学②。中世纪大学中，有一大部分大学是由教授级别的著名学者创办的，其本身是一种自治性的机构，基本上不受教会和政府的操控，保持着相对较高的独立性。在教会创办的大学里，教授是教会委任的，向教会领取工资。

另外，中世纪大学的教授的地位从中世纪大学教师职位及其法律性质中得到体现。中世纪虽无今天职位占有属性的终身教职概念，但称中世纪大学教师（甚至包括学生）都是终身教职不为过分。在某种意义上，中世纪大学教师终身教职比现代终身教职还要“终身制”。理解中世纪大学教师终身教职的属性，应注意它的两个特点。（1）圣职准入性与身份性。中世纪教师的身份因教皇或主教任命、批准为“学者社团”之“师傅”而获得。教师首先是教士，具有教士之特权，其次才是“学者社团”的成员。教师与“学者社团”之关系从属于教师与教会的关系。因其是教士，担任“圣职”，应受教会法管辖。教师被除名一般称为剥夺或放逐，而不称为解雇、开除等。（2）义务性终身制。中世纪人们认为，教士研讨、传播基督教之真理，乃教士之“天职”。教师应靠教会的收入生活，享受教士之薪俸。理论上，教师传授知识不应该收取学费，即使收取也被看作教会的收入。同时，教师作为教士，有义务终身敬奉上帝，传播上帝之真理。③ 从中世纪以后的西方国家教职来看，终身教职一般都是由教授级别的人担任。在中世纪大学中，教师终身教职的制度为教授制度奠定了坚实的基础。

中世纪终身教职制度是教授进一步产生的基础。教授的产生是职业

---

① 裴云：《近代大学难以起源于中国之原因分析》，《汕头大学学报（人文社会科学版）》，2003 年第 3 期。

② 顾明远，梁忠义：《高等教育》，吉林教育出版社，2000 年，第 4 页。

③ 朱玉苗：《大学法论纲》，中国政法大学出版社，2012 年，第 103–104 页。

知识制度化的结果。古代社会，人们反对将知识学习与具体的职业联系在一起，职业教育在古代社会没有成为形式化和制度化的教育，只是在父子和师徒之间通过实际工作的训练来进行。古代的知识主要表现为学术知识，学术知识在形态上是一种间接知识，学习和研讨学术知识的目的是保持学术的传承。孔子所说的“述而不作，信而好古”，表达的就是这样一种知识理念。中世纪大学的问世是高层次的知识学习与职业活动开始结合的标志。当时社会的高级职业人才——医生、律师、神父和教师开始由大学进行专门化的培养。出自大学的职业人才与一般的从业人员是不同的，前者的工作一般称为专业（profession），后者的工作被称为职业（vocation）。[①] 随着社会工作专业化程度的提高，职业技能成为重要的专业素质。在这种情况下，职业知识开始成为教授知识体系中的新生力量。由于人的职业技能不能在“静听的课堂”中获得，大学教育开始与实际工作发生联系。19 世纪以后兴起的高等职业教育，进一步提升了职业知识的地位。从此，学术知识和职业知识之间开始对垒。两种知识的争论对教授职业的制度建设也产生了相当大的影响。

二、文艺复兴时期的教授曲折之路

“历史在前进，但不是像一条河流那样正面直行，而是由于内部的革新或创造或者外部的事件或变故而曲折行进。”[②] 西方大学教授从中世纪大学产生以后，并不是一马平川地发展的。在社会整体改革的基础上，保守的中世纪大学在这一时期遭遇了巨大冲击，并随之产生重要变革，而大学中的学者则与这一时期最先进的思想观念和文化运动紧密联系在一起，站在改革的最前沿。在文艺复兴时期，教授们在曲折之中推动人文主义进入大学。人文主义的核心主张是强调人的价值，一切以人为本，反对神的权威，宣扬个性解放，追求自由平等，崇尚理性，反对蒙昧。最早出现的是“人文学科”或“人文主义学科”这一名词，特指语法、修辞、诗歌、历史、道德、哲学等科目。15 世纪中期，学校的学生称教授这些学科的教师为“人文主义者”。直到 1808 年，才出现了“人文主义”这个名词，用来概括人文主义者的思想体系。

---

① 朴雪涛：《知识制度视野中的大学发展》，人民出版社，2007 年，第 23 页。

② ［美］埃德加·莫兰：《复杂性理论与教育问题》，陈一壮译，北京大学出版社，2004 年，第 62 页。

文艺复兴初期，中世纪大学的教育思想越来越趋于保守和僵化，教会对大学的控制越来越明显，大学类似于宗教性机构，经院哲学占据了大学课堂。而且，如前所述，中世纪大学作为高等教育机构，主要是为了培养牧师、律师、医生、管理者等，它是职业性或专业性的，宗教教师、法学教师、医学教师占领了大学课堂。因此，中世纪大学宗教性、功利性和职业性的特征使其一开始就对人文主义采取了排斥的态度，人文主义运动并非产生和发展于大学之中，中世纪大学在文艺复兴运动中没有起到什么作用①。后来，在人文主义的不断影响下，大学逐渐向其敞开大门，这与一大批人文主义者的推动是分不开的。

首先要提及的是文艺复兴时期著名的人文主义思想家和神学家伊拉斯莫，他既是一个人文主义者，又是一个宗教改革家，他反对经院哲学，推崇一种纯朴虔诚和行为高尚的人文主义宗教。在他的代表作品《愚人颂》里，对制度化了的宗教和学术中的各种愚人进行了批评。1511 年，伊拉斯莫成为剑桥学术团体的成员，成为亨利七世的母亲玛格丽特夫人的教师。② 伊拉斯莫来到剑桥大学后，剑桥大学的风气为之一变，增加了希腊文和拉丁文的教授和修习。还要提及的是德意志的罗伊希林，他的学生梅兰斯顿 1518 年成为维腾堡大学的第一位希腊文教授，梅兰斯顿在就职演说中提出以人文主义为基础的文学改革的全部引领，以自由学科制度为基本框架，并亲自教授历史学。1529 年，梅兰斯顿指导创建马堡大学，在文学院所设的职位都是人文学科的。③ 我们还看到，文艺复兴是从意大利开始兴起的，但意大利的大学受到人文主义的影响是一个缓慢的过程。15 世纪后，一批著名的人文主义者如格里诺、法尔福、安布罗吉尼等曾在费拉拉、佛罗伦萨等大学任教，吸引了来自法国、德意志、英格兰等欧洲各地的学生。④ 而 16 世纪后期莱顿大学成为欧洲新知识的重要中心，则与人文主义者利普修斯于 1578 年、斯卡利杰于 1593 年在此任教分不开。人文主义者提倡自由教育、通才教育，

---

① ［英］威廉·博伊德，埃德蒙·金：《西方教育史》，任宝祥，吴元训译，人民教育出版社，1985 年，第 161 页。

② ［美］撒穆尔·伊诺克·斯通普夫，詹姆斯·菲泽：《西方哲学史：从苏格拉底到萨特及其后》，匡宏，邓晓芒，丁三东，等译，世界图书出版公司，2009 年，第 183 页。

③ 刘海峰，史静寰：《高等教育史》，高等教育出版社，2010 年，第 313 页。

④ 刘海峰，史静寰：《高等教育史》，高等教育出版社，2010 年，第 310 页。

主张教育应培养“人性”，摆脱具体的功利目的。①

三、宗教改革时期的教授曲折之路

宗教改革时期，教授的发展之路随着大学的世俗化和政治化而遭遇又一波曲折。宗教改革运动是16世纪在欧洲爆发的一场反对教会极端统治和压迫的声势浩大的改革运动，实质是资产阶级为反对宗教对其发展的阻碍而发动的一场社会政治运动，被恩格斯称为“第一号资产阶级革命”②。这一运动在结束罗马教廷统治、强烈冲击欧洲封建社会根基的同时，也带给高等教育和大学根本上的改变。在宗教改革运动中，很多大学教授发挥着至关重要的作用。不但在德意志，实际整个欧洲的宗教改革都由大学教师担当着领导角色。③ 1376年，担任牛津大学教授的英国主教兼皇家神学顾问约翰·威克里夫公开指责天主教会教皇的专权统治；其后，波希米亚布拉格大学校长约翰·胡斯强烈谴责教会出售赎罪券的行为，结果被教会教皇定罪并处以火刑，这也成为宗教改革运动的引子。1517年，宗教改革运动最重要的人物之一，时任维腾堡大学教师的马丁·路德将反对教会在德意志出售赎罪券的抗议书《九十五条论纲》张贴到哥尼斯堡教堂的大门上。路德的新教义首先在大学的神学教授之间引起争论，被其他大学如莱比锡大学的神学教授所反对，他与因戈尔施塔特大学教师埃克的辩论成为历史上最著名的大学辩论之一。全国性的宗教改革通过大学这一渠道开始了。④ 路德强化政府的地位和作用，他认为，政府是由上帝设立的，政府的功能是“维护和平”，人们要服从政府的统治。按照他的教义，德意志大学改革的重要人物梅兰斯顿建立了马堡大学、哥尼斯堡大学、耶拿大学等大学，其他一些大学如图宾根大学、莱比锡大学、法兰克福大学等进行了改革。⑤ 加尔文是宗教改革中的另一个重要人物，他毕业于巴黎大学，曾在巴黎的索邦学院研究经院哲学和神学多年，1536年发表了《基督教原理》。1559年，加

---

① 刘海峰，史静寰：《高等教育史》，高等教育出版社，2010年，第307页。

② 中共中央马克思恩格斯列宁斯大林著作编译局编译：《马克思恩格斯全集》，人民出版社，1965年，第459页。

③ 刘海峰，史静寰：《高等教育史》，高等教育出版社，2010年，第319页。

④ Rudy W. The universities of Europe，1100—1914：A history. Associated University Presses，1984：59-60.

⑤ 刘海峰，史静寰：《高等教育史》，高等教育出版社，2010年，第320-321页。

尔文创办了日内瓦学院，由杰出的神学家贝札任校长，开设人文主义和宗教两类科目，成为新教其他高等教育机构的模型。瑞士宗教改革的领袖慈运理曾就读于维也纳大学，他在瑞士建立了苏黎世大学。

宗教改革对信仰革新和教育理论的实践促进了大学教育的民族化、政治化、世俗化和普及化，教授也随之受到影响。然而，16 世纪后，新旧宗教势力、王权和政府对大学激烈的争夺使中世纪大学所获得的种种特权、自治和自由被破坏殆尽，大学教授更是失去了学术自由和信仰自由，被迫服从大学秉承的教义，服从王权或政府对学术事务事无巨细的干涉。一些知名的教授因为学术见解不合而被逼离开所在的大学，甚至连起码的人身权利和从事学术工作的基本条件都无法保障，如著名的数学家和天文学家开普勒被迫离开格拉茨大学并被当作异教徒审问和监禁，杰出的数学家和物理学家卡丹被米兰大学解雇。而著名的诗人学者、萨拉曼卡大学教授庞塞·德莱昂也曾被指控而被监禁五年。①

四、科学革命时期的教授科研之路

1543 年，哥白尼发表《天体运行论》，标志着科学革命的开始。然而，这一时期，大学接受了人文主义清静安闲的思想境界，却背离中世纪知识分子作为科学劳动者的使命，从事科学研究的人群与大学教授成为多种互不搭界的群体，在这个时期，“科学研究完全是少数受过良好教育或知识上有好奇心的热情者的业余活动”②。此时，科学研究不在大学之中，而是在大学之外的学会中得到最大的支持、帮助和发展，“从普通教育与专业教育的观点来看，大学里都不可能造成一种可以使科学活动扩大的良好状况”③。阿什比也认为：“科学革命的历史几乎与大学没有关系……在任何情况下，欧洲大学都不能被认为是科学革命的发起者。”④

然而，从客观的角度来看，16—19 世纪，大学虽然还不是科学研究

① 张焱：《诱惑、变革与守望：我国学术场域中的大学教师行为研究》，南京大学出版社，2014 年，第 115 页。

② ［英］约翰·齐曼：《知识的力量：科学的社会范畴》，许立达，李令遐，许立功，等译，上海科学技术出版社，1985 年，第 42 页。

③ ［以色列］约瑟夫·本-戴维：《科学家在社会中的角色》，赵佳苓译，四川人民出版社，1988 年，第 106 页。

④ 刘志忠：《学术发展的两翼：自由与适应》，《大学教育科学》，2013 年第 6 期。

的机构，也不具备发展科学知识的功能，但大学并非与科学革命毫无关系。实际上，大部分的科学家都在大学任教，如伽利略曾在帕多瓦大学任教，牛顿曾在剑桥大学任教，第谷、布鲁诺曾在维腾堡大学任教，当时，科学研究并未成为谋生的职业，大学为这些科学家的科学研究提供了宽松、自由、设施齐全、衣食无忧的学术环境，使他们能够无私利、无功利地献身于科学知识。同时，大学中也开设了一些科学课程教授科学知识，也存在一些科学研究，如牛津大学和剑桥大学在 17 世纪开设了物理、化学、天文学、几何学等课程，西班牙大学开展了对动植物的研究，帕多瓦大学和莱顿大学在发展新科学方面卓有成就。正因如此，这一时期成为教授科学研究角色的萌发期，为 19 世纪后期大学成为科学研究机构、承担科学研究功能奠定了基础。

五、现代大学时期教授的基本理念

现代大学从产生到兴起经历了旧思想的解体、新观念的组合①，经历了各类理念的冲击和糅合，经历了传统与现代的分离。随着现代大学特征的突显，大学教授这一特定角色的内涵逐渐丰富和完善。

18 世纪的启蒙运动对大学的影响很大。启蒙运动时期，产生了很多新思维，最大的产物是理性主义，它涵盖了若干学科领域。它把一切现象都归于自然或理性，并以此去评判一切现存事物，反对既定的秩序，反对任何权威，无论是基督教会的还是政治的。它认为人人都具有天赋的自然权利、人人生而自由和平等，都具有追求生存和幸福的本性和权利，以人权对抗并否定王权、神权和特权，崇尚知识，提倡科学，反对蒙昧主义。② 尤其是一批启蒙教授对大学本身的功能、使命、组织制度、文化特性等进行了深入的思考和探讨，丰富和发展了大学教师的内在信念和价值体系。在大学被专业化的学科如神学、法学、医学等占据时，哲学思想的发展推动了大学思想的发展，18 世纪末 19 世纪初发起的关于大学理念的争论促使先进的大学理念得以形成。1798 年，时任哥尼斯堡大学哲学教授的丽德发表了《学科间的冲突》系列论文，引发了关于

---

① Collins R. The sociology of philosophies: A global theory of intellectual change. Harvard Universty Press, 1998: 64.

② 汪建华：《民国时期大学通识教育课程变革研究》，西南大学博士学位论文，2017 年，第 32 页。

大学理念的第一次论潮。康德认为，教育的理念就是把人的自然禀赋发展出来①，他倡导大学的理性的批判力，推崇哲学相对于大学其他学科的不同，因为哲学学科是自由和客观的法则，不是由政府制定的法则②。他认为应该设立独立于政府命令的学院，由大学教授组成一种自治的学者共同体，使大学成为一个可以在知识的学科结构中追求真理的社会场所。他将神学、法学、医学等界定为高等级的学科，认为哲学是较低等级的学科，高等学科的价值在于有用性，低等学科的价值在于理性的存在，在哲学院，一切取决于真理。曾任耶拿大学哲学教授、主持康德哲学讲座的费希特也是大学理念争论的代表人物之一。19 世纪初，费希特倡导创建柏林大学，并任柏林大学第一任校长。“费希特认为：大学主要培养和训练运用知识的技能，大学教师不但要精通知识，更要成为掌握运用知识、改造知识的技法家。”③ 他在《论学者的使命　人的使命》的演讲中宣称：“学者阶层的真正使命是高度注视人类一般的实际发展进程，并经常促进这种发展进程。……学者应当尽力而为，发展他的学科。……学者的使命主要是为社会服务。……学者特别担负这样一个职责：优先地、充分地发展他本身的社会才能、敏感性和传授技能。”他强调义务、良心和道德的重要性：学者应当成为他的时代道德最好的人，他应当代表他的时代可能达到的道德发展的最高水平。④ 威廉·冯·洪堡是德国高等教育史上另一个重要人物。1808 年，洪堡受威廉三世之命制订建立柏林大学的计划，并于 1809 提交了一份著名的提案，表达了他的大学理念。洪堡反对为经济的、社会的、国家的需求和利益来牵制和左右大学，认为大学应该保持独立性，探求真理，为政府提供道德和精神的基础，而不是成为职业训练的场所。在洪堡的大学理念里，还将科学研究作为大学的核心价值、任务和职能，他一反几个世纪以来大学中教学与科研相分离的常态，认为大学中应是教学与研究相结合、相统

---

① ［德］伊曼努尔·康德：《论教育学》，赵鹏，何兆武译，上海世纪出版集团，2005 年，第 3 页。

② Kant I. The conflict of the faculties. Abaris Books，1979：4.

③ 叶赋桂，罗燕：《大学制度变革：洪堡及其意义》，《清华大学教育研究》，2015 年第 5 期。

④ ［德］费希特：《论学者的使命　人的使命》，梁志学，沈真译，商务印书馆，1984 年，第 36-46 页。

一，大学中的教学要引导学生参与研究的过程，还要培养学生的个人品德，即要进行“人格完整教育”。洪堡倡导大学自由，包括大学的自治权和大学的学术自由。正如刘海峰等人所认为的，从康德到洪堡，德意志的大学理念是极为完美的，如教养、学术自由和大学自治、教学与研究统一。①

在这一时期的大学理念集中涌现之后，19 世纪 50 年代，出现了知识与文化、大学与国家机构的第二次关于大学理念的争论，其中以纽曼的思想为代表。纽曼于 1851 年任都柏林天主教大学校长，1857 年年底辞职。纽曼将发表的系列演讲合为《大学的理想》一书，并界定：在这里所讨论的大学被认为是讲授普遍知识的场所②。他认为，大学要对学生进行心智培养的自由教育，而不是功利性、专业化、实用性的教育。他还提出大学的宗旨是教学而非科研，是知识的传播与推广，而非进步③。他认为科学院才是适合科研的场所。纽曼的观点是英国大学传统办学制度和思想的反映，他与洪堡的观念的差别体现了英国与德国传统大学模式的差别。但他的观点也遭到赫伯特·斯宾塞等人的反对，斯宾塞尤其强调科学，认为不是知识的本身即目的，知识应对社会有用。

在上述两次对大学理念的争论中有相一致的观点，即认为大学是一个追求普遍知识的地方，20 世纪 20 年代学界对这一理念进行了引申和讨论。1918 年，马克斯·韦伯发表了著名演讲《以学术为业》，他认为大学教师要坚持科学志向，有这种志向，“通过最彻底的专业化，才有可能具备信心在知识领域取得一些真正完美的成就”④。教授要保持价值无涉，“真正的教师会保持警惕，不在讲台上以或明或暗的方式，将任何态度强加于学生。……如果他不尽教师的职责，用自己的知识和科研经验去帮助学生，而是趁机渔利，向他们兜售自己的政治见解，我以为

① 刘海峰，史静寰：《高等教育史》，高等教育出版社，2010 年，第 370 页。

② ［英］约翰·亨利·纽曼：《大学的理想》，徐辉，顾建新，何曙荣译，浙江教育出版社，2001 年，第 1 页。

③ ［英］约翰·亨利·纽曼：《大学的理想》，徐辉，顾建新，何曙荣译，浙江教育出版社，2001 年，第 1 页。

④ 刘超，田正平：《中国近代大学教师评聘制度的历史考察——以国立名校为中心》，《浙江大学学报（人文社会科学版）》，2020 年第 2 期。

这是一种不负责的做法”①。其后，1923 年，雅斯贝尔斯在《大学之理念》一书中也为自由大学进行了辩护。关于大学理念的争论与大学理念的发展是大学从中世纪时代走向现代化的重要进程，这种伟大的争论反映了现代性的主要转变过程，例如判断力与信念、现代性与传统、事实与价值观的转变②。这些观念也对大学教授的内在信念和价值体系产生了巨大影响，很多教授提出的全人教育、知识探究、社会批判、学术自由、价值无涉等方面的理念几乎成为学术职业的支撑和理论支柱，使教授不仅仅是充当职业知识训练的教员，更是要实现职业角色的多元化，为现代大学教师职业角色的成熟奠定基础。

六、现代大学时期教授的科研之路

如前所述，从 15 世纪起的漫长时间里，整体上看，教授不具备科学家和科学研究者的身份，大学的教学功能是与科研功能相分离的。启蒙运动之后，随着科学革命的发展，在大学逐步具备现代化特征、走向现代化的进程中，教授的科学研究者角色逐渐形成，从而使教授初步具备了高等教育现代化时代所需要的学术职业属性。19 世纪初，洪堡的“大学以科学研究为重”和“教学与研究相统一”的大学理念得以在柏林大学实践和贯彻。到 19 世纪下半叶，德国各大学按照 1809 年创办柏林大学的洪堡所阐明的思想，成为学者之家，他们从此献身于科学（与功利主义的技术相对的纯学术）和教育事业（培养全面的人），而且全世界都知道他们在这方面的成就③。科学研究进入大学，使教授具有了科学研究者的新角色，促使科学走向繁荣，促进社会经济的快速发展，并为现代大学办学理念和制度的形成奠定了基础。

（一）大学以科学研究为核心，赋予了教授科学研究者的新角色

洪堡认为：“高等学校的一个独特的特征是，它们把科学和学问设想为处理最终无穷无尽的任务——它们从事一个不停的探究过程。低层次的教育提出一批封闭的和既定的知识。在高层次，教师和学生之间的

---

① ［德］马克斯・韦伯：《学术与政治：韦伯的两篇演说》，冯克利译，生活・读书・新知三联书店，1998 年，第 37–38 页。

② ［英］杰勒德・德兰迪：《知识社会中的大学》，黄建如译，北京大学出版社，2010 年，第 38 页。

③ ［美］戈登・A. 克雷格：《德国人》，杨立义，钱松英译，上海译文出版社，1990 年，第 235 页。

关系，不同于在低层次教师和学生之间的关系。在高层次，教师不是为学生而存在；教师和学生都有正当理由共同探求知识。”① 正如鲍尔生所指述的，“柏林大学从最初就把致力专门科学研究作为主要的要求，把授课效能仅作为次要的问题来考虑”②。科学研究进入大学，大学成为科学研究者云集之地，大学教授具有了教学者与科学研究者的双重身份，“科学研究就是这样逐渐变成了一种职业，它能使大学实现每位教师也应该是有创造性的研究者的理想”③。科学研究加入教授职业结构并发挥主导作用，这一变革大大丰富了教授的职业内涵。在科学革命后社会普遍对科学充满崇敬和科学走向繁盛的时期，它使教授获得了引以为豪的社会地位和声望，为教授提供了其他职业难以企及的近乎神圣的平台。

（二）科研水平和能力成为教授的主要评聘条件之一

19 世纪，在柏林大学的影响下，德国大学普遍注重教授的科研水平和能力。当时德国大学的教授聘任以此为取决条件，尼珀戴这样描述：在选择教授人选时，起决定性作用的是研究工作及其结果的独创性④，即在聘任和评定教授的执教资格时以科学研究能力为主要条件，“在科研方面有卓著成就的优秀学者，也总是最好和最有能力的教师”⑤。与这一指导思想相应，洪堡将高水平的教授学者看作成功大学的关键，他注重聘任各学科杰出的学者担任柏林大学的教授。在他的努力下，著名哲学家费希特、施莱尔马赫，医学家胡弗兰德，历史学家尼布尔，化学家克拉普罗特，农学家塔埃尔等都跻身柏林大学，以至于“从此再没有一位德国的教育大臣或部长可以出示一张更可值得自豪的聘任表”⑥。在这样明确强劲的推动下，科学研究成为大学教授职业生涯发展中最具促进

① ［美］伯顿·克拉克：《探究的场所：现代大学的科研和研究生教育》，王承绪译，浙江教育出版社，2001 年，第 19 页。

② ［德］弗·鲍尔生：《德国教育史》，滕大春，滕大生译，人民教育出版社，1986 年，第 125 页。

③ ［以色列］约瑟夫·本-戴维：《科学家在社会中的角色》，赵佳苓译，四川人民出版社，1988 年，第 238 页。

④ 陈洪捷：《德国古典大学观及其对中国的影响（修订版）》，北京大学出版社，2006 年，第 74-75 页。

⑤ ［德］弗·鲍尔生：《德国教育史》，滕大春，滕大生译，人民教育出版社，1986 年，第 125 页。

⑥ ［德］彼得·贝格拉：《威廉·冯·洪堡传》，袁杰译，商务印书馆，1994 年，第 80 页。

力、最核心的学术追求，教学与科研并举成为双重使命。而科研水平与能力在大学教授聘任和评价中发挥决定性作用仍是很多现代大学的指导原则。

（三）教授的科学精神成为大学必备的精神气质

应该说，在科学研究尚未成为职业之时，科学研究者多从个人爱好的角度业余从事科学研究，不具功利之心，其孜孜不倦、无私奉献的精神尚未纳入大学的精神气质。在科学研究为教授的职业角色增加了科学的特质之后，科学精神势必成为教授必须具备的气质之一。正如韦伯在他著名的《以学术为业》的演讲中所宣称的：可以十分肯定地说，在科学领域，假如有人把他从事的学科当作一项表演事业，这样一个人是不具备“个性”的。……无论在什么地方，只要一个人提出这样的问题，而不是发自内心地献身于学科，献身于使他因自己所服务的主题而达到高贵与尊严的学科，则他必定会受到败坏和贬低。① 科学研究者的天职就是要不断努力、不断超越，“科学工作要受进步过程的约束……我们每一位科学家都知道，一个人所取得的成就，在 10 年、20 年或 50 年内就会过时。这就是科学的命运……每一次科学的‘完成’都意味着新的问题，科学请求被人超越，请求相形见绌。任何希望投身于科学的人，都必须面对这一事实”②。科学家要撇除公立或私立上的因素，坚持科学的职业态度，“而一位科学家，他若是确实想为自己的职业寻求一种态度，那么这会是一种什么样的个人态度呢？他坚持说，自己是‘为科学而科学’，而不是仅仅为了别人可借此取得商业或技术上成功，或者仅仅是为了使他们能够吃得更好、穿得更好，更为开明、更善于治理自己”③。

七、现代大学时期教授的社会服务之路

大学发展到 20 世纪初期，美国威斯康星州立大学校长万·亥斯提出了著名的“威斯康星思想”。该思想的出发点是为了解决大学与社会的关系问题，其核心思想是大学的职能要为社会服务，为社会提供大学

① 谢俊：《论学术自由视野下的学术道德》，《高教探索》，2008 年第 6 期。

② ［德］马克斯·韦伯：《学术与政治：韦伯的两篇演说》，冯克利译，生活·读书·新知三联书店，1998 年，第 27 页。

③ ［德］马克斯·韦伯：《学术与政治：韦伯的两篇演说》，冯克利译，生活·读书·新知三联书店，1998 年，第 28 页。

所能提供的服务，大学的发展与价值取决于为社会提供自身的价值。在这个大学职能的引领下，大学教师（教授）就成了服务社会的主体，换言之，大学服务社会职能的实现取决于大学教师（教授）。“威斯康星思想”的产生，使大学在教学和科研之外，确立了其第三大职能——社会服务。随着大学在发展进程中与经济社会进一步密切联系，走出象牙塔、主动服务社会、与社会互动成为教授的重要职责。服务社会最普遍的形式是社会咨询服务，即以信息、情报、资料等为基础，对其进行综合加工和创造，为用户提供各项服务的一项智力活动。“现代咨询的实质是一种依靠具有远见卓识和富有经验的人才，有针对性地进行知识运用、综合、加工、创新、转移、推广等智力服务活动。”① 服务于社会，有利于经济社会的发展，大学自身的发展和人才培养，也使大学本身的内涵更加丰富，社会价值得到进一步体现。

第三节　作为名词的中国教授历史考察

一、奠定中国教授韵味的“第一部著作”

在中国文化语境里，教授韵味的历史是很久远且丰富的，最早可追溯到四书五经之首的《大学》。“大学之道”所言即是“大学精神”，这里的“道”是“形而上”的理念，是“根本”。《大学》秉承的是“德治”精神，开篇即说：“大学之道，在明明德，在亲民，在止于至善。”然后通过格物、致知、诚意、正心、修身、齐家、治国、平天下等八个步骤环环相扣地实现其“德治”和“彝教”的精神追求，形成了十分严密的贯彻“德治”和“彝教”之大学精神的系统。《大学》所追求的“至善”境界，即“为人君，止于仁；为人臣，止于敬；为人子，止于孝；为人父，止于慈；与国人交，止于信”的“士君子”。正如杜维明所言：“《大学》所呈现的是步步扩展，层层深入的一种修身哲学。……《大学》所体现的人文精神是一个逐渐向外扩展的同心圆，这个同心圆的外圆应该是开放的；从个人到家庭、到社会、到国家、到世界，乃至到人类的群体、宇宙，它是向外扩展的；同时，它层层深入，由我们的

① 杨德广：《高等教育管理学》，上海教育出版社，2006 年，第 257 页。

心知，到我们的灵感，再到我们的神明……这一思想体系，不仅在中国，而且后来在东亚，现在在世界上也受到大家的重视。”① 说它是中国论述教授精神的第一部著作不仅不为过，而且现今有关教授精神的论述少有能企及者。

《大学》是春秋战国以前中国历史上各家思想百家争鸣的结晶，它所确立的精神价值取向构成了中国古代大学精神的初始典范，孔子就是体现这种精神的一个例证。他“发愤忘食，乐以忘忧”的积极奋发的人生态度；“朝闻道，夕死可矣”，视追求真理高于一切的精神；“仁以为己任”的社会义务感；“杀身成仁”“守死善道”的理想人格；基于协调社会群体关系而提出的诸如“温、良、恭、俭、让”“恭、宽、信、敏、惠”等行为准则中所包含的合理因素；等等，对我国民族的精神文化和民族性格的一些特点的形成，确实产生深刻而广泛的影响。② 这种示范对中国历代学人的精神追求产生了更为集中且深远的影响。《大学》里面所论述的内容，诸多都印证了作为高级知识分子精神的内核。因为“大学”指“大学问”，也指“大学校”，但归根结底指“大学问”，所以《礼记》的《大学》全篇只讲大学问，不讲大学校③，它所确立的大学问（做学问的精神）的价值取向古今已影响过若干人，中国教授历史考察的起点自然要从这里探寻。

二、形塑中国教授精神的“第一个学人共同体”

中国教授精神的探寻不仅体现在个体上，在群体层面也是很鲜明的。私学兴起对这种精神发展的促动是稷下学宫产生的精神根源。这种精神促进了官方对其精神主体“士”的尊崇，形成了养士之风。稷下学宫是春秋战国时期齐国创建的高等学府，始建于春秋时期齐桓公时代，兴盛于战国时期齐宣王时代，一直延续到齐国灭亡，历时 200 多年，是当时教学、研究与咨议相结合的机构，是中国古代最早的学术活动中心和政治咨询中心。稷下学宫广招天下贤士近千人，汇集了道、法、儒、名、兵、农、阴阳等各家学者。当时著名的邹衍、淳于髡、田骈、慎

① 郭齐家，储朝晖：《儒学与中国大学精神》，国际儒学联合会、中国孔子基金会《纪念孔子诞生 2555 周年国际学术研讨会论文集（卷三）》，九州出版社，2005 年，第 234-257 页。

② 郭齐家，储朝晖：《儒学与中国大学精神》，国际儒学联合会、中国孔子基金会《纪念孔子诞生 2555 周年国际学术研讨会论文集（卷三）》，九州出版社，2005 年，第 234-257 页。

③ 涂又光：《中国高等教育史论》，湖北教育出版社，1997 年，第 359 页。

到、宋钘、尹文、鲁仲连、荀况等都包容在内。稷下学宫成为当时各学派荟萃的中心。① 在中国古代历史的重要转折时期，稷下学宫提供了一套做学问的典范，自强不息是其追求学问的精神灵魂所在，这种精神的消失又成为它走向式微的根本原因之一。

就稷下学宫做学问的精神基础而言，队伍壮观。“公元前 481 年，田恒发动武装政变成为齐国的君主。为了适应对内进行政治、经济改革，对外争霸称雄的需要，齐国统治者在招纳网罗天下贤才的同时，还意图培养新一代贤士。”② “养士而强，士多而霸” 愈益成为各国公室和私门的共识。因而在齐桓公田午当政时创办了稷下学宫。接着田氏又凭借国家力量扩大养士规模，并加以组织化、制度化，使稷下学宫得以兴盛。学宫创立后的命运始终与齐国的政治息息相关。齐威王礼遇稷下先生，各国来稷下游学者络绎不绝，学宫初盛；齐宣王欲与魏、秦争霸，怀统一天下的雄心，广罗人才，赐 76 名著名学者为上大夫，扩建学宫，兼容各家，鼓励争鸣，使学宫达到鼎盛，也显现出齐国政治的极盛。③ 齐湣王时，稷下学宫的师生多至数万人，但齐湣王独断专行，对稷下先生的见解不能从善如流，至湣王后期，稷下学宫与齐国一起呈现颓势，稷下有风骨的人纷纷离去。公元前 284 年，在燕、赵、韩、魏、秦联军攻陷临淄后，学宫遭破坏，元气大伤。齐襄王复国当政并恢复稷下学宫，招回一批稷下先生，使学宫依旧成为学术争鸣和传播的场所，但盛况已大不如前。此后，齐王田建在位 40 余年，政治上无所作为且拒谏妒贤，稷下学宫便江河日下。公元前 221 年，秦军攻下临淄，齐国亡而稷下终。④ 从对教授精神的发挥角度考察，“稷下学有两个特点最值得我们注意：第一是君主待知识界领袖以师友之礼；第二是这些知识界领袖的专职即是各持其道以批评故事”⑤。

稷下学宫是时代发展的产物，是中国古代士阶层的黄金时代⑥。从

---

① 储朝晖：《自古官学少大师》，《中国教育报》，2011 年 5 月 30 日。

② 储朝晖：《自古官学少大师》，《中国教育报》，2011 年 5 月 30 日。

③ 储朝晖：《自古官学少大师》，《中国教育报》，2011 年 5 月 30 日。

④ 储朝晖：《自古官学少大师》，《中国教育报》，2011 年 5 月 30 日。

⑤ 侯文华：《〈荀子・赋篇〉与楚国巫祭仪式关系考论》，《中国文化研究》，2011 年第 5 期。

⑥ 余英时：《士与中国文化》，上海人民出版社，2003 年，第 41 页。

考察中国教授精神的角度，可以说它是中国古代教授精神发展的必然产物，同时它又以其“百家争鸣”“刺激了思想学术的成长”，助成了中国古代教授精神的提升，它的兴盛与衰亡都与做学问的精神密切相关。具体而言，它的建立与兴盛离不开以荀子为代表的一批学者致力于弘扬自强不息的求知精神，离不开当时参与稷下学宫的各学派所追求的学问精神。在《弟子职》中，即有“志毋虚邪，行必正直”“凡言与行，思中以为纪，古之将兴者，必由此始”“相切相磋，各长其仪”① 之类体现为学志向和精神的话语。其他典籍中还有不少类似的记载，其中最典型、最有代表意义的是孟子和荀子身上所体现出的做学问的精神。

孟子的精神体现在以下方面：一是反求诸己，这是他道德修养的重要方法，即强调自省，也是他为学的一种精神，即重视自主探索；二是“乐以天下，忧以天下”的为学责任感，把学问当成“公器”而非“私器”，从而使他在做学问这条道路上有着百折不挠、矢志不渝的精神支柱；三是“反身而诚，乐莫大焉”的心理境界，他认为“万物皆备于我”，即自然与人是统一的，做学问就是要通过“诚”进入这一境界，这一过程本身是十分快乐的“深造自得”；四是“生于忧患，死于安乐”，在艰苦中磨炼提高精神境界；五是乐教精神，把“得天下英才而教育之”当成人生一乐，并要求“以其昭昭，使人昭昭”。荀子曾在稷下学宫三为“祭酒”，“最为老师”，他身上集中体现了稷下学宫的为学精神，这种精神又集中反映在他所写的《劝学》《修身》《不苟》《解蔽》等著作中，可简要地归纳为“学不可以已”，“锲而不舍”，立“冥冥之志”，“穷无穷、逐无极”，“笃志而体”，“累土不辍”，“至德、至诚”，“虚壹而静”，正是这种精神使荀子成为先秦儒学大师，使稷下学宫充溢着生机。②

稷下的学术精神蕴含着五个基本元素：“学术与政治的和谐互动是培育稷下学术精神的沃壤；学术批评与学术争鸣是稷下学术精神挺直的脊梁；学术开放与学术对话是稷下学术精神涌动的血脉；学术人才与学生自由是稷下学术精神洒脱的风貌；学术创新与学术实践是稷下学术精

① 储朝晖：《自古官学少大师》，《中国教育报》，2011 年 5 月 30 日。

② 储朝晖：《论当代大学精神》，《河南职业技术师范学院学报（职业教育版）》，2004 年第 3 期。

神的强劲动力。”① 这种精神正是纯正而纯粹的教授精神和为学精神，教授务必继承和发扬。如果没有这种精神，教授就是虚有其名。

三、彰显中国教授风格的“士人”主体

中国传统文化里的“士人”精神是构成教授精神的重要组成部分，换言之，理解中国教授学术职业的精神风格可以从“士人”这个主体中得到很多借鉴。士，是中国传统知识分子的别称。② 在中国，“士”一词所体现的精神自古就与教授精神相关。西周时期“个别庶人中优秀者，也可以经选拔推荐入学，称‘造士’”③。“朴野而不慝，其秀才之能为士者，则足赖也”，证明在春秋战国之际农人中的“秀出者”可通过为学、平民以文学上升为士。④ 春秋以降，“士”即指“脑力劳动者”。说“士”是中国教授精神的早期主体，是因为“知识人在古代中国叫作‘士’，而‘士’的出现则是和‘道’的观念分不开的”。商、周文献中有“多士”“庶士”“卿士”“术士”之称，他们被认为受过以“六艺”为主的教育训练。⑤ 根据历史考证，中国历史上第一批靠出卖知识养家糊口的“士”是周平王东迁过程的“副产品”，天子的世袭权遭遇危机和要离开原驻地，原本依附于天子且寄生在王宫里的文化官吏们开始自求生存。在西周封国中，邹鲁这个小封国距离天子王宫最近，因此较早的“士”产生于这里，他们受礼、乐、诗、书的熏陶，与中国传统精神形成了“二而一”的关系：一方面，“士”是以“礼”为主体或中心的精神为其基本精神的；另一方面，“士”又通过办私学来传承与弘扬或批判“礼”为主体或中心的精神，中国“士”与“劳心”之间至少在公元前 6 世纪初叶已被画上了等号。⑥

将“士”而不是“君子”当成中国教授精神的早期主体，是由于君子更多的是儒家价值取向的体现，而“士”为数千年来各家各派共同认同的学人身份，墨家所提出的“兼士”（或贤士）也是在“士”的基础

---

① 刘德龙：《专注“学术发展”的精品力作——读郑东先生的〈学术发展的哲学思维与实践路径〉》，《山东理工大学学报（社会科学版）》，2013 年第 5 期。

② 孙冰红：《大学教育与社会发展论》，中国社会科学出版社，2009 年，第 130 页。

③ 《礼记 · 王制》云：“乐正崇四术，立四教，顺先王诗、书、礼、乐以造士。”

④ 余英时：《士与中国文化》，上海人民出版社，2003 年，第 13 页。

⑤ 余英时：《士与中国文化》，上海人民出版社，2003 年，第 79 页。

⑥ 储朝晖：《中国文化独有的那群人》，《中国教育报》，2006 年 12 月 3 日。

上再加上自己的价值取向："厚乎德行""辩乎言谈""博乎道术"，并称"入国而不存其士，则亡国矣。见贤而不急，则缓其君矣。非贤无急，非士无与虑国。缓贤忘士，而能以其国存者，未曾有也"。包括儒、墨、法、道各家有关为学的价值取向，以及其在行为中的体现，都应在中国古代教授精神的范畴之内。之所以把"士"作为中国教授早期学术精神的主要成分，是因为"士"在百家争鸣的时代里形成的那种学术追求和学术风格，即以密集的学术交流方式开启了中国早期学术职业发展的第一次学术突破，充分彰显了他们的学术精神是以"道的担当者"立身，且长期言于道，志于道。正如余英时所说："先秦诸子学派无论思想怎样不同，但在表现以道自任的精神这一点上是完全一致的。"① 这是使他们在中国学术史上长期占主导地位的学术精神所在。强调"士"的价值取向必须以"道"为最后的依据……给它灌注一种理想主义的精神，要求它的每一个分子——士都能超越他自己个体的和群体的利害得失，而发展对整个社会的深厚关怀。这是一种近乎宗教信仰的精神②，这恰恰就是中国古代知识分子所追求的学术职业精神。

现代教授理当坚持对前述稷下学术精神和"士志于道"精神的继承。探寻教授精神绝不能漠视和摒弃中华民族的学术文化和学术传统，今天我们理当克服经济大潮给人们带来的浮躁心态和狂妄心理，理当沉下心来认真发掘和钻研老祖宗、贤人志士们留下的学术真精神，扎扎实实地做好学术发展的每一个环节、每一件事。前述中国教授的早期精神对当代中国学术发展的启示和借鉴意义是无论如何都不能忽视的。

四、形成中国教授核心价值的"道"之本体

"道"是构成中国古代教授学术精神价值体系的最高范畴，它的形成极能说明中国教授学术精神的形成。"中国的'道'源于古代的礼乐传统……是一个安排人间秩序的文化传统。"在孔子以前，"道"的观念大体上是指"天道"，即以天道的变化来说明人事的吉凶祸福。春秋以降，《老子》《论语》将"道"抽象化后，至今还很难找到中国古人对于"道"的理解与诠释的边界，但儒、墨、道诸子百家对此都有各不相

① 余英时：《士与中国文化》，上海人民出版社，2003 年，第 80 页。

② 余英时：《士与中国文化》，上海人民出版社，2003 年，第 25 页。

同的较高远的认识。[①] 儒家当中，孔子之“仁”、孟子之“义”、荀子之“礼义”、韩愈之“道”、柳宗元之“圣人之道”、朱熹等众多理学家之“理”都是“道”。孔子说，“君子道者三，我无能焉：仁者不忧，知者不惑，勇者不惧”；道家当中，按老子的话讲，“道”是一种“视之不见”“听之不闻”“搏之不得”的“先天地生”“惚兮恍兮”“寂兮寥兮”“不可名状”的精神实体[②]；庄子之“道”则演变为神秘的“非物”，一种“精神性的东西”；《道德经》即是“在更具宇宙论倾向的层面，它规定了独一无二的特殊（即‘德’）怎样才能保持其完整性，同时又最大限度地扩大与其自然的、社会的和文化的环境（即‘道’）的关系”；墨子之“兼爱”也是一种“道”；法家则以“法”“术”“势”为“道”；魏晋玄学之“玄”、明清之际的实学之“实”也无出于“道”之外。[③] “‘道’是中国传统哲学体系中最普遍、最高层次的、具有本体意义的范畴”，“它可以被规定为一个普遍联系的信息系统，或是一个场，是一个具有多层次、多结构的整体结构……是天地万物的本体或本原……是整体世界的本质……是事物的规律……是运动变化的过程……是政治原则、伦理道德规范，是治国处世的道理”。因此，有人认为“道”是与德里达的“不可能的符号”相类似的，“道构成了所有的名和形的不贯通的总和”[④]。由于“最能概括中国哲学精神的名词，是所谓‘天人之学’……中国传统哲学的最高范畴是道，与天人之学相联系，‘道’又有‘天道’与‘人道’之别”，于是“‘天道’与‘人道’及其相互关系，就构成了中国传统哲学的基本问题”[⑤]。道，意味着中国古代为学精神已经很丰富、很饱满，已经成为中国教授精神的核心价值。

五、中国教授精神原点的特定内容

中国教授精神原点的内容用原汁原味的中国话语表达就是“士”与

---

① 郭齐家，储朝晖：《儒学与中国大学精神》，国际儒学联合会、中国孔子基金会《纪念孔子诞生 2555 周年国际学术研讨会论文集（卷三）》，九州出版社，2005 年，第 234–257 页。

② 詹子庆：《中国古代史（上）》，高等教育出版社，1996 年，第 127 页。

③ 储朝晖：《中国大学精神的历史与省思》，山西教育出版社，2010 年，第 215 页。

④ ［美］郝大维，［美］安乐哲：《汉哲学思维的文化探源》，施忠连译，江苏人民出版社，1999 年，第 252 页。

⑤ 于述胜，于建福：《中国传统教育哲学》，江苏教育出版社，1996 年，第 31 页。

“道”而已。所谓中国的教授精神，即是古人所言的“大学之道”。“士”是中国古代为学精神的主体，“道”是中国古代大学精神的内涵，“志”是由“士”内心出发指向“道”的内在追求状态。中国古代为学精神即是“士志于道”的精神。“士”作为中国古代知识人，“‘士志于道’，这是孔子最早为‘士’所立下的规定”，诸子百家也大都认同这一规定。一方面，“整体地看，‘士’在中国史上确然形成了一个具有高度连续性的传统”；另一方面，“无论是从思想基调或活动方式看，‘士’在这两千多年中都是迁流不居的”。“士”的基本特点可归纳为：一是他们的主要构成条件“在其所代表的具有普遍性的‘道’”；二是他们所志的“道”“是一个安排人间秩序的文化传统”（在道家、墨家还内含天道）；三是“相信‘道’比‘势’更尊”，并将以“道”来批评政治社会当成自己的“分内之事”（或称“言责”）；四是以自我内心的不断修养即“做人”“来尊显他们所代表的‘道’”。“士”虽然千差万别，但其以“道”为己任则是一致的。在“士”与“道”之间起粘连作用的是“志”。孔子倡导“志于道，据于德，依于仁，游于艺”，“士志于道，而耻恶衣恶食者，未足与议也”。曾参道：“士不可以不弘毅，任重而道远。”孟子更详尽地论述了无论进退、穷达、得势与否，“士”与“道”都必须合一。“儒家终生以‘道’为志”，墨家强调“志不强者智不达”，老子道家“守柔”“致虚极”“为无为”事实上也是一种“志”的体现。“‘士’的‘明道救世’在西方只能求之于中古基督教的传统”，在中国则全仗于“无恒产而有恒心”的“士”。在“士”与“道”之间通过“志”连成一体是中国古代教授精神原点的基本内容与结构。多样性的“士”通过“士各有志”的多样性的“志”共同指向外在一致而内在多样的“道”。这种“道”“在价值上具有富贵无法比拟的普遍性、持续性和生命力”，“士”相信“自古有不亡之道，而无有不死之人”，这就是中国古代教授精神原点的基本内容与结构。由于“道”的内在多样性、普遍性、持续性，中国历代学人必须具有“苟日新，日日新，又日新”的精神，必须具有“观乎天文以察时变，观乎人文以化成天下”的能力，“孔颜乐处”“人文化成”“明人伦”“明明德”

“亲民”“止于至善”成为他们志于道的人生旅程中的一个个台阶。①

第四节　作为动词的中国教授历史考察

一、中国古代帝国教育中的“教授”职业考察

除了从名词成分上考察中国教授精神外，还可以从动词成分上进行考察，以便全面把握中国教授的发展历史。具体可以从以下几方面进行。

（一）教师履行“教授”职责的目的是培养士绅

从人生规划的角度来看，中国古代的读书人应该奋志青云，身登仕版，上致君而下泽民②，几乎所有的读书人都是以此为目标的，但很多读书人却未完成此目标，因而感到失意。从社会分层与社会流动的角度来看，读书应试的目标是实现在社会等级间的向上流动，否则就称不上功德圆满。这个流动涉及两个场域：在四民社会中，从别的阶层迈进享有种种特权的士阶层；在士阶层内部，则是以“士”而“仕”，在官僚体系中占据一个重要的职位。士绅在四民社会中享有什么样的特权呢？张仲礼在研究“绅士的特权”③ 时详细地罗列了种种，譬如“绅为一邑之望，士为四民之首”，知县对待绅士要“交以道，接以礼，固不可权势相加”；绅士可自由见官；平民百姓称官吏为“大老爷”，而称没有官衔的举人、贡生、生员、监生为“老爷”；绅士用贵重的质料做服饰以区别于平民；绅士参加某些礼仪，并主持各种祭祀；甚至绅士犯罪，都不会上刑，若罪刑很重必须严惩，须先革去绅士身份。绅士还享有重要的经济特权：他们可以免除为政府服徭役（他们地位崇高，风流儒雅，并攻举业，是社会的精神领袖，怎可充任粗笨的“劳力”?），他们还可以免交、少纳或不纳种种苛捐杂税。他们中的有些人还能得到政府的月例钱，譬如廪生和在国子监就读的监生。在政府补贴之外，他们还能得到本家族、各种民间势力的捐资，以使其专心攻读圣贤书。如顾炎武所

① 储朝晖：《中国大学精神的历史与省思》，山西教育出版社，2010 年，第 216 页。

② 丁钢：《中国教育：研究与评论（第 3 辑）》，教育科学出版社，2002 年，第 143-173 页。

③ 张仲礼：《中国绅士：关于其在 19 世纪中国社会中作用的研究》，李荣昌译，上海社会科学院出版社，1991 年，第 29-39 页。

说：“一得为此（指生员），则免于编氓之役，不受侵于里胥，齿于衣冠，得以礼见官长，则无笞捶之辱。故今之愿为生员者，非必其慕功名也，保身家而已。”①

看起来，士绅的这些特权已经足以令人生羡了。然而，在士绅内部，还有下层士绅与上层士绅之分际（以是否获举人功名为界限），学绅（即未授官职的士绅）与官绅之区别。而最令读书人心仪的其实并不是绅，而是官。中国的科举制常常给人一种误解——似乎中国传统社会十分尊重学识，将读书人的地位抬得很高。实际上，中国封建社会根深蒂固的传统是官本位的传统。科举制的制度设计与其说旨在抬高读书人的地位，不如说是要解决以往贵族世袭制、分封制、九品中正制所带来的官僚阶层来源狭窄、素质堕坏的问题。只有被授以实职的举子才可能掌握和积聚丰厚的政治资本和经济资本，而士绅不过是真正的达官贵人阶层的替补、后备和地方上的助手而已。从这点就可以看到很多读书人何以失意了：尽管他已取得举人功名，但一直未能获进士功名。只有到了进士这个阶层，被授以官职的概率才能确定。自清代中期以后，举人就只是官职的备位者了——以举人之多、官职之少，他们获得实缺的概率是不大的。在这个大环境里，很多履行“教授”职责的人正是排在官府门外备选长队中落寞的一员。②

（二）履行“教授”职责的教师被朝廷操纵着

对于中国古代履行“教授”职责的教师们而言，基本上这种“教授”职责都被朝廷操纵着。如果把其放进科举制运作的具体机制以及历史背景中去考察的话，就会看到更具普遍性的东西。科举考试的制度设计极为巧妙，譬如，形式上的平等与开放——布衣与卿相相连，田舍郎与天子堂相接，最高的位置向最底层开放，确保了将各个阶层最大限度地纳入科场的权力实践之中。很多通过科举考试而当上教师履行教书职责的人就是这样被动员起来的参与者，他们以忠诚为前提，以规训心智为手段，进则以跻身权力之内（分权）、退则以求权力首肯（共荣）为

---

① 丁钢：《中国教育：研究与评论（第3辑）》，教育科学出版社，2002年，第143-173页。

② 丁钢：《中国教育：研究与评论（第3辑）》，教育科学出版社，2002年，第143-173页。

旨归，开始展开生命实践。但是，无论是考试的名额和次数，还是考试内容与选举标准，都是由国家所精心控制和设计的。通过科举考试的选拔以及支持考试、从属考试的教育实践所营造的“士”这一阶层——他们既有来自上面（中央政权所赋予）的特权，又在下面（民间社会）极有势力，他们对于国家的治理是必不可少的、极为有用的一群人。维持这一集团的规模与人数受到上与下两种力量的制约，从下来看，士的若干特权建立在对人民的剥削之上，维持这一集团对人民来说是一个负担；从上来看，不断为士开辟精进的空间虽有助于培植忠诚感，但士力量的壮大对中央政府的权力来说是潜在的威胁。因此，政府总是审慎地控制着士的总人数与他们在各地、各阶层的分布比例。科举考试并不在于不拘一格地选才，而是对上下两种力量进行拿捏，使绅权与皇权、民权达成巧妙的平衡。在科场这个舞台中，很多履行“教授”职责的人不过是真情投入的演员——看似一种个人的自由选择，实则一悲一喜、一举一动全为导演不露声色地操纵着，导演就是幕后的中央政府。假借科场，中央政府对民间社会、对个人的管理，恰似如臂使指，心到力到。科举考试与其说是一种人才选拔的政治经济学，毋宁说是维持统治的政治学，训诫心灵的权力学。① 从这个层面看，履行“教授”职责的教师被朝廷操纵着。

（三）履行“教授”职责的教师信仰“士绅惯习”

我们可以用一种置身场外的立场来帮履行“教授”职责的失意的教师们做一番理性的整饰：窗下休言命，场中莫论文——这是科名一途千古颠扑不破的真谛，既随缘又出缘，所谓尽人力成天事也。② 很明显，在中国古代，一定会时常遭遇到上述这类自己或者他人的劝告，这种劝告何尝不是一种训诫，科场合法性的基础就是这类清明理性的叙述。这种劝告绵延不绝地规训着躬身入局履行“教授”职责的人。科场所建构的种种训诫话语的基本前提是将科场视为“黑匣子”——这是正当的，

① 丁钢：《中国教育：研究与评论（第 3 辑）》，教育科学出版社，2002 年，第 143-173 页。

② 丁钢：《中国教育：研究与评论（第 3 辑）》，教育科学出版社，2002 年，第 143-173 页。

毋庸置疑的。① 科举考试的公开目的是选拔有才学的人出任官职，典籍论及科举的意义时引用唐太宗目睹科甲新进者时得意之语：“天下英雄，入吾彀中。”唐太宗得意后的玄机是开放胸襟，延揽人才，从事建设的积极心态的自然流露，还是在感叹科举考试这样一个精巧的制度设计“摆平”了潜在的挑战者？这群人承袭着文化资本，在一定程度上扮演着中央政权之外的民间社会的精神领袖，承袭着建构意义与解释意义的符号权力，而这正是整合四分五裂的人心，形成社会凝聚力的核心。然而，尽管屡受挫败，为什么还是有那么多的人对科场恋恋不舍呢？这是因为有一种共同的东西将考生们联系在了一起，决定了他们乐此不疲的行动。这东西就是儒家经典、文言官话、书法诗画、长袍顶戴种种有形无形之物共同构筑起来的“士绅惯习”，即国家认可的某种精英。士绅惯习是在长年累月备考应试中自觉不自觉地按科场规范形塑起来的，是科场场域固有属性在场域成员身上的内化物。同时，又恰恰是由它将这个场域建构成一个充满意义的世界，一个被赋予了辉煌色彩、值得他们去投入的世界。尽管科场根本不可能授予多数人以科名，尽管官场更不可能授予多数人以官职，但科场成了每个考生都程度不同要去分享柯林斯所说的“身份文化”的场域。② 科场背后的国家权力不仅体现在精巧的制度运行中，也体现在对那些具备履行“教授”职责之人的心智塑造上。

（四）教师履行“教授”职责只是一种副业

很多人在通过各层各级的科举考试前，就已经是当过多年教师的人。然而，有些人在通过科举考试，得到官方的认同和被赋予一定的社会地位后，对自己之前当过教师的经历难以释怀。很多人每每慨叹其不得不为此糊口之业，曾一度想辞官回家躬耕事亲。中国古代的读书人素有学以致用的传统，这就造成了为学术而学术的缺失。“用”的本意为有经世治事之能力，亦可转换为被用，即“工具”。用有小用和大用之分，有好用和不好用之分。我们应该探询一下读书人的功名之愿是如何

① ［美］费正清：《剑桥中国晚清史》上卷，中国社会科学院历史研究所编译室译，中国社会科学出版社，1993 年，第 113-174 页。

② 丁钢：《中国教育：研究与评论（第 3 辑）》，教育科学出版社，2002 年，第 143-173 页。

被生产出来的，“布衣卿相”之梦又是如何成为中国读书人的核心梦想的。科考场域的功能如此，学习场域的逻辑也不外于此，读书的过程就是功名之愿不断地生长、膨胀与激发的过程，读书绝非外在于生命的手段，而是内化为生命的实践。① 教书先生和读书的学生想得最多的虽非一定是劝学进功名之诗，但他们念得最通的、记忆最深的一定是“万般皆下品，惟有读书高”等这样的内容。“读书高”这样的信念一直激励着所有对读书有追求的人。而在这种追求背后，隐藏在人们信念深处的动机不是通过读书得以当教师，而是当官。当教师只是一种不得已而为之的事情，只是借助教师这个职业为跳板。“‘舌耕’者居于‘土地’与‘入仕’的间隙，成为社会结构中的流动分子，或者说是无所安身的流动者。若社会动荡一起，最容易被伤害的一定是生活在诸种权力保护之外的流动个体，他们是以个体的生命与强权或网络直接接触，没有可以遮盖与掩护的‘保护带’。”② 可见，履行“教授”职责的教师所从事的职业仅仅是一种副业。

二、中国古代书院制度中的“教授”韵味

从“教授”的动词成分剖析其韵味，除了前述科举考试制度和履行“教授”职责的视角可以揭示之外，还有一个中国古代很重要的教育制度中可以彰显“教授”的动词意蕴——书院制度。自唐宋以后，官学的衰落和科举制度的腐败催生了书院制度。我国历史上的书院，始见于唐末，宋、明、清三代都极为兴旺。由于当时学校教育只是科举的附庸，而且受到官方的严格控制，一些履行“教授”职责的名儒大师为了传扬自己的学识和理想纷纷选择名山胜地开办私人性质的学校，并且多以“书院”名之。

最著名的书院有岳麓书院、白鹿洞书院、应天府书院和石鼓书院。“宋代的书院共有 203 所，元代有 143 所，明代有 745 所，清代共有 781 所。”③ 这些书院常常得到官方的支持，教授方法独特，采取自由讲学和

① 丁钢：《中国教育：研究与评论（第 3 辑）》，教育科学出版社，2002 年，第 143-173 页。

② 刘云杉：《从启蒙者到专业人：中国现代化历程中教师角色演变》，北京师范大学出版社，2006 年，第 13 页。

③ 林莱日：《制度变迁中的权力博弈：以转型期中国高等教育制度为研究重点》，复旦大学出版社，2007 年，第 92 页。

自由听讲的方式，各家学派也常以串讲形式，互相质辩，共同探讨宇宙万物之理，而且师生共处，关系融洽，因而在社会上影响很大，很受文人儒士的欢迎。书院制度所开创的“教授”制度在中国教育史上起着相当重要的作用。

第五节　中国近代教授的学术职业史考察

一、中国近代朴学教育中的教授学术职业风范

（一）将学者作为一份职业

普林斯顿大学东亚系和历史系教授艾尔曼写过一部书——《从理学到朴学——中华帝国晚期思想与社会变化面面观》，在书中艾尔曼指出：18 世纪晚期的中国历史，实际上是 17 世纪以来政治、学术变革的延续及其发展的极致，其影响甚至播及 19 世纪乃至 20 世纪。① 这本书提供了一个很好的个案，呈现了功名之外、致用之外一种纯粹的知识者的思想、文化与生命形态。

在西学冲击之前，17 世纪的清代知识分子开创、维护了实证性的小学传统。小学家摆脱前代儒学理论的框架限制，提倡客观实证的学风，恢复理想的古代社会，并以此为突破口，向官方正统学说发动猛烈攻击。这一学派的探索是中国历史上在学术研究领域发生的多次最富有创造性的转变之一。他们汲取、重构并革新了儒家的学术研究传统。中国的土壤自 17 世纪始生长出客观主义与实证学风，从理学的道德话语向考据学这样的知识主义转变。学术从“致用”转为“求是”，如章太炎强调学术在于“实事求是”而非“经世致用”，1906 年，他在《与王鹤鸣书》中称：“仆谓学者将以实事求是，有用与否，固不暇计。”他还直截了当地说：“学者在辨名实，知情伪，虽致用不足尚，虽无用不足卑。”1909 年，章氏在评判学术标准时强调：“学在求是，不以致用；用在亲民，不以干禄。”“不以经术明治乱，故短于风议；不以阴阳断人事，故长于求是。”王国维一直坚持“无用之用”的学问。这开创了既富有批评意识，又具有浓厚知识主义色彩的朴学传统，并与 11 世纪宋

① ［美］艾尔曼：《从理学到朴学：中华帝国晚期思想与社会变化面面观》，赵刚译，江苏人民出版社，2012 年，第 6 页。

儒开创的人文主义理学传统成为中国现代学术的两大支柱。

小学兴起时，居主流地位的新儒学主张知识与行动是一体的，追求知识的真与践行道德的善是一体的。每个读书人或者说士大夫都应该成为道德楷模，而儒家的理想社会的复兴与繁荣皆系于此。① 日渐崛起的小学家将从道德与理性这样的光环中解脱出来，成为圣人的个体道德理想在严肃的儒士心目中已成为不切实际的幻梦，不再是他们追求的目标②。他们将学术视为职业而非道德实践。他们崇尚严密的考证、谨严的分析，广泛地搜集古代文物、历史文件与文本保存的客观证据，以具体的史实、版本及历史事件的考证取代了新儒学视为首要任务的道德价值研究和论证。③ 这批学者并非如古代浪漫的求知者那样，居无定所，脱序于既有社会织体之外，追求一些形而上的理念；他们也非科举制度所赋予的官僚的候选人。他们最早将学者作为一份职业，他们有外行不懂的特殊知识，在自己的研究领域中成为专家。实际上，教授风范已经显露无遗。这也可以从艾尔曼用职业化的定义来考察考据学者中得到证实——他们都属于一种特殊专业的成员，这种专业是在广泛的研究和知识训练的基础上建立起来的，这种研究和知识培养通过向他人提供专业性的服务与咨询，获得经济支持和赞助，他们的学术角色与社会作用已经职业化。行业的标准是掌握考证学领域的专门知识，这些专业知识形成一种界限（一种行业内的自我保护的界限），考据学者凭此与官僚、绅士和外行区分开。考证学的知识与方法没有政治色彩，因而能避免局外人的评判，减弱政治的干涉，保持相对的专业自主性。

（二）学术成为维持生计的职业

学术史上的重要进展常与社会结构的变化——新的经济支持、阶级支持乃至智力需求的变化相关联。17 世纪许多知识分子对困扰晚明的党派之争已极为反感，儒家传统所热衷的政治参与在此也开始受到冷遇。读书人开始疏远时政，重新选择延续学术。新建立的清政府对知识分子的治理实践具有双重性——严酷的限制与积极的倡导并行。一方面，精

① 王先明：《“经世学”与近代“新学”的发端》，《社会科学战线》，2000 年第 4 期。

② ［美］艾尔曼：《从理学到朴学：中华帝国晚期思想与社会变化面面观》，赵刚译，江苏人民出版社，2012 年，第 5-6 页。

③ 王先明：《“经世学”与近代“新学”的发端》，《社会科学战线》，2000 年第 4 期。

心策划了文字狱式的监视，限制知识阶层批评时政，但国家权力所规制的仅是直接动摇其统治合法性的层面，清代的文禁是政治性的；另一方面，耗费巨大的财力，实施如《四库全书》这样的大规模的修书与出版工程。事实上，清代的管理实践在文字狱式的监督之下，还包括经费支持、学校奖助、官方对学术的认可、强化教育的特定作用、鼓励学术发展等积极的建设性举措。读书人在此背景下选择了以疏离表达抗议，以距离维持操守，以非政治化体现反政治，以技术性来维护学术尊严，并以自尊来抵制服从性的御用，以客观实证这样“价值中立”的研究途径来彰显价值色彩，走了一条看似充满矛盾但颇有现实生命力的技术主义路线。①

17、18 世纪时，在经济上，盐商在扬州一带崛起，这些人一方面通过自身的经济实力支撑着帝国官僚体制的经济，另一方面把持着江南的文化和学术活动。何炳棣研究发现，许多富商家庭都成功地向上晋阶，跻身于官僚与学者的行列。富商向往官与绅的特权。他们或者通过教育（科举），或者通过捐纳官职，或者通过与士绅“联姻”，使自己的财富能置身于官绅的庇护之下。富商与士绅的“联姻”，导致财富与学问的结盟，盐商的财富不仅维持着许多书院，也使书籍出版与收藏远甚前代。在盐商厚实的财力庇护下，学术繁荣起来，学术因此而成为一个自足的、独立的、可以维持自己生计的职业，教授风范也在这个过程中得以彰显。当时的商人很有文化风骨，非常重视学术文化，盐商的兴起，使清代的士绅渴望成为考据学家。宋明官绅对仕途的重视超过学术建树，而对清代的士人来说，学术成为一种谋生的手段。盐商资助了中国知识阶层向职业化学者的转变，这既意味着读书人开始偏离朝廷所支撑的国家精英参照标准，也意味着朝廷的控制权被新兴的经济特权者所削弱。因此，考据学的兴起不仅是一个学术事件，也是一个社会事件。

二、中国近代教育独立潮中的教授学术职业考察

蔡元培最早提出教育独立。他在《教育独立议》中比较了教育家所理解的教育与政党所办的教育的异同：“教育是帮助被教育的人，给他能发展自己的能力，完成他的人格，于人类文化上能尽一份子的责任；

---

① 刘云杉：《从启蒙者到专业人：中国现代化历程中教师角色演变》，北京师范大学出版社，2006 年，第 66-67 页。

不是把被教育的人，造成一种特别器具，给抱有他种目的的人去应用的。所以，教育事业当完全交与教育家，保有独立的人格，毫不受各政党或各派教会的影响。”① 学术在本质上必须是独立自由的，学术是一个自由的王国，它有它的大经大法，它有它神圣的使命。一个学者争取学术的独立和尊严，也就是争取他自己人格的自由独立与尊严。

陶行知主张教育为公以达到天下为公，全民教育以实现全民政治。在教育机会均等上，陶行知的见解也很精辟。在立脚点谋平等，于出头处求自由。人人都有受教育的机会，教育给学生自由的发展空间。教育需要解放学生，包括解放眼睛、解放双手、解放头脑、解放嘴、解放空间、解放时间。在教育实施上，要各尽所能、各学所需、各教所知，使大家各得其所。反对党化教育（指当时国民党的党化教育），提倡民有民办民享（属于人民的教育、人民自己办的教育、为人民自己的幸福而办的教育）的教育来反对党有党办党享的教育，因为党化教育是将教育这一国家公器变作一党一派的工具。1925 年陶行知就强调：正式学校乃国家之公器，应超然于宗教、党纲之上。②

学术与政治的关系无异于“体”与“用”的关系。学术是政治的根本与源泉，一个政府尊重学术，无异于饮水思源，培植根本。假如政府轻蔑、抹杀、鄙视学术，那么这个政府就会渐渐成为“不学无术”“上无道揆，下无法守”的政府。学术既然成为政治的命脉，所以中国学者有所谓“学统”或“道统”和“政统”或“治统”的分别。个人贡献其孤忠以维系他自己所隶属的“统纪”。有时两者不可得兼，深思忧时之士，宁肯舍弃“政统”的延续，以求“学统”“道统”的不坠。譬如孔子最初也未尝不想做一番武王、周公的政治事业，然而时势已非，他就退而删《诗》《书》、订《礼》《乐》、修《春秋》，以延续学统、道统，担负“素王”的工作。

可见，从具有现代大学韵味的中国大学产生开始，作为学术职业的教授的禀赋就在教育独立的潮流和一批学贯中外的教育家的努力之下得

① 祁志祥：《蔡元培的多重角色及其思想结构》，《沈阳工程学院学报（社会科学版）》，2012 年第 3 期。

② 刘云杉：《从启蒙者到专业人：中国现代化历程中教师角色演变》，北京师范大学出版社，2006 年，第 70 页。

以建立。

三、“五四”以后中国大学教授的不同路向

已有研究中对五四运动的定义比较详细和客观的是周策纵的定义：五四运动是一个复杂的现象。这个现象包括“新思潮”、文学革命、学生运动、商人罢市和工人罢工、抵制日货，以及新知识分子所分事的其他社会的及政治的活动。这些行动都是受日本提出“二十一条”及巴黎和会对山东问题的处理所激起的爱国情绪之鼓舞；是受到西学精神以及要从科学与民主的眼光对传统重新评价以建立一个新中国的这种要求之鼓舞。五四运动并非一个整齐划一的和有良好组织的运动，而毋宁是具有不同观念的人之一些活动之结合。虽然如此，五四运动并非没有主流。① 这个定义足够包涵五四运动的内容。新文化运动与五四运动的区分需要以这个定义为根据。

为了容易把握，可把五四运动的内容绘制成图 2-1。

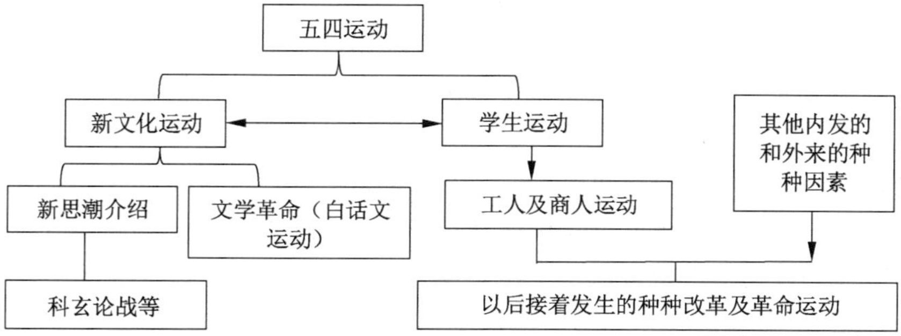

图 2-1　五四运动的内容

五四运动是中国对西方入侵的反应的一串发展之显露出来的一个高峰。这个高峰是挫折中产生出来的一个昂扬，它是中华民族文化潜力的新涌现。从图 2-1 可知，“五四运动实在包含着学生运动和新文化运动这两个互为必须条件的方向。换言之，这两个方向是并且仅仅是一个运动的两个方向。如果没有新文化运动这个方向，那么学生运动不会是像它的历史所表现的那种光芒和色调。如果没有学生运动，那么新文化运动不会那样普及化和充满了青春的活力，至多只成为象牙塔里学究式的静

① Chow T T. The May Fourth Movement. Harvard University Press，1960：5.

水工作而已”①。也就是说，五四运动中的新文化运动与学生运动之间呈现的是一个拉链式的关系——发动学生运动游行示威、讲演，以及号召抵制日货的很多领袖人物就是提倡新文学、介绍新思想及推动社会改革的人物；反对军豪和反对列强侵略的观念的基础乃是民主思想和民族主义，这些思想的直接酝酿是在五四学生爱国运动事件爆发前的两三年；参加运动的学生领袖已经认识到这个运动并不只是单纯的爱国运动而已，而是已经注意到了改造旧社会和旧观念，因此而提倡建立新社会和接受新观念。

这种拉链式的运动，产生的影响极其深远。在新文学的滋长方面，首先是不用文言文，白话文得到了流行。其次是开放，海禁大开，留学生大量回国，大量知识分子接受了不同的价值观念，他们回国后大多任教于中国著名大学，其中尤以北京大学为甚，北京大学几乎成为这一群体的“纽带”。“中国原有的学术思想标准，是‘凡古的就是好的’。到了五四时代，中国学术思想的标准是‘凡新的就是好的’。这个标准既经知识分子普遍接受，于是为接受外来思想大开方便之门。”② 于是，诸如自由主义、功利主义、无政府主义、马克思主义、各种牌子的社会主义，都有人在追求。罗素思想、杜威哲学等，可谓是纷至沓来，简直是令人应接不暇。当时的知识分子对诸多思想学说进行奋勇学习的锐气与热忱，在中国近代史上难以找到与之对等的。这直接影响到大学教授这一群体的分化与重新组合，导致了大学教授的不同流动趋向。

（一）持自由主义观的“学院派”教授

对以自由主义观为导向的“学院派”教授的群体素描，浙江大学的田正平先生和商丽浩老师合著的《中国高等教育百年史论——制度变迁、财政运作与教师流动》一书中对这个群体进行了全面的梳理：以胡适为代表的信奉欧美（主要是美国杜威实验主义）民主价值观的自由主义知识分子，基本上仍以大学为中心，逐渐形成了所谓“学院派”知识分子。1920 年 1 月，陈独秀到了上海，把《新青年》期刊带到上海进行编辑出版，这意味着《新青年》发生了分裂，现代中国的自由主义知识

① 殷海光：《中国文化的展望》，商务印书馆，2011 年，第 189 页。

② 殷海光：《中国文化的展望》，商务印书馆，2011 年，第 192 页。

分子聚集在胡适周围，形成了所谓的“胡适派学人群”。① 以胡适为首的一派的学人基本以《努力周报》《新月》《独立评论》为依托，发表他们的学术与政治观。1922 年 5 月创刊的《努力周报》，16 名核心成员中，有 13 人在各著名大学任教，他们是胡适（北京大学教授）、张慰慈（北京大学教授）、高一涵（北京大学教授）、陶孟和（北京大学教授）、任鸿隽（北京大学、东南大学教授）、陈衡哲（北京大学、东南大学教授）、朱经农（北京大学教授）、沈性仁（北京女子师范学校）、蒋梦麟（北京大学教授）、蔡元培（北京大学校长）、王征（前北京大学教授）、徐志摩（北京大学）、顾颉刚（北京大学研究所）。

1928 年 3 月，南迁上海的自由主义知识分子创办了《新月》月刊。其主要成员有 31 人，其中 24 人为大学教授，他们是胡适（中国公学校长）、徐志摩（光华大学、东吴大学法学院、中央大学）、罗隆基（光华大学政治系主任）、潘光旦（光华大学文学院院长、中国公学大学部社会科学院院长）、梁实秋（光华大学、暨南大学、青岛大学）、闻一多（南京第四中山大学副教授兼外文系主任）、余上沅（暨南大学教授）、饶孟侃（复旦大学、暨南大学）、沈从文（中国公学教员）、陈源（武汉大学教授兼文学院院长）、凌叔华（武汉大学）、陈衡哲（北京大学史学系教授）、杨端六（武汉大学教授兼经济系主任）、叶公超（暨南大学外文系主任、中国公学教授）、吴泽霖（大夏大学教授兼社会历史系主任、光华大学教授）、刘英士（东吴大学、暨南大学、中国公学教授）、唐庆增（中国公学、上海商科大学、光华大学）、丁西林（中央大学物理系教授）、全增嘏（中国公学、大夏大学、光华大学）、吴景超（金陵大学、清华大学）、王造时（光华大学、中国公学教授，光华大学文学院院长兼政治系主任）、梅汝敖（武汉大学教授）、宋春舫（东吴大学教授）、颜任光（光华大学教授兼理学院院长、副校长）。

1932 年 5 月开始出版的《独立评论》，其重要社员 25 人均任职于各著名大学：胡适（北京大学文学院院长）、丁文江（北京大学地质学研究教授）、蒋廷黻（清华大学历史系教授兼主任）、傅斯年（北京大学教授）、任鸿隽（中央大学教授、四川大学校长）、陈衡哲（北京大学、四

---

① 吴民祥：《流动与求索——中国近代大学教师流动研究：1898—1949》，浙江教育出版社，2006 年，第 66 页。

川大学教授)、翁文灏（清华大学代校长)、吴景超（清华大学社会学系主任)、何廉（南开大学经济学院院长)、周炳琳（北京大学法学院院长)、陈之迈（北京大学、清华大学教授)、张奚若（清华大学教授兼政治系主任)、周诒春（燕京大学代校长)、陶希圣（北京大学政治系教授)、汪敬熙（北京大学教授)、萧公权（清华大学政治系教授)、陈岱孙（清华大学教授)、顾毓琇（清华大学工学院院长)、吴宪（北京协和医学院教授兼院长)、张忠绂（北京大学法学院政治系教授)、徐炳昶（北平师范大学校长)、张佛泉（北京大学政治系教授)、陈序经（南开大学教授)、董时进（北京大学教授)、郑林庄（燕京大学教授)。①

由以上三个时期“胡适派学人群”的名单中可以看出，他们当中既有老一辈的新文化健将，如蔡元培、胡适、傅斯年、任鸿隽、陈衡哲、张慰慈、高一涵、陶孟和等；也有五四运动以后加入自由主义知识分子行列的，如罗隆基、徐志摩、潘光旦、张奚若等。

这里要强调的是，在《努力周报》时期，中国正处在北洋政府统治之下，政局混乱，社会动荡，社会力量纷繁复杂，“胡适派学人群”也包含了各种色彩。南京国民政府成立后，中国政治势力得以重组，形成了一个消解了其他政治势力的“统一”政府。《新月》时期，以胡适为中心聚集于上海的自由知识分子，更具备了较为单纯的学院式知识分子的角色身份，他们仍是以留学欧美的学者为主干，几乎都是光华大学、中国公学、暨南大学、大夏大学等上海各著名大学的教授（没有了政治身份)。诞生于“九一八”民族危机中的《独立评论》，聚集了一批自由知识分子，他们基本集中于北方的著名大学：清华大学、北京大学、燕京大学、南开大学（有确知身份的135位作者中占100位左右)，其他则分散在中央政治学校、中央大学、山东大学、中央研究院、北平社会调查所、武汉大学、北平师范大学、北平协和医校、辅仁大学、岭南大学、中山大学、暨南大学等。因此，《独立评论》实际成为北方学人，尤其是清华、北大、燕京、南开等校园知识分子议政的中心。② 值得一

① 吴民祥：《流动与求索——中国近代大学教师流动研究：1898—1949》，浙江教育出版社，2006年，第67页。

② 吴民祥：《流动与求索——中国近代大学教师流动研究：1898—1949》，浙江教育出版社，2006年，第67-68页。

提的是，还有一批积极参与新文化运动的大学教授，他们虽未加入“胡适派学人群”，但他们仍然任教于大学，如周作人、朱希祖、沈兼士、林损、钱玄同、刘半农、沈尹默、杨昌济、王星拱等。

（二）信仰马克思主义走向革命之途的教授

对以马克思主义为导向的走向革命之途的教授的群体素描，浙江大学的田正平先生和商丽浩老师合著的《中国高等教育百年史论——制度变迁、财政运作与教师流动》一书中对这个群体进行了系统的阐释：俄国十月革命后，当时很多知识分子看到并学习了解了马克思主义，接受并开始传播。1918 至 1919 年初，李大钊连续发表了《法俄革命之比较观》《庶民的胜利》《Bolshevism 的胜利》，表示了对俄国十月革命的赞赏和支持。1919 年 5 月，李大钊发表了《我的马克思主义观》，这可说是第一篇全面介绍马克思主义学说的长文，也标志着中国最早一批进步知识分子对马克思主义的接受和理解。① 1919 年 7 月，作为中国自由主义主要发言人之一的胡适，在《每周评论》上发表了一篇题为《多研究些问题，少谈些主义》的文章，引发了与作为中国共产党创建人之一的李大钊针对“问题”与“主义”的一次很有意义的辩论。这次辩论，使新文化派的思想分歧逐渐表面化，“被看作是分裂的信号”②。自 1920 年起，随着思想方面冲突的加剧，以教授为代表的知识分子在行动上出现了相应的分裂。导致分裂的主要原因是教授们对北京政府的态度不一、对政治改革的态度不一和对社会发展的愿望不一。一方面自由派和保守派徒劳地要求在军阀统治下实行温和的改革，另一方面左派分子和民族主义者在苏俄与日俱增的影响下加速了他们的组织活动。③ 作为大学教授的李大钊、陈独秀等人，由于信仰马克思主义而逐渐走上了用革命手段破坏一个旧世界、用强力推行一种新制度的革命之途，从而引起了中国大学教授的一种新流向。

作为北京大学文科学长的陈独秀，是新文化运动的主要发起人与领

① 周云杰：《从中国传统文化看当代马克思主义中国化的发展路向》，《长春理工大学学报（社会科学版）》，2009 年第 5 期。

② ［美］周策纵：《五四运动：现代中国的思想革命》，周子平，等译，江苏人民出版社，1996 年，第 307 页。

③ 章清：《1920 年代：思想界的分裂与中国社会的重组——对〈新青年〉同人“后五四时期”思想分化的追踪》，《近代史研究》，2004 年第 6 期。

导者之一，与胡适的思想带有浓厚的稳健性、伦理性和自由性色彩不同的是，陈独秀的思想个性呈现出明显的激进、刚强、道义的一面。他始终是一个壮怀激烈的革命家，其思想是法俄大革命的浪漫主义精神与中国民族民主革命的激进主义思潮奇特结合的产物。① 俄国十月革命后，陈独秀开始信仰马克思主义，并逐渐将《新青年》转变为一个马克思主义的刊物。1920 年 5 月 1 日出版的《劳动节纪念号》，标志着《新青年》已成为马克思主义的思想阵地。1919 年 3 月，因受社会各方攻击与来自“上谕”的压力，陈独秀被解除了北大文科学长的职务。1919 年 6 月 11 日，陈独秀因散发反对北洋政府的传单而被军阀政府逮捕，后经多方营救获释。1920 年初，陈独秀结束了北京大学教授生涯，南下广州，走上了一条与学术职业不同的道路。

与陈独秀一起以“南陈北李”而闻名的北京大学教授李大钊，是最早在中国传播马克思主义理论的人之一，是中国共产党的创始人之一。由于从事激进的革命活动，李大钊曾多次被军阀政府通缉，并于 1927 年 4 月 6 日在东交民巷俄使馆被奉系军阀逮捕，4 月 28 日在京师地方看守所被处以死刑。

张申府（原名张崧年，1893—1986），北大数学系毕业后任助教，与李大钊、陈独秀皆为“五四”风云人物，留法时加入中国共产党。1932 年任清华大学哲学系教授，教数理逻辑，授课时常讲时事，宣传辩证唯物论和历史唯物论，鼓励清华继承“五四”战斗精神。1936 年 2 月底夫妇两人（其妻留法时也由他介绍加入中国共产党）被捕入狱，出狱后，被清华评议会以“因某种关系，请勿庸尸位素餐”而解聘，离开大学讲坛。② 由信仰马克思主义走向革命之途，从而离开大学讲堂的中国近代大学教授，人数不是很多，但他们代表了教授的一个重要流向，其影响不可低估。

（三）由“议政”走向“参政”并融入国民政府官僚机构的教授

参政议政对于中国知识分子而言历史传统相当深厚，加之近代激烈

---

① 欧阳哲生：《新文化的传统：五四人物与思想研究》，广东人民出版社，2004 年，第 125 页。

② 苏云峰：《从清华学堂到清华大学 1928—1937：近代中国高等教育研究》，生活 · 读书 · 新知三联书店，2001 年，第 193 页。

且混乱的社会变革，使知识分子难以沉默。“在变态的社会之中，没有可以代表民意的正式机关，那时代干预政治和主持正谊的责任必定落在知识阶级的肩膊上。”① 1920 年 8 月，以胡适为首，主要参与者有蒋梦麟、陶孟和、王征、张慰慈、李大钊、高一涵等，联合署名发表《争自由的宣言》，向北京政府争取言论、出版、集会结社、书信秘密等方面的自由。1922 年，胡适等人又发表《我们的政治主张》，主张由“好人”从政，靠“专家”解决问题，倡导建设“好人政府”，这一主张得到王宠惠、罗文干、汤尔等教授的支持，此三人被任命为政府内阁成员，分别担任总理、财政部长和教育部长。虽然任职时间不长，但开启了“好人政治”的“善治”之门。

南京国民政府成立之后，中国政局发生了巨大变化，各种社会力量进行了新的分化与组合。由于国民党将孙中山的“三民主义”作为治党与立国的基本纲领，因此，信仰“三民主义”、有国民党背景的知识分子，逐渐融入国民政府政治与思想体系之中。作为知识分子群体重要组成部分的大学教授，其中的一部分人则由议政直接走上了参政的道路。一些与国民党有历史渊源的大学教授，在南京政府成立后不久即率先涉足政坛，如蒋梦麟、马寅初、杨端六、谢冠生等。此后，由议政而走上参政道路的大学教授又有多人，其中尤以清华、北大教授为多，如翁文灏、蒋廷黻、吴景超、周诒春、陈之迈、张忠绂、张其昀、陶希圣、何廉等。翁文灏 1935 年出任行政院秘书长，抗战期间出任经济部长兼资源委员会主任委员。蒋廷黻、吴景超 1936 年随翁文灏入阁，前者任行政院政务处处长（后任驻苏大使），后者任行政院秘书（后任经济部秘书）。周诒春 1936 年接受实业部长之职，按胡适的说法，是入政府的第四人。1936 年 10 月何廉出任行政院政务处处长，接替蒋廷黻调任后的空缺。傅斯年、任鸿隽、张奚若等抗战期间也进入国民参政会任参政员。国民党在内忧外患中开始倾听专家的意见，接受“专家政治”的主张，也是促使教授进入政界的重要原因。由于中国之有成伟大专家希望者，多数当系集中于各大学，因此，20 世纪 30 年代，是大学教授参政

① 章清：《“胡适派学人群”与现代中国自由主义》，上海古籍出版社，2004 年，第 141 页。

较为频繁的时期。①

（四）追求思想独立与意志自由并由校园走向市场的教授

北洋政府时期武人当权的“人文真空”状态，为大学的自由化发展提供了可能。② 但到 20 世纪 20 年代后期，随着中国政局的急剧变化，意识形态加强了对知识分子的控制，政治也加快了对大学的干预。身处大学校园的教授发生了分化：一部分随着教育本身的体制化，被吸纳到体制内，而逐渐“学院化”；一部分由于信仰某种“主义”，走上政治之途；另一部分与体制化的大学、体制内的知识分子发生冲突，更具有独立意识、自由意志，坚持民间批判立场的知识分子，走出大学校园而自觉处于体制之外（或边缘地位），即由校园转向市场。在追求思想独立与意志自由方面，鲁迅的思想、人格特征与人生经历具有典型的象征意义与代表性。

有研究者将鲁迅的思想特征与胡适做了对比，指出：一个是相信进化论与尼采学说的，故峻急超拔，孤傲阴冷；一个则是实验主义的信徒，将美式的文化模式看成灵丹妙药，因此通达乐观，果敢持重。③ 由于两人思想的差异，再加上经历与文化背景的不同，他们的分道扬镳便在所难免：胡适逐渐由学术走上参政、议政之途，成为政界与学界“两栖人”；鲁迅则离开政治权力中心，融入社会的底层，成为边缘化的人，以民间在野的身份，深深关注国民精神的启蒙与心灵深处的变革，成为社会的批判者。鲁迅后来形容自己的心境时说：“后来《新青年》的团体散掉了，有的高升，有的隐退，有的前进，我又经验了一回同一战阵中的伙伴还是会这么变化，并且落得一个作家的头衔，依然在沙漠中走来走去……”④

与胡适所持的大学观（大学的职责就是培育“专门的技术人才”和

---

① 陈媛：《回望与沉思——近代中国大学教授群体研究（1895—1949）》，华东师范大学博士学位论文，2009 年，第 62-69 页。转引自吴民祥：《流动与求索——中国近代大学教师流动研究：1898—1949》，浙江教育出版社，2006 年，第 71-72 页。

② 张晓唯：《蔡元培与胡适（1917—1937）：中国文化人与自由主义》，中国人民大学出版社，2003 年，第 12 页。

③ 罗寰宇：《知识分子的社会解放与自我自由——〈奔流〉前后鲁迅思想特征》，中国人民大学硕士学位论文，2013 年，第 46 页。

④ 邵小鹰：《如何解读〈影的告别〉？——与钱理群教授再商榷》，《文艺争鸣》，2020 年第 9 期。

“领袖人才”、为“专家政治”服务的精英教育）不同的是，鲁迅期待大学在准备“思想革命的战士”上发挥特殊作用，一如五四时期的北京大学那样。① 鲁迅特别强调大学的精神应该是种“向上”的“活”的精神，是“常为新的，前进的运动的先锋”并“常与恶势力抗战”。正是因为感到走向制度化的大学正逐渐“失去精神”，于是就有了30年代鲁迅与当年北大同事、《新青年》里的战友之间的决裂（在此之前，20年代中期北大教授内部就有了“语丝派”与“现代评论派”的论争与决裂）；鲁迅尖锐地指出：“当时的白话运动是胜利了，有些战士，还因此爬了上去，但也因为爬了上去，就不再为白话战斗，并且将它踏在脚下，拿出古字来嘲笑后进的青年了。”并因此得出北大“失精神”的结论；而北大也不再容纳鲁迅，鲁迅终于“卷土而去”，到校园之外去寻找新的精神空间。②

在致许广平的一封信中，我们可以看出鲁迅在教书与写作之间做选择时的心态：“但我对于此后的方针，实在很有些徘徊不决，那就是：做文章呢，还是教书？因为这两件事，是势不两立的：作文要热情，教书要冷静。兼做两样的，倘不认真，便两面都油滑浅薄，倘都认真，则一时使热血沸腾，一时使心平气和，精神便不甚困惫，结果也还是两面不讨好。看外国，兼做教授的文学家，是从来很少有的。”鲁迅最终选择了需要热情的“作文”，走上了与校园内知识分子不同的远离大学、远离政府的人生道路。③

20世纪20年代末至30年代，走出校园成为自由文化人的还有郁达夫、林语堂、郭沫若等大教授级别的人物。由于“新文化派”思想观念的多元化与个人人生阅历的差异，面对20世纪二三十年代中国社会的剧变，他们提出不同的救亡图存之道，导致了思想的分裂，进而走向了不同的人生道路。这种分裂的趋势反映到大学校园中，表现为大学教授的不同流动趋向——持教育与学术救国观点的，逐渐融入体制化的大

---

① 吴民祥：《蔡元培的“悖论”——中国近代大学的学术诉求及其困境》，《清华大学教育研究》，2010年第3期。

② 钱理群：《二十世纪中国文学与大学文化丛书》，广西师范大学出版社，2002年，“序”第9页。

③ 吴民祥：《蔡元培的“悖论”——中国近代大学的学术诉求及其困境》，《清华大学教育研究》，2010年第3期。

学，这部分教授仍留在大学中；信仰马克思主义而走上革命之途、信仰三民主义而实际参与国民政府官僚机构以及走向市场而成为自由文化人的教授，都走出了校园，导致大学教授的流失。就中国高等教育的近代化而言，这种教授的流失，其影响显然是负面的。这也是中国近代知识分子面临“启蒙”与“救亡”的两难选择在大学教授身上的反映。

四、中国近代大学校长对教授的极度重视

中国近代是教授学术职业发展的黄金时期，其中一个主要的条件是当时作为办学治校者的校长极其重视教授。这个黄金期可从以下四个阶段得以彰显：不规范的清朝末年时期、校长集权的民国初年时期、规范化的20世纪20年代末到抗战前期、制度化的20世纪30年代末至40年代末期。这几个时期里，在大学人事制度上，大学校长都具有相对充分的自由，校长完全掌握着教师的任用权。这既是大学校长职业发展的黄金期，也是大学教授学术职业发展的黄金期，校长有了人事权，就能建设出高水平的教授队伍，也正好是高水平的教授，在“教授治学”和“教授治校”的框架里推动当时的中国大学达到了世界一流的水平。

“大学校长的教育理念（尤其是关于教师的理念）在很大程度上决定了他对教师的关爱、依靠、信赖、聘用、管理等诸多方面的重视程度及所采取的行动。只有在良好的大学氛围中，学生的健康成长、和谐发展才有可能。这种良好的大学氛围是以良好的教师氛围为条件的，而大学校长作为本校教师制度的制定者、教师聘用的决定者、教师管理的领导者，其所持的教育理念及其实践，则在很大程度上决定了学校是否能形成良好的教师氛围。”① 因此，校长的教育理念直接影响了其对教授的选择，决定了一所大学教授的聘任标准，从而影响了教授的流动。例如蔡元培思想自由与兼容并包的理念，打造了北京大学多元化的教授队伍——蔡元培为北大聘请教师，抱着人才主义，不问他们的思想派别、年龄资格和国籍。陶英慧曾对蔡元培主持北大时代北京大学师资的派别做过分析：（1）就政党言：帝制复辟派中有名震海外而持复辟论的辜鸿铭，拖着长辫子，在英文系教英国文学。而新帝制派的刘师培，是清议所指责为罪人者，在国文系教古代文学。此外，尚有籍隶国民党的王宠

① 吴民祥：《流动与求索——中国近代大学教师流动研究：1898—1949》，浙江教育出版社，2006年，第75页。

惠、无政府主义派的李石曾等，以及后来成为共产党人的李大钊、陈独秀等。(2) 就史学言：信古派有陈汉章等，疑古派有钱玄同、胡适、沈尹默等，甲骨考古派有王国维等。(3) 就文学言：文言派有黄侃、陈介石、刘师培、林损等，改良派有朱希祖等，白话派有胡适、陈独秀、周作人、周树人、刘复等。(4) 就语言文字学言：旧派有黄侃（季刚）等，新派有钱玄同、刘复等。(5) 就经学言：今文学派有崔适等，古文学派有陈汉章等。这样的划分基本上是符合事实的。① 蔡元培“通过对教师聘用的影响从而使思想自由、学术自由的原则得以体现，而这些原则是符合大学教育发展规律的。思想自由、学术自由的存在，才有不同思想和学术见解的教师在学术和思想方面的交锋和竞争”②。北京大学在蔡元培“思想自由、兼容并包”的大学理念指导下，就像一个巨大的磁场，吸引了各路英豪，促使他们云集于北大。

蔡元培执掌北大至五四运动前，进入北大文科方面的有陈独秀、梁漱溟、黄节、李大钊、胡适、刘半农、章士钊、吴梅、叶瀚、钟观光、杨昌济、刘师培、田北湖、程演生、何炳松、朱家骅、关应声、王启常、崔适、陈映璜、李煜瀛、王星拱、刘文典、刘三、周作人等。理科方面的秦汾、陈世璋、罗惠侨、钟观光、丁绪贤、李毅士、何尚平、张大椿、何杰等，都是饱学之士。法科方面，虽尚无人讲授比较法之类的课程，但已有马寅初、高一涵、张慰慈、陈启修、黄右昌、郑寿仁、程振钧、王彦祖、黄国聪等专任教授。③

五四运动后，蔡元培陆续新聘一批教授，如陈衡哲、林语堂、徐志摩、唐钺、朱经农、吴虞、张竞生、马衡、徐炳起、单不厂、张凤举、李泰棻、杨栋林、刘毓盘、杨芳、李四光、王烈、王绍赢、丁燮林、李书华、颜任光、任鸿隽、李麟玉、程赢章、沈溯明、胡壮猷、王尚济、谭熙鸿、王世杰、周鲠生、燕树棠、皮宗石、余文灿、余天休等。加上原有的本国教授近 90 人，再加上在其他机关、学校任职而在北大兼课的本国讲师（当时北大规定，兼课者一律聘为讲师，不称教授），如鲁

① 黄肇珩：《一代人师——蔡元培传》，近代中国出版社，1982 年，第 104-105 页。

② 吴民祥：《流动与求索——中国近代大学教师流动研究：1898—1949》，浙江教育出版社，2006 年，第 79 页。

③ 高平叔：《北京大学的蔡元培时代》，《北京大学学报（哲学社会科学版）》，1998 年第 2 期。

迅、王宠惠、罗文干、蒋百里、黄郛、张君劢、何炳松、郑天锡、王景岐、陈介、王荫泰、韦以黻、周象贤、王国维、罗振玉、朱鹤翔、沈步洲、张福运、陈映磺、姚憾、汤尔和、胡文耀、屠孝实、谢冰、黄人望、沈颐、谢霖、许季上、包玉英、戴济、王启常等70余人，可谓人才济济。当时中国知识界第一流的专家学者，集于沙滩红楼。当时的北京大学，的确是名副其实的最高学府，可谓人才荟萃，学术气氛浓厚，盛极一时。① 正如时人所说："蔡先生学界泰斗，哲理名家，就职后励行改革，大加扩充，本其历年之蕴蓄，乐育国内之英才，使数年来无声无臭生机殆尽之北京大学校，挺然特出，褒然独立，延名师，严去取，整顿校规，祛其弊习。……学风丕振，声誉日隆。各省士子莫不闻风兴起，担簦负笈，相属于道，二十二行省，皆有来学者。"②

除了北京大学以外，同一时期还有很多大学的校长在教授队伍建设上取得了令人瞩目的成果，如郭秉文"文理并重、学术并举"的东南大学教授建设举措、张伯苓"允公允能、日新月异"的南开大学教授建设举措、梅贻琦"端赖大师、教授治校"的清华大学教授建设举措、竺可桢"教授是大学的灵魂"的浙江大学教授建设举措等，他们都在各自的大学里建设了一支高水平的教授队伍。

---

① 高平叔：《北京大学的蔡元培时代》，《北京大学学报（哲学社会科学版）》，1998年第2期。

② 梁柱：《"第一要改革的是学生的观念"——蔡元培革新北大的一个重要思路》，《北京大学学报（哲学社会科学版）》，1998年第2期。

第三章　教授的学术职业场域

大学教育的初心就是培育人才，而实现这一初心的主体是大学教师，尤其是大学教师中的教授。要为社会和国家培养人才，作为教师队伍中重要主体的大学教授，其本身必须是具备良好学术职业能力的人。人才培养的环境和平台极其重要，这个环境和平台就是学术场域，就是充满优良学术精神的教授等职业主体形成的一个场域。在成为培养人才和学术研究的学术职业主体之前，教授需要在大学这个学术场域里把自己打造成真正的学术职业人才。这种学术职业人才在特定的学术场域中成长起来后，带有理所当然的特征，这种特征会使之赢得认同和尊重，进而才有资格进行人才培养。在整个过程中，教授需要注意的是，要警惕人才生产中大学以外的其他力量带来的复杂性，同时要处理好多方面的关系，这样才能很好地在学术场域里追求有质量的生活。

第一节　教授进行学术和人才生产的大学场域

一、教授与大学组织的关系

1931 年 12 月 3 日，梅贻琦在出任清华大学校长的就职演说中提出："一个大学之所以为大学，全在于有没有好教授。孟子说：'所谓故国者，非谓有乔木之谓也，有近臣之谓也。'我现在可以仿造说：'所谓大学者，非谓有大楼之谓也，有大师之谓也。'我们的知识，固赖于教授的教导指点，就是我们的精神修养，亦全赖有教授的 inspiration 术（感召）。但是这样的好教授，决不是一朝一夕可罗致的，我们只有随时随地留意延揽而已。学术的造诣，是不能以数量计较的。我们要向高深研究的方向去做，必须有两个必备的条件：其一是设备，其二是教授。设备这一层比较容易办到，我们只要有钱，而且肯把钱用在这方面，就不难办到。可是教授就难了。”①

梅贻琦的这段话已经充分说明了教授与大学之间的关系。这种关系用一句话来表达就是——教授就是大学，大学的灵魂是教授。而且这种关系从中世纪大学时期的学术职业中就已经鲜明地得以确立。

“最早的职业，诚如历史学家称为‘自由职业’（liberal profession）和‘博学职业’（learned profession），社会学家称为‘身份职业’（status profession），其他学者称为‘4 个伟大的传统职业’，是医生、律师、牧师和学者职业，它们有一个可追溯到 13 世纪、由中世纪欧洲大学孵育而成长的结盟。”② 其实，诞生于中世纪时期的大学，最初的本质是通过一种行会单元来为大家的利益提供组织上的庇护。由此演化开来，大学制度的主要本义就是给其教师成员的利益提供捍卫。大学不但要给教授提供学术职业发展的平台，而且要给其各方面的利益提供保障，尽管大学组织有着各方面的诸多缺陷，但它仍然是对当今知识分子最有利的制度背景③。大学与教授的关系是，大学为教授提供组织平台，教授等学术主体是大学组织发展的基础。专业学术人员的知识和技能是大学组织活动里一种教学和科学研究等学术活动的主要技术，大学组织需要专业人员运用他的知识和技能进行创造性的工作。④

二、教授是优良学术产品的生产者

大学是生产知识分子的地方，也是通过生产的知识分子对社会产生影响的核心场域。一直以来，大学所生产的知识分子在社会建构和文化建构方面都发挥着举足轻重的作用。知识是权力合法性的重要心理基础和社会源泉，它甚至可以放大权力。⑤ 这一点从中国古代政治制度的权力优越性来看，主要体现在政治制度框架可以制度性地容纳经过教育生产的社会人才进入中下层官僚体系，由此滋生了“学而优则仕”的制度

---

① 陈明远：《那时的大学》，山西人民出版社，2011 年，“序”第 2 页。

② 郭丽君：《学术职业视野中的大学教师聘任制研究》，华中科技大学博士学位论文，2006 年，第 18 页。

③ ［美］刘易斯·科塞：《理念人：一项社会学的考察》，郭方，等译，中央编译出版社，2004 年，第 310 页。

④ 郭丽君：《大学教师聘任制：基于学术职业视角的研究》，经济管理出版社，2007 年，第 28 页。

⑤ 彭拥军：《精英的合法性危机：高等教育改革的社会学研究》，广西师范大学出版社，2011 年，第 41 页。

文化，催生了读书、应试和做官三位一体的人生流程以及相应的社会文化心理。其实，这种心理在中国人的心理和行为上从来没有断绝过，只是外在形态有所改变而已。这种经过教育生产的社会人才延伸的社会文化心理，同样在现代教授学术职业中得到体现，教授是优良学术产品生产的重要主体。进行学术产品的生产，是教授作为学术职业的重要功能。

大学多功能的角色可以通过教授的学术生产得到彰显。一般主要围绕以下一些具体方面开展学术生产：在工作周，教授除了正式的教学外，还参加很多和学习有关的活动。比如，指导研究生开展研究，为本科生在学术与个人问题方面提供建议，邀请一些学生参加某个社会活动，和同事讨论学术问题，为学校治理的一些方面提供议案，为职业社团作报告，阅读相关专业杂志，为在研的实验做好数据记录，参加学术会议，从新出版的书中截取一些篇章阅读及听公共讲座等，以此来提升自己的学术生产水平。教授的学术生产水平是他们的立身之本，以非凡的学术成就来获取学术圈内的学术声誉和学术地位，是每一位教授的追求。“学术职业的发展，是以学术生产力为考核指标的。这里的学术生产力，不是单纯地指拿到多少项目，多少基金，发表了多少论文，出了多少专著，而是看他的项目里，出了多少新思想，对推动社会的前进具有多大的贡献；他发表的论文里，包含多少新观点，有多少学术价值和社会影响力。”① 教授的学术生产是否优良，主要通过这些方面得以体现，因为学术生产可以通过吸引富有创造力的教师和鼓励并维持其智力活跃性使大学在智力方面富有生机。

三、教授是优良人才培养的生产者

如果说上述进行学术产品的生产是教授从事的“发现的学术”的话，那么进行人才培养则是教授从事的“教学的学术”，教学的学术即传播知识。博耶指出：“教学的作用就在于传承知识。倘若不存在教学，知识的连续性将中断，人类知识的积累就将大大削弱。”② 教学首先是一种学术性活动，这意味着教授应及时了解学科专业的发展，沉浸在自己

---

① 尹玉玲：《中国大学教师学术职业发展机制研究》，知识产权出版社，2020 年，第 199 页。

② 王春艳：《美国高校学术职业解读》，东南大学出版社，2012 年，第 138–139 页。

专业领域的知识之中。其次，教学是一个能动的过程，它应成为教授和学生之间交流的桥梁。再其次，在好的教学中，教授不仅传播知识，同时还学习知识，从而使自身也获得创造性的发展。教学的具体形式多样，做学术报告是一种形式，在教室里上课也是一种形式，它们应该得到同等的重视。教学的学术有别于教学活动本身，是指对有助于某个学习过程的知识的探究。教学的学术强调学习者的作用，致力于促进营造学习风格的多样性和良好的教育环境。良好的教学可以汲取学者们在本学科取得的研究成果，并作为教学内容。学术性教学关注如何教学，即学生如何学习本学科的知识或技能。因此，教授应该进行思索，例如，识别与教学相关的问题、对可能的解决方案进行研究、尝试解决方案、对学生的成功进行评估。为了将研究转化为教学的学术，学术性教学还得让大家了解自己的研究，即开展同伴评估和讨论，建立一种既能体现职业道路灵活性和个体差异，又能整合扩展的学术内涵的“创造性合同”（creativity contract）的模式。① “创造性合同”是指教师可以决定在未来的三至五年内自己学术工作的重点。比如，五年内主要从事研究，次要从事教学；在五年以后的几年中，转变学术工作的重点，转向应用、服务。通过“创造性合同”，教师可以根据兴趣选择工作重心，也可以促进教师尝试不同类型的学术工作。“创造性合同”的目的是帮助教师一生多产。博耶认为，一位教师，从新手上路到成为老教授，要经历不同的职业阶段，在不同的职业阶段要面临不同的任务，太多的任务会影响学术的精力。博耶还相信，不同专业、不同领域的多产期的时间也不同，理科的早一些，人文学科则晚一些。

四、教授是进行学术生产和人才培养的学术人

在大学这个学术场域里，不管是进行学术生产，还是进行人才培养，都是教授必须承担的职责。要履行好这些职责并发挥学术场域的功能，教授需要健全自己对“学术人”这个身份的把握。关于“学术人”的概念，笔者认同美国学者洛根·威尔森对学术人的界定：大学教师工作是以学术服务于社会的学术职业，学术是他们从事学术工作的前提和标准，作为学术人的大学教师应该具有学术地位，并应该为学术的发展

---

① 吕达，周满生：《当代外国教育改革著名文献（美国卷·第三册）》，人民教育出版社，2004 年，第 35-41 页。

做出自身的贡献，体现其学术职业的价值。①

当大学教授成为这样的“学术人”后，就潜在地说明大学生是在和这种学术人打交道。于是乎，大学生是通过与这种学术人在一起进行的教育而成为人才，是通过大学教授施予的教育成为未来社会的主体力量。大学教授的力量、大学组织的力量、大学生的力量由此形成一股强大的力量，共同形塑着社会，促使社会得以源源不断地获得相对理想的建设力量，通过接受大学教育且正常毕业的人就能得到社会的认同，生产这种人才和学术产品的就是教授。这就是大学的价值、大学教授的价值及大学生的价值所在，也就是大学的地位、大学教授的地位及大学生的地位所在。在当今中国和世界高等教育普及化的洪流里，大学教育面临贬值的威胁，并且必须直面不同时代所持有的不同判断和评价。这种变化的情形就像年轻人总是贬斥“从前的日子”，而老年人总是认为“这就是我们的日子”那样。从前的日子不仅是老年人的个人记忆，而且通过与这种记忆相伴随的那种文化仍然滋养着他们，这使他们对昔日难以忘怀。而年轻人只有破坏老人们的“往日”才能重建他们自己的“今天”。正因为同样的游戏逻辑，精英化时期的高等教育接受者作为既得利益者，一方面通过贬低或排斥新生知识分子来维护自己的社会地位，另一方面总是宣称过去的大学生是真正的优秀人才。而新生知识分子在获得话语权的时候，肯定会指责上一代人特殊的际遇和对他们机会的剥夺。不同人群对规则截然不同的运用，反映了文明游戏几乎先天蕴含着的局限，也意味着它存在着发展或改变的诸多可能。

第二节　人才和学术生产场域里的复杂性

一、政治发展对学术职业的影响

大学是人们眼中的“象牙塔”，似乎应无涉政治，但事实上，大学与政治的关系从来就没有终结。大学与政府也不可能没有关系，只不过需要把握的是：大学不是政治和政府的产物——在世界各国大学产生过程中，政府对大学的敏感、自觉程度远远不如学者和学生。

---

① Wilson L. The academic man: A study in the sociology of a profession. London: Routledge, 1995: 15-24.

二、经济利益至上思想的影响

市场经济的最大特点是利益。改革开放以后，受社会主义市场经济体制的影响，大学的风气发生了很大的变化。学校为了生存和发展，需要和市场合作，扩大学校的影响力；教授们为了能更体面地生存和发展，也需要通过各种途径获得资源和利益，提高自身的学术影响力和经济收入。再加上与经济利益挂钩的学术评价制度、职位晋升制度的推动，教授们安心治学的定力很难维持。

三、传统文化人情思想的影响

中华民族是一个崇尚“好人”的民族，深受“穷则独善其身，达则兼济天下”的自我完善文化的影响，更有所谓“不在其位，不谋其政”的古老训条，这些都很容易被用来为我们远离社会理想、逃避公民责任构建自我安慰的巢穴。高质量教育更需要以“兼济”的社会好公民作为基点来开展。中国大学教授学术职业生产关系存在的诸多问题，需要从中华传统文化中的人情思想进行反思。博士毕业入职，我们防范“近亲繁殖”；组建科研团队，我们讲究跨学科选才；学术职务聘任、职位晋升、课题评审、学术评价，我们制定回避制度，这些都说明了在大学学术圈内人情关系的存在。事实上，只要有人的地方，就有人情，教授的学术职业难免会受到人情的影响。

四、教授自身在人才和学术生产中有缺陷

大学是时代的晴雨表。这个晴雨表会与时俱进，也会坚守自己该坚守的。大学是同时具有创新性和保守性这两种对立品质的特殊机构。亚伯拉罕·弗莱克斯纳在其《现代大学论——英美德大学研究》一书中指出：“大学是复杂的有机组织：它们的胳膊可能是健全的，而双腿却可能折了；它们即使表面上看起来很能满足时尚，骨子里却是滞后的；它们在骨子里滞后的同时，也能像报纸和政客那样对时髦话题侃侃而谈。”①

（一）知识改变命运催生大学生产人才和学术的正当性

站在中国崛起和中华民族伟大复兴的时代征程里来看，中国的知识文化体系需要重建。“知识改变命运”这个命题需要我们思考至少三个

① ［美］亚伯拉罕·弗莱克斯纳：《现代大学论：美英德大学研究》，徐辉，陈晓菲译，浙江教育出版社，2001 年，第 4 页。

相关的问题——中国需要文化崛起吗？中国需要一个不同于西方的文化吗？中国能创造一个不同于西方的文化吗？第一个问题很简单，肯定需要文化崛起，文化崛起的重要性怎么讲都不过分。相对难以回答的是后面两个问题。第二个问题，中国肯定需要一个不同于西方的文化。西方文化有其先进性和普世性的一面，中国文化中的很多因素也是普世的。任何一种外来文化，如果要成功，都必须和本土文化结合起来。① 知识改变命运的内涵需要从不同文化的先进性里来看待，大学生产人才的正当性需要助推中国创造不同于西方的文化，如果中国只是单纯地接受西方文化，那中国就不能算是崛起。很明显，第三个问题更不好回答，即我们基于中国文化之上是否有能力创造一个与西方不同但又可以成为除西方之外的另一个选择的文化？产生一种不同的文化比较容易。这个世界上存在着不同的文化，一些文化比较强势，另一些文化比较弱势。强势文化具有话语权，为较多的人所接受；而弱势文化稍有话语权，甚至没有话语权，不为较多的人所接受。因此，要创造一种不同于其他文化圈但同时又可以被其他文化圈的人所接受的文化，这是一项艰巨的任务。历史上，宗教文化，包括基督教、伊斯兰教和佛教文化都是这样的文化。中国传统文化也是这样一种文化，至少在东亚文化圈里是这样。从传统来看，中国文化有这个实力。一种文化要成为“软实力”至少需要三个条件：第一，这种文化，不管是产自本土还是结合了从外面输入的因素，必须能够解释自己。如果一种文化不能解释自己，那么如何让他者了解呢？第二，这种文化必须能够让他者信服、信任。如果他者对这种文化不能信服，不能信任，那么便是没有软力量。第三，也是更为重要的是，他者能够自愿接受这种文化。这是软力量的本质。具备了这三个条件，文化是不需要被推广的。在唐朝，文化不用推销推广，但文化到达了东亚社会的各个角落。② 大学教授需要在这三个条件还不具备的情况下进行人才生产，生产满足这三个条件的人才文化体系是大学教授履职的正当性所在。

（二）大学独立性的部分消解产生了教授话语权的转移与重置

由于科学和技术进步与经济繁荣、军事实力增强及国民幸福指数提高

---

① 郑永年：《中国的文明复兴》，东方出版社，2018 年，第 179 页。

② 郑永年：《中国的文明复兴》，东方出版社，2018 年，第 187-188 页。

更加紧密地联系起来，大学及教授们和大学生们一定要明白一个道理——解释世界和改造世界的关系——解释世界是改造世界的前提，如果不解释清楚世界，就没有改造世界的权力。如果没有能力去解释世界，但有巨大的野心去改造世界，其结果就只能是导致权力与知识之间的恶性互动：知识想挑战权力，权力想遏制知识，两者间没有边界，互相渗透，结果两边都不专业。因此，权力想遏制知识导致大学独立性的部分消解，从事知识工作的教授，其话语权怎么样就自然可知。大学教授除了大学内部的特殊身份，被认为应该在各个学术领域生产知识外，如何将最新研究成果运用于教学之中，如何把它应用于更为广泛的社会实践中，如何把握好权力与知识之间的内在关系，也成为越来越需要加以考虑的问题。教授话语权的转移和重置，要求教授在权力和知识的边界架构上真正履行好作为知识分子的责任，能够超越具体的利益，为民族、国家的整体利益说话。

第三节　学术场域里追求生活的教授

一、教授与学术场域的关系

毋庸置疑，学术场域的要求对教授行为具有正向刺激作用，促使其提高自主性，通过自我调节行为适应外部环境，并进一步改善外部环境以达到个人目标。

（一）学术场域的变革对教授学术人格发展产生影响

奥尔波特认为：人格是个体内部决定其独特的行为和思想的那些心身系统中的动力组织。① 简而言之，学术人格就是学术人的独特个性。对于教授来说，学术人格表现为学术场域中教授的自我意识、思维方式和行为风格。一直以来，从容、淡定、超越、求真都是教授学术人格的标签，然而，在现代社会经济、知识、技术飞速发展的影响下，学术场域的变革对教授的学术人格产生了影响，并反作用于经济社会的发展。第一，教授表现出更强的务实性。为了满足经济社会发展需求、市场需求和学习者需求，应对越来越激烈的竞争，大学向多元化模式发展。②

---

① Allport G W. Pattern and growth in personality. Holt, Rinehart & Winston Inc., 1961: 28.

② 张焱：《现代大学教师学术人角色的异化与重构》，《江苏高教》，2012 年第 3 期。

教授作为大学中最具文化资本价值的人力资源，承担的责任更大，因此，教授理当是对外界更富有敏感性，更具有主动性、更具有强烈的社会性和务实性的。这引导着教授的学术发展方向、学术研究心态和学术行为风格更为务实，使当代教授在经济社会发展中发挥越来越大的作用。第二，教授表现出更明显的“社会人”和“经济人”特征。随着经济社会的进一步发展，教授身上的“社会人”和“经济人”特征更加明显，更加注重从“社会人”与“经济人”层面去衡量生活质量和彰显个人价值。由于教授传统的学术人形象深入人心，表现出这一现代社会人的普通倾向很难为世人所接受和理解，被一些人斥为“功利化、商业化，世俗化”。其实，很多教授是表现出对此状态的清醒认识的。因此，要正确对待教授学术人格的发展变化，突破教授的传统形象，转变社会对教授的认识。①

（二）学术场域的发展对教授知识水平和能力的要求提高

如前所述，学术属性是学术场域的基本属性。随着经济社会和高等教育的发展，学术场域的开放性增强，受到外界的影响加大。为适应经济社会发展的要求，学术场域对教师素质的要求快速提高，促进教师不断提高自我。教授作为大学教师群体里的主要学术主体，在学术场域里发挥着引领作用，需要进一步看清政治权力和学术权力之间的边界，并真正做到从政治权力中解脱出来。政治权力应当做什么、不应当做什么，以教授为主的知识分子应当做什么、不应当做什么，这些问题迫切需要得到回答。在今天这个时代，政府本身很难再扮演知识提供者的角色，不过，政治权力可以是知识的使用者。把握好这一点，政治权力要在自己与知识分子之间确立一个边界，要容许并尊重知识分子在独立的学术场域里自主地创造知识，尤其是让那些具有真才实学与能力的教授们自主地开展研究。换言之，政治权力必须主动负责为知识分子搭建一个有效的学术创造平台，让教授在这样的平台里真正切实为学术发展和知识创造做出贡献。

---

① 张焱：《诱惑、变革与守望：我国学术场域中的大学教师行为研究》，南京大学出版社，2014年，第244页。

（三）学术组织的要求是教授选择不同学术事业发展道路的重要影响因素

在大学教授所属的大学，学科和专业领域等学术组织是其学术事业的发展空间，研究显示，学术组织的要求对教授学术事业的发展影响显著，促使教授选择不同的学术事业发展道路。教授所属大学的分层分类使不同的教授职能产生分化。教学研究型大学或研究教学型大学教师的教学、科研职能分化最为明显，教学型大学的教师对教学投入最大，而研究型大学对科研的投入与其大学层次、类型的要求不完全相应。总体看来，各类型大学教授的职能分化与大学类型之间的关系仍比较密切。大学的层次和类别决定着教授对教学、科研的职能倾向，从而使学术职业产生分化分层。另外，学科和专业领域对教授的学术事业道路具有较大影响。学科和专业领域是教授所处专业环境的主要载体，相对于大学来说，学科与教授的专业技术事业发展目标相关性显著，学科更加决定了教授的终身学术道路走向，教授对其所在学术领域发展前景的评价则直接影响了教授学术事业道路前进与发展的信心和决心。学科、专业作为学术共同体的载体，是教授所属的“无形组织”，对于大学教授学术事业发展目标的确立、学术事业前进的信心、学术道路的选择具有更明显、更直接的影响。

二、教授的学术习性

（一）教授对学术道德、学术人格具有较深程度的认识和反思

习性作用下的学术人格和学术道德是教授的精神核心，教授群体以其较高的思想素质和自觉性，对自身状况具有较深的认识和反思。第一，对职业道德高度重视。对于教授来说，职业道德最重要，反映出对职业道德的高度重视和本质趋向。第二，对其群体状态具有深刻的反省。教授群体具有知识分子“清高”与“自持”的典型特征，教授们要清晰地认识到这一点并竭力纠正。第三，教授对于学术不端行为具有较明确的认识。学术不端行为是大学教师的行为误区，成为教授的人对这个问题的认识自然应该是更深刻和到位的。

（二）实现自我学术价值是教授发展的主要目标和决定因素

在教授以学术为业的习性中，实现学术价值是其获得单位成本价值上升的基本评判标准，因此，教授将能否实现自我学术价值作为其发展

的主要目标和决定因素。第一，社会价值能否实现对教授日趋重要。正如布尔迪厄指出的，知识分子具有“出世”与“入世”的二维特征，在现代社会背景下，随着学术场域开放性进一步增强，教授更加期待入世，自用于“象牙塔”、从学术走向学术非其本心，学以致用、实现社会价值才是其职业发展的根本目标。社会价值是否实现是教授评判职业价值的最关键的因素。第二，价值观引导下的教授学术事业发展道路呈现多样化和阶段化。在学术场域内，教授的学术事业基本就是其事业的全部，学术事业发展如何决定了其自我价值是否实现、生活状态是否理想、社会地位是否如意等。一方面，学术事业发展目标的确立是教授学术事业发展的起点和基础，学术事业发展的过程就是努力实现其发展目标的过程。教授所在的学科、学术领域对其学术事业发展目标的确立有较大影响，本人的兴趣也是重要的影响因素。另一方面，学术事业发展的进程仍会受这两方面因素的影响，呈现阶段性和变化性的特征。随着学术环境的变化和个人能力、自我认识的发展，其学术事业发展道路将会随之变化，反映出教授对学术事业的期望值和自我实现的欲望。因此，在对教授学术事业发展的研究和导向中，要重视分类指导、特色发展。

三、教授与强势规则的关系

场域的“游戏规则”是行动者行为的准则，所有行动者必须认同和遵守。在学术场域中，最需要关注的是刚性的大学学术规则，这是教授行为的“游戏规则”，规则的强势地位对教授影响巨大。

（一）评价机制对教授行为具有导向和杠杆作用

对教授业绩的评价决定了其职业行为的成就，评价机制是教授所在大学管理体制的一部分，也是学术场域运行机制的一部分，评价机制基于教授发展规律和学术发展规律制定，同时反映了管理者的意愿和导向。评价机制对教授行为具有明显的牵制力。在评价机制的引导下，一方面教授努力激发自身潜能，另一方面其个体的需求会表现出对整体的需求的服从妥协，但极少数会走向极端。第一，评价机制对教授的正面激励。从正向来看，评价机制对教授行为的引导和激励作用显而易见。教授对教学评价机制、科研评价机制的态度与其对教学、科研的兴趣相关性显著，也就是说，对教学、科研的兴趣虽然与其个性、观念、知识、能力有关，但评价机制的导向也触发了其兴趣偏向和关注角度。同时，教授对教学评价机制的态度与教学投入时间相关性不显著，而对科研评价机制的态度与科研投入时间相关性显著，说明当前教学评价机制与教学工作状态的整体不相匹配，未发挥应有的激励作用。而教授的科研工作状态则明显为评价机制所激励，教授对科研工作的关注度和投入度提高与当前高等教育界对科研业界的重视不无关系。第二，评价机制对教授的负向制约。从负向来看，评价机制同时也影响和制约着教授的行为。在很多大学，很多教授都认为评价机制存在不合理之处，然而，在评价机制的强势作用下，个体需要只能服从与妥协，在某种意义上限制了教授的学术自由，伤害了学术人格。无论是政策制定者和执行者，还是政策执行对象，均认同不合理评价机制带来的逆向作用，可见制定科学合理的评价机制极为重要。

（二）管理体制对教授行为具有支配作用

大学管理体制是大学环境氛围营造中的关键部分，可以毫不夸张地说，大学管理体制支配着教授的行为趋向和行为发展。第一，职务分级对教授发展的影响。如果说教授的学术事业发展有一个至关重要的“命脉”，那么对于大学教师来说，就是“专业技术职务”即“职称”。在我国大学教师的编制制度中，职称是教师分层分级的基本要素，它不同于教师的知识水平、工作绩效、学术成果、个人能力和经济收入，但却是这些指标的关键衡量标准，相应地决定了教师的地位、权力、收入和发展前途，也成为大学教师个人发展的最大压力来源。职称制度给教师的发展带来一定负面影响，部分教师急功近利、以次充好甚至弄虚作假，由此职称制度常常引发质疑。教师一方面遵从“学术人”的学术追求和本质使命，希望取得真正的学术成果，一方面又在现实压力下不断屈从和妥协。然而，我们也可以发现，虽然我们致力于改革和完善这种分层分级的制度，甚至有学者提出取消教师层级之分的激进观点，但教师的分层分级仍是现行学术体制下无法替代的核心内容。“我反对用职称来定义教师，然后发现离开职称我就什么都不是”，一位大学教授如是说。只要学术职业存在学术资源的争夺、经济收入的分配、能力水平的评估，职称制度就无法取消。与高考制度一样，相对于更具弹性、更隐性的衡量标准，职称是最具公平公正性的“杠杆”和“指挥棒”。在此情况下，以大学教师的绩效评价制度为前提，完善职务晋升制度、岗位设置与聘任体制，是保证学术职业健康良性发展的关键。第二，管理制度制定矛盾重重。教师管理制度对于其学术事业发展目标、学术兴趣、学术行为具有明显的影响和导向作用，对其发展极为重要。管理制度的制定是我国高等教育和大学自身发展要求的体现，也体现了教授发展的要求。不可否认，长期以来我国大学管理中行政权力占主导地位，教师管理制度往往更多地体现了管理者的意志。这一问题已逐步引起研究者与管理者的重视，如何科学合理地制定管理制度，使管理目标与教师发展目标最终相一致，实现双方共赢的局面是研究者亟须解决的问题。①

四、学术职业必须积累学术资本

在布尔迪厄的场域理论中，行动者必须负载一定量的特殊资本。各种资源构成不同形式的资本，每一场域都具有各自占主导地位的资本，例如，在知识分子场域里是文化资本，在权力场域里是政治、经济、社会资本。有多少场域就有多少资本形式，占优势的资本形式决定了场域的特有逻辑。学术场域中，大学教授的学历、职称、知识、能力、业绩、经验等构成其学术资本，是影响其自我追求和自我实现需要的附加物，决定了教授在学术场域中的行为策略和能够获取的地位，并对其今后的行为策略具有指导作用。② 为了使自己在场域中占据更有利的位置，获得更多的权力和利益，教授对这些资本的争取竭尽全力，是其重要的行为目标。

（一）学历与职称成为教授的职业生存砝码

学历反映了教授的受教育程度，职称反映了教授的学术水平和业务能力，这两者本是教师素质的表征，但在学术场域中，却演化为教授的职业生存砝码，是教授首先要争取的学术资本。

（二）教授能力呈现多种结构

大学教授的知识与能力是其学术事业发展的重要影响因素。调查显

---

① 张焱：《诱惑、变革与守望：我国学术场域中的大学教师行为研究》，南京大学出版社，2014 年，第 250 页。

② 张焱，冒荣：《取消行政级别：我国大学转型的里程碑》，《江苏高教》，2015 年第 3 期。

示，51.06%的教授认为，“知识和能力水平”对其学术事业发展影响巨大，居“学校的环境与氛围”之后，列第二。可见，知识与能力是大学教授重要的学术资本。当前，教授的知识与能力呈现多种结构——教学能力是教授知识与能力组成的首要因素，科研能力是教授知识与能力组成的关键因素，实践应用能力是教授知识与能力提升的新要求，教授的国际化能力要求逐渐增强。

（三）工作业绩压力下教授面临的教学和科研矛盾凸显

对于教授来说，工作业绩是评价其工作状态、工作效果和目标实现的依据，是其学术资本的重要方面。其中，教学业绩与科研业绩是最重要的组成部分。然而，在工作业绩压力下，教授实际面临的教学和科研矛盾是突出的——教学任务强度大与教学业绩压力轻的不匹配、科研投入时间少与科研业绩压力重的不匹配、教学科研状况之“悖论”。毋庸置疑，从思想认识上来说，教授对科研业绩的重视程度超过对教学业绩的重视程度，来自科研业绩的压力也明显大于教学业绩的压力。但在实际的学术活动中，反而“重教学、轻科研”，出现与思想认识相悖的状况。当前，应适当减轻教授来自科研业绩的压力，促使教授在科研工作中投入更多时间和精力，发挥潜能，从而取得令人满意的科研业绩。

五、教授的利益博弈

场域中行动者之间不断斗争的目的是获取这一场域中的“专门利益”。教授在学术场域中的专门利益主要包括经济利益、权力地位等，教授难免有为利益所困的时候。因此，教授也在不断进行着博弈与权衡。

（一）经济收入是教授职业道路抉择的重要影响因素

虽然传统上学术职业一直拥有较高的社会地位和经济地位，但在现代社会，学术职业的薪酬则不尽如人意。尽管如此，学术职业仍然对优秀人才具有吸引力。经济收入虽然不是教授从事学术职业和学术事业发展的决定性因素，但仍对教授的职业发展具有强烈的驱动作用，而教授一旦发生职业变迁，经济收入因素则至关重要——经济收入对教授学术事业发展具有驱动作用，经济收入因素对教授职业变迁具有重要影响。

（二）权力场域对学术场域的渗透迫使教授权力意识“强化”

教授是大学的主体，同时又是大学体制管理的对象，教授职业角色则在统治与被统治的冲突中日益成熟。当前，在社会越来越高的期望下，教授承担了越来越多的职能，发挥了越来越大的作用，也大大增加了教授的职业压力。

（三）职业优势使学术职业仍然对教授具有较强吸引力

教授对学术职业的收入满意度不高、工作压力较大，同时，大部分教授认为社会对他们的尊重正在日益下降，也就是说，学术职业已相对成为“低收入、高压力、高期望值”的职业。虽然学术职业仍是高学历人才求职的热门选择，但是就其人力资本价值而言，职业优势不太突出。让大部分教授还不失望的是，当前我国学术职业仍然具有很强的吸引力，并且相对于其他职业，流动性较低——学术职业的稳定安全更适合教授的自身特点，教授对学术职业具有高度的自豪感和成就感。在高等教育发展与变革的历史进程中，“教授职业已经丧失了一些罩在这一职业上的光环，但多数关于职业声望的社会学研究表明，学者群体仍是社会上最受尊敬的群体之一”①。这也成为教授继续从事学术职业和进行学术职业研究的动力之一。

① ［美］菲利普·G. 阿特巴赫：《变革中的学术职业：比较的视角》，别敦荣译，中国海洋大学出版社，2006 年，第 4 页。

第四章　教授的学术职业逻辑

毋庸置疑，教授肯定是一种职业，而且是一种专门的学术职业。要深刻认识一种职业，需要通过其职业逻辑来透视。职业逻辑即一种职业的内在规定其存在之本质。对教授这一学术职业而言，用一个概念来概括这种内在规定其存在之本质的话，应该是“专业主义”。专业主义规定了知识分子本质的东西，没有了专业主义，社会自然就失去了对该群体的认同。这种专业主义具体通过职业属性、职业能力、职业水准和职业发展彰显出来。这可谓是教授作为学术职业的发展归宿所在。

第一节　教授的职业及其逻辑

一、教授是一种学术职业

（一）教授作为学术职业的基本属性

第一，立场性。教授作为学术职业，其职业立场在哪里？教授在进行学术研究和人才培养过程中该持什么立场很重要。从大的方面来看，宋朝张载说的“为天地立心，为生民立命，为往圣继绝学，为万世开太平”是比较宏大的立场。从小的方面来讲，教授立场背后的利益更多的应该是知识和学术，教授最主要的特质就是专业，最主要的品格就是“专业主义”，教授需要在专业视角里规定自己的立场性。正如政治人物的立场是追求权力，商人的立场是追求利润一样，教育界或者知识界的教授的立场是追求知识的传授和创造。尽管这些社会领域是互相关联的，但每个领域都有其独有的“产品”，并通过其“产品”和其他领域发生“交易”，即关联。很显然，每一领域总有一种自然的立场的倾向性去影响其他领域，追求影响力。

第二，专业性。专业的特征是：（1）规制性。专业由法规来规制，法律规定专业个体与团体所要履行的责任。对专业人士来说，这是一种外在边界的划定，也就是要明确和其他社会群体的关系。（2）自治性。专业人士享有高度的自治权来管理其专业的内部事务。知识领域既然是一个特殊的领域，那么其必须发展出符合自身特殊性的自治方式。（3）声望。专业成员因为所拥有的知识而享有一定的社会声望。这个特点也表明知识领域社会责任的重要性。社会对知识群体的信任，让教授较之其他群体更有能力对社会造成影响。（4）权力相关性。和声望相关的是专业的权力相关性。

第三，精神性。学术活动内在地要求研究者生命的投入，要求一种耐得住寂寞、清贫的献身精神①。精神性的属性使学术职业的价值并不仅仅表现在学术活动之外，学术活动本身就是其职业价值的体现，教授在对学术活动的全身心投入与孜孜追求中得到了个人精神的满足与价值的实现。

当教授具备了这三重职业属性后，就自然兼顾了一种职业的内在利益和外在利益。

（二）教授作为学术职业的基本特征

基本特征是对上述基本属性的进一步分解。

第一，以知识材料为核心的学术性工作模式。教授所从事的工作主要是学术工作，“学术工作是围绕着特殊的理智材料——知识组织起来的”②，因而教授需要多读书、多思考。书是一代人对下一代人的精神遗言，塑造民族精神和文化传统靠书，尤其靠经典之书，书奠定了国民文化和性格基础。喜欢读书的人、读得较多的人，一般而言，比较不容易趾高气扬。读书多的人，在扩大了对已知世界的认识的同时，也扩大了对未知世界的感触。书读得越多，越有可能知道外面的世界有多宽广，知道天外有天，因而更不会坐井观天。

第二，学术职业中的核心成分体现为学术自由。学术自由是教授的权利，这种权利组成了大学的核心权利，大学的权利，不是给予，而是归还，自主权是大学本有的③。在这种权利下，教授才能体现其价值——对大学的决定性价值。为什么教授对于大学具有决定性价值？教

---

① 钱理群：《学魂重铸》，文汇出版社，1999 年，第 160 页。

② 郭丽君：《学术职业与大学教师聘任制》，《现代大学教育》，2007 年第 6 期。

③ 张楚廷：《思想的流淌》，西南师范大学出版社，2015 年，第 123 页。

授并不能直接把真理和智慧放在学生手中，教授的作用也仅在于为学生获得真理和智慧提供可能性，并增加这种可能性。教授作为传递者，对于真理与智慧的传递方式也是有所不同的。他们较为直接传递的是真理，间接传递的是智慧。当教授的传递本身充满智慧时，智慧的间接传递也可能更为有效。重要的是，优秀的教授们所传递的，还包含情深意长，他们可以把对真理、对人生、对世界的深情厚谊也传递给学生。接收智慧可以靠琢磨，接收情意则要靠体验。这一切，都让我们进入一个理想状态——教授们全身心地传递，学生们全身心地体悟。

第三，学术职业靠学术规范有序运转。根据库恩的观点，真正的学术需要满足五项标准：应当能准确地预言、应当是自洽的、应当有广泛的覆盖面、应当能以有序和一致的方式呈现现象、应当能有效地预见新现象或现象之间的关系。①这五项标准姑且可以当成学术规范的五个组成部分，简言之：第一，预言性；第二，自洽性；第三，覆盖性；第四，匹配性；第五，有效性。教授应当遵守此五个方面来进行学术活动，这五条是教授理当遵守的行为规范。

二、教授的学术职业活动内容

（一）教授学术职业活动中的义务和原则

由前述已知，“主宰学者生活的力量是学科而不是所在院校”②。以学科和专业为学术单元，持续不断地研究新东西，找出新规律，不断地逼近真理，在此过程中要做到“三个坚持”——坚持学术自由、坚持学术独立、坚持知识创新。“三个坚持”是教授应履行的义务与应坚持的最高原则。

（二）教授学术职业活动的核心是培养社会良心

大学的使命是利用人类智慧所发明的最经济、最直接和最有效的方法，把普通人培养成优秀的法官、律师、医生、药剂师等。③ 这种使命的意思是，义不容辞地把普通人培养成为文化人，是大学教授的重任。

---

① ［美］托马斯·库恩：《科学革命的结构（第四版）》，金吾伦，胡新和译，北京大学出版社，2012 年，“导读”第 24 页。

② ［美］伯顿·R. 克拉克：《高等教育系统：学术组织的跨国研究》，王承绪，等译，杭州大学出版社，1994 年，第 35 页。

③ ［西班牙］奥尔特加·加塞特：《大学的使命》，徐小洲，陈军译，浙江教育出版社，2001 年，第 78 页。

承担引领社会发展的使命自然需要教授的担当。如果说教授学术职业活动的核心在于培养社会良心，那么必须明晰应该培养出什么样的良心。“良心是具有自由意志的人类用理智，而不仅仅依靠直觉或本能来做的善恶、对错、是非判断，并因此有所行动。良心不只是人有什么情感、情绪或想法，而是有与此相应的行为。没有行为和行动的良心只是空洞、模糊、暧昧的心理冲动，也会因此变得萎靡衰竭。”① 换言之，一个人辨别是非的机能不叫良心，而叫善恶分辨能力，只有当这种能力被运用于是善是恶、是对是错的判断和决疑，并采取相应行动时，才叫良心。

（三）教授应履行正确的社会批判职能

教授作为从事学术职业的人，其活动内容的重要组成部分自然有社会批判职能。履行这种批判职能的基础离不开教授所进行的科学研究，而支撑教授履行批判职能的科学研究要聚焦三点：第一，确定重要事实；第二，理论与事实相一致；第三，阐明理论。② 无论是经验科学还是理论科学都具备这三个焦点，最好的科学研究所针对的大多数问题，通常不会超出此三种类型。换言之，针对那些与此三个焦点不吻合的现象与问题，教授便可以此三个焦点作为批判原则来开展批判。

三、教授的学术职业自主属性

（一）教授自主取决于其学术职业的专业性

在新一轮技术革命后互联网信息技术越来越发达的今天来看学术职业的专业性，关键在于看知识本身的性质，是不是人人都有机会掌握知识。自从网络革命以来，我们不一定要掌握知识资源，搜索资源即可，但搜索出来的是片段，要掌握的是全貌。如果仅仅停留在对知识的搜索层面，那就没有资格谈学术职业的专业性。正如许倬云所说：现在的知识分子大多是检索机器，不是思考者。③ 在今天，教授要真正拥有学术职业的自主性，必须成为思考者，而不是知识资源的搜索者，唯有这样，才能提升学术职业的专业性。要提升这种学术职业的专业性，需要

① 徐贲：《听良心的鼓声能走多远》，东方出版社，2014 年，“序”第 2 页。

② ［美］托马斯·库恩：《科学革命的结构（第四版）》，金吾伦，胡新和译，北京大学出版社，2012 年，第 20-28 页。

③ 许知远：《十三邀 3：我们都在给大问题做注脚》，广西师范大学出版社，2021 年，第 15 页。

掌握以下科学方法。

第一，学术的怀疑主义。科学的精神是怀疑、探索、实证、理性。这是四个不可分割的整体，单纯强调每一方面，都是在为伪科学打开方便之门，阻碍科学发展。① 其中，怀疑起到一个引领作用。

第二，学术的独创性。独创就是做出与众不同的东西来，要做出与众不同的东西，只能以一种最不宽容的态度来进行学术研究，意思是不允许自己所做的东西与他人是一样的。科学是最不讲宽容的，对伪科学的宽容实际上就是纵容。

第三，方法的个体性。每一个人自己就是方法，方法具有个体性。每个人从事学术所采用的个体性方法支撑起了自身的神圣性。具言之，这种方法的个体性通过"大胆的假设，小心的求证"体现出来。"大胆的假设，小心的求证"，胡适的这句话大家都知道。胡适本来是用这句话来归纳清儒的考据方法的，在1928年《治学的方法与材料》一文中，胡适进一步把它当成科学方法：科学的方法，说来其实很简单，只不过"尊重事实，尊重证据"。在应用上，科学的方法只不过是"大胆的假设，小心的求证"。② 科学研究当然会用到假设，但是胡适这句话是有问题的，问题不在"假设"，而在"大胆"，难道"小心的假设"就不科学吗？果真如此的话，绝大部分的科学研究就都成了没有使用科学方法的研究，因为它们都属于所谓的"常态科学"，所提出的假设只是对已有科学理论的修修补补，毫无惊人之处。科学的假设不是凭空捏造、异想天开的大胆假设，而是合乎证据和逻辑的合理假设。同样，科学的求证与"小心"也没有必然关系，它只看证据是否确凿，而不管求证的态度是大胆还是小心。因此，"合理的假设，确凿的求证"才是科学的样子。

（二）教授自主取决于其学术职业的理性

理解教授的学术职业理性需要结合大学的本质进行，大学是一个大写的"学"字——大学里的一切都是为了"学"。大学是唯真理至上并且以真理服务于自己民族的地方——真理至上，民族至上。③ 换言之，教授学术职业理性的要义就是通过自己的"学术"为真理服务，为民族

① 方舟子：《方舟子自选集》，人民邮电出版社，2013年，第9页。

② 方舟子：《方舟子自选集》，人民邮电出版社，2013年，第34页。

③ 张楚廷：《大学与教育哲学》，西南师范大学出版社，2015年，第38页。

服务。这就是大学教授对于大学具有决定性意义的理由所在。这也就是最根本的学术职业理性所在。细言之，这种学术职业理性要通过教授引领学生学会“体察”，而不仅仅是考察；引领学生学会“体悟”，而不仅仅是感悟；引领学生学会“体谅”，而不仅仅是原谅；引领学生学会“体验”，而不仅仅是检验；引领学生学会“体会”，而不仅仅是领会；引领学生学会“体贴”，而不仅仅是关切。不管是学术职业的有效性，还是学生学习的价值性，只有在全身心投入时才能实现，而“体”字的理性正体现了这一点。这是我们理解教授学术职业理性对于大学的意义的关键。谁能最有效地传递真理？谁能向学生展示大智大慧？谁能满怀深情地去体贴学生？是教授，尤其是那些有更高尚品格的教授。因此，我们才要珍惜教授。正因为如此，我们才能理解马克斯·韦伯所说的：“在学术研究中，只有纯粹献身事业的人，才有人格可言。”① 也唯有如此，教授的学术职业才能自主。

第二节　教授的学术职业发展

一、学术职业发展的价值取向

教授的学术职业发展需要回归学术原点，需要做到“四个回归”。

（一）回归学术特性

回归学术特性是指学术职衔的本质含义在于“学术”特性。“学术职衔顾名思义是为‘学术’目的而设置的职衔。我们说学术职衔的立足点在‘学术’特性上，即学术职衔与学术有着不可分割的联系，学术职衔的功能和作用是立足为学术服务的，是促进学术发展的。从起源和过程看，学术职衔是与作为学术机构的高等教育的发展伴生伴长的。”② 而当前中国的大学教授们在有些时候没有真正立足于学术特性，导致大学尽管可以被称为启蒙大众的知识高地、精神高地，但是部分大学仅仅满足于提供最基本的标签和信息，而且也并未积极地努力面向更多大众。中国的大学发展到今天，精神文化并没有通过大学向社会开放并得到理

① 塞壨：《这个时代的人》，团结出版社，2013 年，第 62 页。

② 郑东：《论学术职衔回归学术原点》，《汕头大学学报（人文社会科学版）》，2009 年第 5 期。

解，一定程度上仍保持着高高在上的姿态，让众人仰慕。因此，大学教授职业发展的当务之急，就是回归学术特性。

（二）回归学术精神

回归学术精神是指从整体上看，学术职衔是一个多元素的复杂系统，应切入和容纳“宽容”“团队”“尽责”“碰撞”四大学术元素和学术精神。① 笔者认为，学术精神可以归纳为三点：安、钻、迷，即安下心来，钻进去，达到迷恋的程度。“安”，就是要安下心来去体验，体验能力强的人，哪怕很年轻，阅历不多，但是他随时都在观察，随时都有感觉。“钻”的意思具体是指，教授学者要通过一个现象去找到问题产生的根源，要考虑建立一个什么样的机制，通过这个机制解决一个什么样的问题。“迷”就是把某事/物变成自己不能舍弃的东西。如张楚廷在面对学术与管理的选择时说：“搞学术，搞管理，我可以同时做，但如果选择其一，我选择学术。我对学术有依恋。”②

（三）回归学术发展轨道

回归学术发展轨道，是指学术职衔运作中的“殖民化”和“权力化”两种状态需要回归到“去殖民化”和“去权力化”。换言之，回归学术发展轨道需要做到“两个解放”。第一，从寄生于知识资源的状态中解放出来。中国有几千年的历史传统，中国改革开放有很多的经验，为什么不能产生自己的话语呢？大部分人依然还在选择用西方的话语来解释自己，这种情况不改变，中国永远不会有自己的话语。以教授为主的知识分子必须花大力气才能够从长达一个多世纪的采取拿来主义的状态里解放出来。西方的优点要继续学，但是中国自身的主体性必须得以凸显。第二，从政治权力中解放出来。中国一直以来在知识与权力之间存在着某种恶性互动，知识想挑战权力，权力想遏制知识。双方相互渗透，导致彼此都不专业。权力不专业，没有信心，老想操控一切。知识界不专业，解释世界的事情不做，但想着干预政治。这个恶性互动模式不改变，中国文化和知识体系的创造还是没有希望。③

---

① 郑东：《论学术职衔回归学术原点》，《汕头大学学报（人文社会科学版）》，2009 年第 5 期。

② 张楚廷：《思想的流淌》，西南师范大学出版社，2015 年，第 61–63 页。

③ 郑永年：《中国的文明复兴》，东方出版社，2018 年，第 203 页。

（四）回归学术经济价值

回归学术经济价值是指对学术职衔与工资脱钩的非合理性予以解决。① 大师级学者的产生需要有培养大师的制度设计，如果教授学者们整天要为发表论文发愁，那是写不出优秀论文的。即使在西方一流的大学，如果一位教授一生中能够发表几篇高质量的文章，那就很不错了。例如，哈佛大学教授亨廷顿是大家所熟知的，但他没有写过多少篇著作。中国的评审制度要求我们的教授每年都能写出大文章来，但这是不可能的。做研究和写文章完全是两码事。好文章是建立在长期的研究基础上的，把时间都用在写文章上，就没有时间来做研究。这就产生了很多负面结果。“在大学教授群中，追求物质财富，在外兼职、办公司的有之；只求拿到项目和课题经费，不管课题成果质量的有之；甚至利用职务之便侵吞公款、收受家长贿赂的有之。”② 学术薪酬制度设计的不合理，即实行“低工资+自己创收”的薪酬制度，使得知识分子难以把大部分时间和精力投入学术研究中。这里的“低工资”低到什么程度——不到一半的收入来自基本工资，其余的来自其他资源③。而美国、日本的教授、教师和研究者90%以上的收入都来自基本工资，工资可以给他们带来体面的生活，这使他们有充分的时间来从事科研和教育④。在基本工资不能维持体面生活的情况下，知识分子没有时间来做严肃的研究。如果把工资制度调整一下，让90%的收入来源于基本工资，那么结果就自然不一样。⑤

二、教授学术职业发展的内容及层次

（一）教授学术职业发展的内容是学术发展

在对“学术发展”内涵与外延的诸多解释中，笔者认为，山东理工大学的郑东先生在其《学术发展的哲学思维与实践路径》一书里的论述可谓精致和有力，概括如下：把发展列为第一要务，想必是不会有人提

---

① 郑东：《论学术职衔回归学术原点》，《汕头大学学报（人文社会科学版）》，2009年第5期。

② 尹玉玲：《中国大学教师学术职业发展机制研究》，知识产权出版社，2020年，第234页。

③ 郑永年：《中国的文明复兴》，东方出版社，2018年，第205-207页。

④ 郑永年：《中国的文明复兴》，东方出版社，2018年，第205-207页。

⑤ 郑永年：《中国的文明复兴》，东方出版社，2018年，第205-207页。

出疑义的。发展范畴中自然包括学术发展，学术发展的必要性和紧迫性更是毋庸置疑的。发展是第一要务，也经过了学术界同仁们较长时间的努力，为什么我国学术发展的现状仍然不尽如人意呢？其中的原因可能很多，但迫在眉睫、亟待解决的是我国学术人员的岗位设定和岗位规范所存在的严重问题，因为它影响到学术发展目标的制定和完成。可以拿打仗来做比喻，参战兵力没有一个科学而实际的布局，战斗人员的岗位责任意识淡薄、不明白自身的战斗任务和目标，以致战场无秩序、混乱不堪，自然打不了胜仗。因此，研究学术发展的三角阵势，明确学术人员的岗位职责，解决学术混岗问题是非常重要的。那么什么是学术发展？学术发展为何是不得不打的大战役？

“学术发展”这个词，学术界倒是时常挂在嘴边，可是“学术发展”这一概念的内涵到底是什么，似乎很少有学者认真地思考过，而且目前尚不见系统详尽的论述。张三夕先生较早地指出过学术发展与知识增长的问题。同时，他还指出学术发展是各种因素相互作用的过程且取决于内部因素的变化。① 程郁缀、刘曙光也指出：学术发展是一个在不断地继承与创新中由传统走向现代的、动态的、开放的发展过程。② 上述两篇文章因为不是专门研究“学术发展”这个专题的，所以就“学术发展”这一概念的研究来讲论述得似乎不是很全面，但也毕竟指出了一些新颖的关键性的要素。例如，学术发展是知识的增长，学术发展是动态的、开放的发展过程。这些对于丰富学术发展的概念显然是很有意义的。那么什么是学术发展呢？“学术发展是人类不断地对自身世界以及自身以外的一切事物，包括自然科学、社会科学、人文科学等领域的学术探求、学术考证的印迹；学术发展是创新知识的不断增长、学术局面动态跃迁的、向国际一流学术尖端迈进的、向全球范围传播开放的学术研究过程。”③ 实际上，学术发展可以围绕以下一些维度思考，前后两端很明显，倾向于前者就是学术发展：

重心究竟在于培养学生还是由教师进行研究示范？

---

① 张三夕：《关于学术发展与发表制度的哲学思考》，《海南师范学院学报（人文社会科学版）》，1999 年第 3 期。

② 程郁缀，刘曙光：《学术由传统走向现代的主导范式》，《云梦学刊》，2009 年第 4 期。

③ 郑东：《论学术发展的三角阵势及学术混岗问题》，《社会科学论坛》，2010 年第 23 期。

学生究竟应当被教导成完人还是被培训成技术性专才？

范围究竟要旁及博雅通识还是锁定在偏科发展？

检验标准究竟是教学效果还是承揽科研项目的数目？

教授地位取决于学术水准还是资金募集的能力？

氛围究竟应当尽量超脱还是鼓励功利与实用？

校园究竟应当单纯而寂静还是显得嘈杂而活跃？

规模究竟应当有所控制还是能发展多大就发展多大？

学校究竟属于有机社群还是杂糅而成的知识集市？

大学究竟应当尽量自治还是密切联系国家与财团？

办学究竟是突出科技发明还是倚重历史与人文底蕴？

教师应像个探索型的学究还是管理型的知识老板？

校长应做个学术人格的楷模还是掌管知识机器的官僚？

应该基于理念去因应外部变化还是根据外部变化来调适理念？

（二）教授学术职业发展的层次是三角阵势

上述学术发展的内涵得以切实实现，离不开教授学术职业发展的三角阵势。学术发展的三角阵势是依照学术主体内部的状态和实存的特殊要求而设置的。学术发展的三角阵势是一个“人换阵不换”的综合体。“人换阵不换”是指在三角形当中三方面的战斗员可以调换，但这种阵势是不可以打破和改变的。三方的每一项战斗任务必须有专职的战斗员承担，每个战斗员都是实实在在的能打学术硬仗的战斗力量，每个学术岗位不可虚设也不可空岗。在学术发展战役过程中，兵力的布阵应该始终处在一个三角形的稳固状态中。三方不但有各自不可重叠的战斗任务，而且有各自不同的战斗岗位和考核奖罚的标准与措施。因此，三角阵势是推进学术发展战役时所应特有的、内在的最佳阵势。以学术发展为目标的学术队伍虽然庞大，但从岗位职责看，学术队伍中不外乎这样三类人员。①（见表 4-1）

① 郑东：《论学术发展的三角阵势及学术混岗问题》，《社会科学论坛》，2010 年第 23 期。

表 4-1　学术职业发展的三角阵势

类别	具体成员	任务职责
第一类：学术研究人员	主要包括中央和地方的各级研究机构的专职从事学术研究的人员，各类大学的教授、副教授等从事学术研究和学术教育的人员，民间默默从事业余学术研究的人员	专注于纯学术研究，目标指向是学术尖端，处在战斗的前沿阵地
第二类：对学术发展有辅助作用的人员	主要包括出版学术论著和网络学术作品的出版社和学术期刊等的编辑人员，从事学术情报的搜集和研究的图书馆人员	做好前沿阵地的辅助学术工作，即学术论著的出版、学术情报的提供等
第三类：专职从事学术管理工作的人员	主要包括中央及地方各级研究机构和各类大学中从事学术管理的专职人员	做好学术工作的管理和服务，即各个阶段的学术动态的搜集，学术政策的制定，学术评价、学术评奖和惩罚的运作，学术知识和学术人才的宣传等

以上三类战斗员可以看作三角形的 A、B、C 三条边。A 边是第一类战斗员，B 边是第二类战斗员，C 边是第三类战斗员。这三条边互相衔接组成了一个封闭的三角形。这样就形成了一种学术发展战役中的三角形阵势。三角形是具有稳定性的。任取三角形的两条边，则两条边的非公共端点被第三条边连接，这是三类战斗员相互沟通衔接的结果；第三条边不可伸缩或弯折，是指它的任务和权力不可扩大也不可缩小；两端点距离固定，说明每一类战斗员坚守阵地的能力和决心。三角形的三条边上的中线交于一点，即三角形的重心。这个重心就是保障学术发展的学术规划和学术目标的实现，其中包括冲击国际学术尖端，这是三类战斗员的共同学术理想和学术奋斗目标。①

① 郑东：《论学术发展的三角阵势及学术混岗问题》，《社会科学论坛》，2010 年第 23 期。

三、教授学术职业发展的悖论和危害

（一）学术性与功利性的冲突

学术性与功利性的冲突是教授学术职业发展的悖论和危害的表现之一，有两种情况。其一，学术生产的商业化。在本质上，学术生产是一种精神生产，但实际上，学术研究偏重于研究的当前利益和短期效应，使之越来越与大学的自由探索精神相悖。“如今大学里盛行的绩效考核，给大学内部的多项活动打上了经济活动的烙印。上一节课值多少分，带一名研究生值多少分，在一本刊物上发表一篇论文值多少分，最终再把这些分数换算成货币。在此种经济利益至上的绩效考核评价方式下，换来的不是教师们安心治学的‘真性情’，而是基于‘知识买卖’的追名逐利：校外兼职、速成式学术发表或出版、到处充当评委或做报告。”① 其二，学术生产过于功利化。由于市场与社会压力的介入，大学的知识生产发生了重要的变化：很多教授把更多的时间与资源投入更具市场效应的知识生产领域，即那些实用性强、应用周期短的高新技术领域。大学知识生产越来越多地朝实用化方向发展。这一点无论是从知识生产的成果来看，还是从项目或课题资助的可获得性方面来看，都有突出的表现。特别是在组织项目申报时，申报人立足于实用性和利益获得的原则进行申报，而项目审批者也通常按照“效率原则”与“实用原则”进行资源配置。②

（二）官本位与学术本位的冲突

教授学术职业发展的悖论和危害之二是学术本位与官本位的冲突，就是知识的权力化。知识与权力之间的关系是双向的，可以从“知识就是力量”到“知识就是权力”。从权力认同到知识认同，甚至把权力视为知识，这是一种病。当然，这并不是在任何意义上说，掌握了权力的人就没有知识。传统上，中国儒家这个群体既是权力掌握者，也是知识掌握者。但作为学者，这里必须给权力和知识之间设置哪怕是心理的边界。如果权力替代学术知识主要是政治人物的事情，那么另一端则是知

---

① 尹玉玲：《中国大学教师学术职业发展机制研究》，知识产权出版社，2020 年，第 191 页。

② 尹玉玲：《中国大学教师学术职业发展机制研究》，知识产权出版社，2020 年，第 192 页。

识分子通过权力来获得知识的影响力。对学者来说，追求知识不能通过和权力的关系，追求知识的影响力更不能通过和权力的关系。可惜的是，这种现象并不少见。一些学者自己没有衡量知识的标准，而是依靠政治人物的认同（“批文”等）。也有一些学者通过投靠政治人物来获得影响。政治人物可以表达对知识的喜爱或不喜爱，但这并不能作为衡量知识的标准。用政治人物的意见来论证自己的知识或反驳其他人的知识，并不能对特定知识做出任何判断。在知识和权力的关系上，还有一种情形就是学者论证自己或反驳他人时，诉诸政治化的解释。这种情形类似下述诉诸道德的解释。

（三）理想主义与现实主义的冲突

教授学术职业发展的悖论和危害之三表现为理想主义与现实主义的冲突。理想主义是指学术的道德化，学术道德化是中国知识界最为普遍的现象。这种现象存在了数千年。传统上，儒家是生产官方知识体系或者意识形态的主体，而儒家知识体系的主体就是道德。无论是立论还是反驳不同意见，大多数学者首先想到的是去抢占道德制高点。道德制高点有两种：第一种是集体道德，即为国家、为社会；第二种是个体道德，即个人修养。就第一种而言，不难发现人们往往用爱国主义、“为民请命”、“为生民立命”、“先天下之忧而忧，后天下之乐而乐”等概念来为自己辩护，或者反驳别人，把对方置于这些道德立场的对立面，例如“不爱国”“汉奸”“自私”等。就第二种来说，很多人会强调个人道德，“自命清高”，对别人的意见不屑一顾。尽管无论是集体道德还是个人道德，都是人的知识活动的基点或动力，但并不能替代对知识的追求，抢占道德高地也不能有效回应不同观点和意见。再者，如果没有学术知识，光是道德教条如何能改善社会呢？

现实主义是指学术知识的名誉化。这表现在个人与机构两个层面。对于个人而言，学术研究确实是能使个人获得名誉的重要渠道，但要把握好一个度，不能盲目地陷入学术名誉崇拜的境地。对于教授而言，要量力而行，辩证地看待学术名誉。名誉崇拜也表现在普遍流行的“头衔文化”。一些学者并不满足于只有一个“教授”头衔，似乎有了很多头衔就能表明其价值。名誉崇拜背后有很多根源，但主要包括“硬”的利益和“软”的自信赤字。“硬”的利益不难理解，每一项名誉背后就是来自政府、企业和社会的庞大的政治、经济和社会利益。“软”的自信赤字就是学界和机构对自己没有信心，只能求助于外在标准来衡量自己。对教授来说，获奖应该只是副产品。获奖当然是好事，因为它表明同行乃至社会的承认和认可。不过获奖并不是知识本身的使命。教授不是为了获奖而去生产知识，而是等知识生产出来后，遇到“好运”被人家看上了。历史上有多少好的思想，在当时并没有被他人所认识、承认，但对人类产生了巨大影响。

第三节　教授的学术职业能力

一、整体上的大学教授资质

（一）完整的团体

鉴于汉语中没有合适的词对应“faculty”，在本节的叙述中，我们将用“教授整体”称呼一个大学的全体教授。大学教授整体是大学成立的基础，他们作为一个团体具有其独立而特有的社会性质。在给定的社会的法律范畴之内，大学教授整体按照大学精神制定学校的基本制度，并执行或监督执行这些制度，最终完成大学的社会契约。

大学教授整体并不是一个法律意义上的自治团体，而是学术（academic）层面上的自治团体。也就是说，大学教授整体为大学制定的基本制度，不得与社会法律相违背。对于这一点，中国大学教育先驱蔡元培先生是有清醒认识的。尽管同情（甚至支持）青年学生的政治热情，但蔡元培先生强烈反对大学成为反政府的基地，不同意青年学生不做学问而只是热心于政治，明确反对学生放下自己的受教育要务而醉心于各种政治运动。

“学术自由”这个提法应该是来自英文的“academic freedom”。在这里，我们将假定确实是在这个意义上使用“学术自由”一词。需要强调这一点，是因为英文原意不只是做学术研究方面的自由，也包括大学自身对大学的理解、教育等教育范畴的自由。例如，尽管社会各界可以建议中国大学采用某种语言授课，但是，大学教授可以根据自己的认识，选择最合适的授课语言，只要能够保障教学效果。

社会给予大学教授整体以学术自由，是大学社会契约的一部分。社会承认，需要大学完成对“黄金主动教育期”年轻人的教育，而这个任务需要由一个特殊的精英团体——大学教授整体完成。这个任务具有常人难以想象的复杂性，同时这个任务属于人类精神领域创造的范畴，世俗社会不一定能够跟上步伐，更不能够加以控制，因此，这个团体在完成社会契约的时候，需要有学术自由作保障。根据自身的判断与需要情况，一个独立社会可以关闭一所大学，从而取消该大学教授整体的学术自由，这是大学教授整体失去学术自由的唯一途径。①

如上所述，大学教授整体作为一个完整的团体的条件，也就是一个大学可以运作的基本条件，包括两个层面。首先，大学教授整体能够签订并胜任大学的社会契约。其次，在此层面基础上，大学教授整体能够有效地利用学术自由的权利，建立并丰富一个大学的学术内涵和校园文化。

（二）大学文化与教授整体

一所大学的教授整体，必须要服务于该大学的具体办学目标。考虑到大学是为创造性地培养个体精神世界而设立的，大学与大学之间应当拥有不同的个性，反映出各自独特的文化传承，要有多元的学术文化。可是 21 世纪初的中国大学，个性不明确、彼此之间同质化较严重，且这种同质化有进一步发展的趋势。这从一个侧面反映了中国大学的整体发展水平还有待提高。大学富有个性，也就意味着其教授整体富有个性，该大学具有明确的文化传承。一般来说，一所有一定文化传统的大学，其强势学科对于该学科的顶尖人才会有一定的吸引力。这是因为，顶尖人才之间的彼此激励，既是一份智慧享受，又是各自发展的有益养分，还会给彼此一份较为强烈的认同感与归属感，即所谓的惺惺相惜。由于这些原因，一所大学的个性建立起来以后，也就有了自己独特的文化形象和文化传承。文化建设不容易，但经过一段时间其影响总会逐渐弱化。这与孟子所说的“君子之泽，五世而斩”的意思差不多。或者说，中国各大学的文化必须重新塑造。② 大学富有个性，并不意味着它

---

① 彭笑刚：《大学与伊甸园：理性教育与人性发展》，清华大学出版社，2015 年，第 121 页。

② 彭笑刚：《大学与伊甸园：理性教育与人性发展》，清华大学出版社，2015 年，第 122 页。

们不能分类，大学的分类自然也就是大学教授整体的分类、文化的分类。其分类方法多种多样，如专科性大学与综合性大学，公立大学与私立大学，研究型大学与教学型大学，等等。在这些大学分类中，对大学教授整体资质要求最有意义的，是研究型大学与教学型大学的分类。

随着时间的推移，目前世界上影响最大的大学是所谓的“研究型大学”，这其实也是现代大学得以快速崛起的原始模型。这一类大学不但可以给年轻学子学习最前沿知识和技能的机会，而且还会通过自身的研究推动社会的发展。与研究型大学相对应的，是教学型大学。在现代大多数国家，教学型大学为数众多。与研究型大学一样，教学型大学也包括地方政府支持的大学和私立大学。教学型大学的总体影响力不如研究型大学，但它们的存在给相当一部分人提供了大学学习机会，因此，其社会价值不容忽视。一窝蜂地把教学型大学变成研究型大学是不可取的，这种做法对于给定大学的教授整体也许是有利可图的，但对于学生未必有明显的好处。一个大学的教授整体必须明确自身的定位，在是否把一所大学从教学型大学转化为研究型大学的问题上，要力求避免好大喜功、伤害学生的“大学升级”。实际上，在今天的中国大学里，颇有一些教学型大学在社会上享有盛誉。毫无疑问，如果这些教学型名校试图把自己办成研究型大学，这些学校将很快失去自己的个性，几乎不可能成为一所达到同样影响力的研究型大学。

考虑中国将来的教学型大学，以美国的教学型大学为模型可能会失之偏颇。这是因为，美国的教学型大学主要是所谓的文理学院，这与美国人重视人文社会有关系。美国经济近年来的金融化、空心化、外包化有各式各样的原因，但恐怕与社会不重视从事实业的专门人士大有关系。在整个欧美世界，德国在重视专门技术人才方面几乎是一枝独秀，这使得德国经济实体化一直走在前列。应该注意的是，德国强有力的制造业并没有成为国家不断升级的阻碍，其国民经济、技术水平、创新能力一直处于世界最前沿。或者说，强有力的制造业与引领世界经济、引领世界高新技术产业并不矛盾，重视杰出的专门技术人才与维持强劲的社会创造力并不矛盾。

上面关于德国与美国社会经济结构的比较，值得设计中国未来大学的人士注意。像中国、美国、德国这样规模的国家，不强调实体经济和制造业是难以想象的。因此，中国未来的教学型大学应该是着重于培养专门技术人才的机构，而不是美国式的文理学院。当然，对于这一类“培养专业人士的教学型大学”，我们依然不能忘记教育的首要目标——树人。教学型大学的教授整体的主要任务只有一个，那就是“树人、育才”，而研究型大学的教授整体还必须起到社会智库的作用。因此，一方面，教学型大学的教授整体必须明白自己的任务，主要以“树人、育才”为己任；另一方面，社会对教学型大学的教授整体的评价，也应该以“树人、育才”为唯一标准。在21世纪初的中国社会，往往要求教学型大学的教授们发表研究论文，甚至把这些论文作为教授水平、职位晋升评判的主要标准，这显然违背了教学型大学设立的初衷。如果想要这些大学顺利发展，必须彻底纠正这样的做法。

（三）教授整体与职员队伍

虽然教授整体是大学的核心，是大学的根本所在，但是，作为现代社会的一个相对独立且富有个性的机构，大学必然要有一支合理的职员队伍。职员队伍包括学校的科研教学辅助人员、行政管理人员、后勤支持人员和事务文秘人员等。有一支称职的队伍，能让一个大学平稳、有效地运转，从而保证大学履行其社会契约和学生契约。在现代大学发育相对较好的欧美，尽管还有各种不完善，但其教授整体与职员队伍两者各司其职。大体上，两者形成共识，既能彼此配合又能彼此尊重。除非在极个别情况下，两支队伍能和谐共处，运转良好。能够做到这一点，关键在于教授整体对于大学的基本目标认识清晰、定位明确，并且有与大学目标相匹配的治校权力，有足够的治校经验与能力。在大学建设之初，或者在大学文化还没有扎根的国度里，教授整体与职员队伍之间常常出现问题，对立和不合作是比较严重的情况，边界不清晰的状态则更为常见。

第一个常见的问题是职员队伍中的行政管理人员把自己作为教授整体的领导者，把教授作为雇员，这个问题在中国颇为突出。实际上，行政管理人员和其他职员一样，都是协助教授整体完成大学契约的人员。他们的任务，不是“管”大学教授，而是为教授的工作提供辅助性服务，帮助教授整体与社会其他机构对接。尽管造成这种局面的原因众多，但其中的一个关键原因是教授整体不够强大，不足以凭自己的职业能力赢得应有的尊重。在一个大学里，如果绝大部分教授都是该大学不可或缺的，那么除非是特殊时期，否则很难想象行政管理人员可以长期凌驾于教授整体之上。用这个观点具体审视中国大学，去行政化只能是中国大学大发展的手段，而大幅度提高大学教授的职业水平才是其根本。

第二个常见的问题是教授整体对非管理性职员的轻视。在 21 世纪初的中国大学里，我们常常可以看到一幅令人不快的画面：教授们一方面对管理性职员忍气吞声甚至百般讨好，另一方面又不把非管理性职员放在眼里。如果说大学的管理性职员凌驾于教授整体之上还有多方面原因，例如被人诟病的大学行政化，那么轻视非管理性职员的责任则几乎完全在教授们。

对非管理性职员的轻视，反映了教授整体自身资质的欠缺、对大学精神的不理解。说得更严重一点，这样的教授整体没有接受现代公民社会的基本精神，他们似乎还不明白，社会分工的工种有主体和从属之分，但人格上没有贵贱之分。进入 21 世纪后，中国社会在理性方面的发展颇为引人注目。随着中国社会变成一个“合情合理”的社会，在中国大学里，教授整体将获得越来越多的治校权，也就是所谓的大学去行政化。在这些治校权中，不但包括教育目标与方针的确立，也包括处理好与大学职员队伍的关系。从目前的情况看，无法肯定中国大学的教授整体是否准备好了，他们是否能全面而有序地行使自己的治校权。如果没有行使治校权的能力，那么完整地建设或者恢复一所大学的文化，以目前教授整体的资质，恐怕暂时还无从谈起。

二、个体上的大学教授资质

大学教授的学术职业能力，可以从以下一些方面的个体资质得到体现。

（一）认同大学精神

古今中外，对大学精神的认同是一个大学教授的第一要素。如果不认同大学精神却加入大学教授这个职业群体中，那么个体的职业生涯将会充满挑战。一方面，个体在大学校园里会觉得自己走错了地方；另一方面，周围的人会觉得该个体鹤立鸡群——也许是鸡立鹤群。与其如此，还不如换一个职业，让自己的兴趣点与新职业的基本要素相符合，这既不辜负自己的人生，又不会耽误他人。一个大学教授，如果真正懂得大学精神并愿意坚定不移地实践它，那么即使学术修为有所不足，也不一定是致命的。大学教授只有坚定不移地实践大学精神，才能让自己的学术职业不断发展。相反，那些不认可大学精神的学者，永远不会有机会成为一名合格的大学教授——除非某一天幡然悔悟。明白这一点，对于年轻学者颇为重要。同样地，在一个大学教育方兴未艾的国度里，职业修为达到杰出水平的大学教授往往人数不足，那么大学和大学教授本人明白这一点也颇为重要。明白了这一点的大学，不至于对自己的教授们提出各种莫名其妙的、不切实际的学术目标；明白了这一点的大学教授个体，则不至于自暴自弃，且能够避开浮躁，不断扎扎实实地努力，进而完成自己在这种特殊历史时期的使命。

在中国的大学教育史上，支持上一段讨论的实际例子颇为不少。例如，按照当时哈佛大学教授杜维的说法，蔡元培先生的学术修为相比美国大学的校长肯定是不突出的。但是，在当时美国大学的校长中，没有任何一个人对整个国家、整个民族的教育事业的贡献可以与中国的蔡元培先生相提并论。仔细看看民国初期的大学，几乎各个大学里的学者们都没有什么大学教育经验，也没有适合于教育中国年轻学子的教材可供借鉴。那时候的大学教授们，甚至有一些都没有接受过任何正规的现代大学教育，至于没有拿到过任何学位的教授也为数不少。就是这样一些人（当然不是全部），凭着自己对大学精神的认可、各自的一番热情，为中国大学教育奠定了一个颇为不错的开局。①

成为一个大学教授，意味着参与一项挑战极大同时又意义超凡的事业。大学担负着给一代代新公民提供人性成长之环境的重任，因此，大学的意义超凡，挑战极大。但就目前而言，在部分人的心中，大学教授这个职业和其他职业一样，都是一份养家糊口的工作，大体上还算体面、不用坐班、工作清闲、收入尚可、工作稳定。当然，不认同大学精神却加入教授行列的情况在各国各地区都不鲜见，只是比例大小的区别而已。要进一步加强对大学精神的认同（本质上是加强对学术精神的认同），必须具有坚定的“志于道”的学术追求。

① 彭笑刚：《大学与伊甸园：理性教育与人性发展》，清华大学出版社，2015 年，第 124 页。

（二）从零开始的勇气、底气与智慧

在认可大学精神的基础上，现代大学教授应该具备与现代大学相匹配的个性特征。如前所述，现代大学的快速发展主要得益于现代科学的发展，科学是现代大学教育的核心内容，因此大学教授的个人资质应该与科学精神相去不远。其中，独立精神和怀疑精神是科学家实事求是地追求真理的基础。反映到大学教授的个人资质上，独立精神与怀疑精神有一些特殊的体现。独立精神在大学教授身上的体现，首先是大学教授的最大职业特征——时刻准备从零开始。因为科学的本质要求它不承认权威与威权，所以以科学为基础的现代大学也必须体现这种精神。大学教授也许——只是也许——比学生在某一个方面的知识更丰富。但是，大学教授必须随时准备好与学生一起面对新的事实，而不能以权威自诩。在面对新事实的时候，或者在面对自己不熟悉的学术问题的时候，大学教授不可以不懂装懂。这时候，一位合格大学教授该做的第一件事，就是和学生一起从零开始探索，同时，让自己和他们处于同一位置——不明所以。如果探索的结果是教授找到了合理、与事实相符的答案，那很不错；假若是学生正确而教师错误，那也是好事情；若是最终没有答案，那么只能暂时存疑。科学从来不把存疑当成耻辱，而更愿意把存在的疑问看作机会。疑问涉及的面越广、越深刻，机会越大，越可能大踏步地推动科学发展。①

卢梭在《爱弥儿》中指出：教育最大的失误，不是没有向学生传授知识，而是向学生传授谬误。② 这无疑是给教育界的一个警示，教育的底线是不有意识地传授谬误。③ 当然，作为一位大学教授，只是做到不传授谬误是远远不够的。很明显，如果一所大学的所有教授只能勉力做到不传授谬误，那么在这样一所大学里学习就失去了意义。因此，仅仅承认自己的学术水平等同于雾里看花，只是迈出了正确的一步，或者说没有越过教育的底线。下一步，需要大学教授做出一个决定，“我”是继续主讲该门课程还是主讲可以胜任的课程？如果本校需要开的课程自

---

① 彭笑刚：《大学与伊甸园：理性教育与人性发展》，清华大学出版社，2015 年，第 128 页。

② ［法］让-雅克·卢梭：《爱弥儿》，叶红婷译，台海出版社，2016 年，第 33 页。

③ 彭笑刚：《大学与伊甸园：理性教育与人性发展》，清华大学出版社，2015 年，第 128 页。

己都不胜任，“我”是继续做教授还是去干点其他力所能及的工作？如果决定是不面对挑战，那答案颇为简单；若准备面对挑战，那么这位教授就必须要充实自己，甚至是从零开始钻研学问。从另一个角度看，一位现代大学的教授需要时刻准备从零开始。科学和技术在快速进步，人文社会科学也发展迅猛，所以一位合格的大学教授随时可能要放弃老的知识与技能，学习新的知识与技能。也就是说，一位合格的现代大学教授的思维方式应该是开放的、不断进步的。从更大的视野看，进入现代社会后，每一个个体都必须准备随时学习新的工作技能和生活方式。从人性发展的本质看，一个健康个体的精神世界本来就应该是开放的、不断发展的。因此，在新一代公民中培养这种人生态度是大学义不容辞的责任，要完成这个任务，大学教授必须具备并充分展现这种资质。

在现代社会里，专业化是社会的基本特征。专业化意味着每个个体都是所从事职业的专家，能够给其他人提供他们自己无法以同样的代价实现的专门化服务。一位大学教授和其他行业的职业者一样，必须以自身的职业水准赢得社会——首先是被服务对象的认同。不过，如上所述，大学教授的从业资质要求他能够随时否定已有知识，随时准备从零开始。由此我们可以看出，大学教授的职业水准不是现成的知识和技能，而是对学科的深刻理解与科学智慧。一位合格的大学教授，科学智慧已经融入他的精神世界，成为他不可分割的、心灵生命的一部分。每一次授课，都不过是一位大学教授的一次即兴表演。在举手投足间，大学教授以自身的心灵世界为载体，把学科的知识、智慧、妙趣加以淋漓尽致的演绎。作为一位大学教授，从零开始还有一层意思。在现代大学里，一个课堂里的学生的基础和背景可能会有很大差异，一位合格的大学教授必须对此有清醒的认识，能够很快搞清楚给定课堂学生的高线、平均线、底线。具体地说，明明是一门大学高年级的课程，但教授不得不以中学为基点——从零开始。造成这种状态，大致有下面三个原因。

第一个原因，是大学前置课程没有设置清楚，导致一些学生稀里糊涂地走进了高级课堂。第二个原因，是有些学生对某一门高级课程（甚至是非本专业课程）有特别的兴趣。第三个原因，是前置课程的教授因为种种因素没有给后续课程打好基础，或者前置课程与后续课程的教授们对相关内容有完全不一样的理解。第一个原因可以通过技术手段加以避免；第二个原因是不可能避免的，它本就是大学的优势；第三个原因也难以避免，每个教授对学科的理解和兴趣都会有自己的个性特点，这无可厚非。无论是哪一个原因，只要有一部分学生（当然不是个别）不能跟上课程，那么一位合格的教授就必须选择从零开始，或者从合适的某点开始。甚至在一些特殊情况下，化学课堂里可以讲一点数学、讲一点物理、讲一点语文。大学教授必须牢记，任何一个课堂都必须完成相关的学生契约，不能抱怨课堂里学生的起点太低。只要大学把学生招进来了并允许他们选择了这门课，那么这些学生就是这个课堂的学生，他们必须受到学生契约的保护。

在目前的大学里，面对基础不足的学生，不少教授不愿意从零开始。多数情况下，他们会告诉学生："你们应该在某某课堂掌握了这些内容，有问题自己回头去看看某某课的书吧。"如果被略过不讲的部分不制约对这堂课后续内容的理解，这样告诉学生是可以的。但是，若是被略过的部分是后续内容的出发点或者逻辑关键，这样对待学生的结果往往是学生立刻跟不上教授的思路。接下去的事情，必然是学生或者选择不听课而完全自学，或者倒头睡觉。还有一种常见的场景，教授会告诉学生："因为课时严重不足，所以我们不能从零开始。"于是，教授在课堂上"高来高去"，学生在底下云里雾里。教授们应该注意，以科学为基础的现代知识有一个共同特点，就是严格的环环相扣。因此，宁可低开局、放慢速度，也要避免匆匆忙忙走过场。当然，每一门课都有自己必须覆盖的系统内容，从零开始会给课时带来一定的挑战。这时候，就是一位教授表现自身深厚学术修为的时候。一位合格的大学教授，应该能够随时根据学生的需要调整授课策略与思路，而不只是根据备课笔记照本宣科。

（三）个性的课堂

独立精神的最直接表现，就是个性的彰显。因此，一位拥有独立精神的合格大学教授，其课堂必然是个性化的。如前所述，大学"树人"的基本目标只能在个体层面上实现。也就是说，在理想情况下，一所好大学的毕业生一个个都应该是个性丰满的。他们应该进一步懂得，在自己将来的人生中，既要不损害公民社会的基本原则，又要不断发展自己的个性、追求自己个性化的幸福人生。因此，大学的每一个课堂都应该是年轻学子砥砺自己个性的场所，而本身富有个性的课堂对砥砺和发展个性具有自然的优势。有一组简单的标准可以衡量课堂的个性水平（见表 4-2）。

表 4-2　好课堂的个性水平判断

个性水平	学生的表现	教学层次
最高的境界	当一个学生从一个课堂里结业出来的时候，这个学生自觉被打开了心灵的一扇窗子而豁然开朗。这扇窗子在其他课堂里要么不能打开，要么打开的角度完全不同	教智慧
次一等的境界	在一个课堂里，一些学生自觉学习到了一定的思维方式，这种思维方式反映了相应学科的特征	教方法
再次一等的境界	在一个课堂里，学生能够被授课教授的讲授所吸引，从而吸收一部分前人创造的知识	教知识

在这三种境界之下，则不属于大学教授应该表现出来的资质。

不过，在现在的大学课堂里，上述三种境界之下的情况颇为普遍，照本宣科就是其中之一。照本宣科几乎等于讲空话，与学生自己看书并没有什么差别。空话连篇，无论如何也支撑不起来课堂的个性。此外，真正富有个性的教育，也不能靠哗众取宠。口号式的热情洋溢不能用来建设课堂的个性，没有深度的愤世嫉俗无助于彰显个性，故作高深的晦涩难懂只能让人不知所云。这些形式上很炫的东西只能维持很短的时间，时间一长，就会遭到学生的鄙视。尤其是个性鲜明、目光敏锐的学生，他们不喜欢这些装腔作势的东西。

真正的课堂个性，来自教授自身对生活、对人类、对自然界的个性化认识，是一位教授心灵智慧的自然流露，无须多加修饰就能动人心弦。也就是说，课堂的个性实际是教授个性的外在表现。一位真正对所授学科有自己独到见解的教授，他的课堂与其他教授的课堂应该有明显的差别。即使是同一门课，两位富有个性的学者也可能演绎出两种风格迥异的课堂。

（四）怀疑精神——叛逆者、颠覆者

如果我们认定“以科学为基础的理性教育”，那么大学课堂就应该是批判性的。主持一个大学课堂的教授，本质上就应该是一个叛逆者。批判精神是科学精神的一个必需元素，科学的每一次大发展都是建立在对前人的深刻批判的基础上的。人云亦云的态度不该是科学家的态度，对权威或者现有教材体系亦步亦趋也不该是大学教授的做法。敢于站到大学的讲台上，总该对一门或者几门学问有自己的见识。而所谓自己的见识，至少是经过了自己“学习—批判—扬弃—整理—吸收”这个过程的学问。如果追求更进一步，教授可以言前人之未言、立前人之未立，只求符合事实、符合科学的整体逻辑系统，不怕前无古人，也不怕后人（或者他人）的批判。因此，只要不是不顾事实的标新立异，“离经叛道”不但不应该否定，而且应该是治学的正道。这一点，是现在大学教育与中国古典教育的一大差别。按照中国传统教育思路，主流的治学方式等于啃古书堆，对孔孟老庄的经典，顶礼膜拜不在话下。古书中当然会有人类智慧的结晶，但是，孔孟老庄毕竟比现代人少了2000多年的知识积累，他们也不能像现代人这样把眼光扩大到整个世界。因此，比起孔孟老庄，现代人的眼界应该更宽广。让一个富有批判精神的学者执掌课堂，也符合大学教育的需要。原则上，个体的人性发展过程必定含有强烈的批判成分。批判地看待他人的生活经验，批判地分析他人实践人生的方式，批判地对待自己的人生经历，然后根据自己的个性批判地吸收人类积累的生活智慧。每一个大学教授原则上应该是一位颠覆者。年轻学子从高中来到大学，刚刚经历了青春期反叛、基本完成（或者尚未完成）个性苏醒的过程，他们下意识里希望自己脱胎换骨。他们做好了在精神上被彻底颠覆的准备，这也就是为什么个体在大学对应的时间段里会有超快的人性发展速度。不过，个性苏醒的他们，已经具有一定的灵魂独立意识和批判能力，因此，大学里的年轻人并不会轻易接受颠覆。他们的个性意识的存在，实际上是这段时间被称为“黄金主动教育期”的原因。

当一个年轻学子从一个令人兴奋、令人茅塞顿开的课堂出来后，只要还没有毕业，他就会走进另一个课堂。一般情况下，这个新课堂可能是上一个课堂的深入。这时候，他会迫不及待地应用从原来那个课堂学到的智慧和知识，即使是被动的学生，也会被教授要求应用以前的基础知识。这时候，如果新教授和前面课堂的教授在某一个关键问题上看法相左，那么新教授将面对两种情况，要么学生颠覆新教授，要么新教授颠覆学生。谁是被颠覆者，取决于谁的思想符合客观观察得到的事实，符合学科的整体理论。当然，还有一种特殊情况，即尽管两种看法表面上看上去很不一致，但实际上只是同一个理论的两种不同表现形式。在这种特殊情况下，教授和学生的位置相同，两者都是被颠覆者，也都是颠覆者。

（五）教授生产教材的能力

课堂的个性发展到了一定程度，就可能会体现到课程的教材上。很难想象，第一次走上讲台的大学教授就能够著述个性丰满的教材。一般情况下，年轻的教授只能追求对学科有个性化的理解，而且只能从一个个小局部开始。随着自身教学经验的增加、对学科理解水平的提高，一个合格大学教授对学科的个性化理解会拓展开来，逐步形成自己的系统。如果这个系统足够与众不同且更利于教学，同时，教授又有能力、有精力把这个系统变成可读性强的文字，那么一本富有个性的教材就诞生了。

大学的教材既不同于文学作品，也不等于专业著述。这是因为，大学教材的读者群极其特殊——一群批判精神极强、对知识和智慧吸收能力也极强的年轻人。年轻学子们一定会花费精力来研读教材，因此一本出类拔萃的大学教材会得到学子们的喜爱，而那些平庸的教材会招致鄙视。但是，由于教材是由大学教授指定或推荐的，教材的读者往往无法根据自己的喜好做出选择。少数大学教授会利用自己的职权强行推销某本教材，这实际上是在绑架读者。

某个给定社会的大学，必然会带有这个社会的文化烙印；否则，只能说这些大学还没有得到充分的发展。文化烙印沉淀下来后，就会直接体现在大学教材里。反过来说，如果一个社会（国家）的大学不能出版有自己社会（国家）特色的教材，那么只能说明这个社会（国家）的大学发展水平还不太高。具体到中国这样一个大国，其文化背景和欧洲文化完全不同。由于现代大学和现代科学起源于欧洲，中国大学恐怕需要担负起发展自己教材系统的使命。只要全体中国人决定不放弃汉语作为母语，中国大学不放弃为中国社会培养领袖与专才，那么这个使命就是无法推卸的。

在20世纪的中国高校里，使用的主要是自编教材。这些教材大多直接取材于国外同类型教材，因而只能称为“自编”而不能称为“著述”。中华人民共和国成立之初，我国的高校教材较多取自苏联。到了20世纪80年代以后，主要以欧美教材为蓝本。除少数真正著述的教材外，教授和学生均反映大部分自编教材由于没有自身的理解与系统，使用起来效果不理想。即使是教育部的统编教材，也难以体现编者自身的学术修为，至少是体现不出编者系统的学术思想。翻译欧美教材的做法一直有一定的市场，但翻译教材并没有在大学里占据统治地位。鉴于中文教材的现状，进入21世纪以后，兴起了一股直接使用原版英文教材的热潮。可惜的是，中国学生的思维过程毕竟习惯使用中文，因此，使用原版英文教材的效果远不如初始想法那么好，学生大多还是看相关的中文教材。

如此看来，在21世纪初的中国大学里，教授们必须把发展中国大学教材系统当成一个重点工作来做。这条路是漫长的，但古人说“人间正道是沧桑”，不能因为路太长我们就不出发。

（六）教授要能把握学生的特殊性

当代中国大学迎进来的年轻学子具有鲜明的中国特色。中国大学生最大的特色，是不完整甚至被完全压抑的“反叛期”。在理想情况下，进入大学的个体应该度过了“反叛期”，个体意识不但完全苏醒，而且在“反叛期”的后期已经大致明白了“我”是谁、“我”要成为谁。由此，大学生对于大学期间必须要做的、能够做到的事情有较为清晰的认识。对于这样的理想大学生个体，大学时期是真正意义上的“黄金主动教育期”。在教授的帮助下，他们能够充分利用大学优越的成长环境，为真正进入社会做好必需的准备。

分析一个中国年轻人在典型中国文化氛围下的“成长”轨迹就会明白，进入大学的中国学生往往没有一个名副其实的“反叛期”。中国传统文化十分强调对幼儿的保护，这对于从出生到10岁左右的儿童是好消息。但是，对儿童的保护意识往往被简单化、扩大化。只要子女在父母眼皮子底下一天，父母对孩子的一切几乎大包大揽，一直延续到孩子离家上大学。如果孩子的有些想法与父母不一致，那么父母的“胡萝卜加大棒”就上来了，直至孩子投降。至于说个性苏醒与反叛，那被认为是大逆不道的，因而是不被允许的。按照中国传统，“好孩子”的标准是听话、乖巧，无论如何不违背父母的意愿。到了21世纪，情况大有改观，但改观更多的是形式而不是实质。“大棒”少了，“胡萝卜”多了，但大致理念是不变的：“孩子少不更事，不严加看管很容易走上歧路。总之，父母是为孩子好。”

“反叛期”是人性发育中难以回避的一个过程，就像蝴蝶必然要经过蛹的挣扎。没有经过“反叛期”或者反叛不彻底，一个个体很难成为灵魂独立的人。进入大学后，来自父母的压力陡然减小，年轻人可能在大学里出现“迟到的反叛”。迟到的反叛是非常危险的情况，这是因为以下几个原因。

第一，大学的学生骤然离开父母家人的密切关注，反叛起来可能会更加无法无天，甚至完全失去约束。第二，此时个体行为能力要远强于少年时期，一旦失控，其破坏力相当大，而且，破坏力不仅仅是针对个体本身，还可能针对他人、针对社会。第三，大学是青年人聚集的所在，青年人的热情导致彼此推波助澜几乎是不可避免的。

存在被压制的“反叛期”意味着中国大学生的独立精神相对不足，而从众心理较强。中国大学教授对此应该有所认识，从而要尽可能地在大学教育期间帮助年轻学子完成灵魂独立。当然，在大学里，一位教授几乎不可能一对一地对学生进行心理辅导。因此，只能在授课过程中，对学生的独立精神多加培育与引导。

中国大学教授面对的中国学生还有一个次要的特点，那就是年轻学子们基础性的知识扎实，但实际生活智慧还存在不足，对精神世界的美妙欣赏能力不足、对智慧快感体验能力不足。简而言之，中国学生往往看到的是知识与方法，忽略了知识后面的智慧与艺术。颇为遗憾的是，在21世纪初的中国大学里，教授授课也倾向于强调逻辑的知识和方法，忽视非逻辑的智慧和艺术。更有甚者，只会强调所谓的“知识点”。学生在学习中体会到的不是深层满足感——智慧快感，即智慧的和艺术的生命体验，而是知识的堆砌。体会不到学习本身的智慧快乐，也就无法实现“学海无涯乐作舟”。没有乐趣的学习，既违背追求幸福人生的人性本源，又可能导致年轻学子失去学习的兴趣。

（七）教授要相信自己的价值

教授要相信大学教育对于个体、对于社会具有无与伦比的价值。这样的价值，往往可以超出课堂，以出人意表的方式表现出来。不过，大学教育的价值体现在统计意义上，并不能够简单推广到某个具体个体，这是因为如前所述的大学“树人、育才”教育的主动权在年轻学子的身上、手上。一个合格的大学教授所能做的，只是不断地按照自己的意愿去努力。没有一个良方，能让一个大学教授的所有良苦用心都不白费。因此，对于那些想成为大学教授的人，笔者给出如下忠告：一个大学教授在一班学生身上的努力，可能收效甚微。比这个残酷的事实还要糟糕的是，似乎找不到一个办法确定一个班的学生值不值得努力。因此，作为社会精英的大学教授，需要对自己的人生有一个清晰的定位。如果认定教育为自己心仪的实践人生的方式，就潜心教育做下去。同时，需要做到不计后果，明白“树人”的教育事业的时间单位是十年甚至百年。只有通过一代代人的不断努力，才可能在改变国民性、改变人类对自身和世界的认识方面有所成就，进而让更多个体生活幸福，把一个社会建设得更加美好。

在一定意义上，教育永远是把希望寄托在他人身上——年轻学子和他们的后代。由此，对于那些才华横溢之士，专职于课堂教育未必是最佳选择。对于这样的风流人物，可以尝试在课堂教育之外开辟第二个实践人生的阵地。对于以科学为基础的学科——包括理工农医等，教授们不妨把自己的一部分激情和才华奉献给学术研究；至于人文社科的教授们，在做好课堂教育的同时，可以考虑把生命的热情投入艺术创作。应该指出的是，这样的机会在大学里并不罕见。如后所述，在研究型大学里，大学教授不但可以得到这样的机会，而且将被要求在完成授课任务以外从事独立的精神创造。

总结起来，一位教授活出自己的个性与精彩不能完全忽视社会环境，从事“树人”的教育事业必须与社会环境相适应，需要与学生投缘。也许，几年大学上下来，某个年轻学子会受到鼓舞、激励，从各种心理矛盾中挣脱出来，成为一位真正懂得人生幸福之人；也许，从教授那里听来的各种动人故事在大学里丝毫不见成效，但走上社会、亲身实践后，会豁然开朗。

第五章　教授的学术职业角色

教授的学术职业角色，主要是对其角色定位的思考，是接续前述阐释的教授的学术职业能力的进一步研究。教授要清晰定位自己的学术职业角色，需要区分“硬角色”与“软角色”。硬角色是教授的本体角色，软角色是教授所扮演的延伸角色。硬角色主要体现为三方面，即研究者、合作者和自主者。

第一节　作为研究者的教授

成为教授的人，支撑其当上教授的主要途径是研究，当上教授之后的主要工作或职责也是研究。即便是一般的教师，研究也是其专业生活方式，教育研究成了教师作为专业人员的一种专业生活方式①，更何况是当上了教授的教师。进行研究是教授的天然职责，是发展途径，更是必然趋势。教授要像一个教授，要具有形象和地位，离不开研究。因此，教授的主要角色是研究者。

一、对教授研究的理解

对于“什么是研究”这个问题，很难用一个统一的、固定的说法去回答它。教授的研究是自身作为研究者或参与者对相关专业学科领域的现象和规律的一种自觉的多样化的探究活动。用“研究者”和“参与者”两个词，意在使教授的研究更加普遍化，使人们能够认识到教授的研究不仅仅只是开展一些支撑人才培养需求或课堂教学需求的教育研究。“真理与其说是被‘发现’的，不如说是被创造、建构出来的。”②

---

①　叶澜，白益民，王枬，等：《教师角色与教师发展新探》，教育科学出版社，2001 年，第 26 页。

②　柳夕浪：《教师参与教育研究：理念、方式与局限》，《华东师范大学学报（教育科学版）》，2002 年第 2 期。

从教授的广义角色来进一步看教授的研究，可以结合教师的研究来理解。一般而言，教授的研究成分里含有教学学术的研究，那么教学学术的研究又是什么呢？

根据以上对研究的界定，教授所进行的教学学术研究的内涵也就明显了。作为教学学术研究的主体，教授不可能研究教育领域的所有方面，其进行研究的优势在于教授是人才培养的主要负责人，而人才培养的过程正好是检验相关学科专业理论的理想实验场所。对那些钟情于自然观察的研究者而言，教授是当之无愧的有效的实际观察者。无论从何种角度来理解教育的学术研究，教授都充满了很多的研究机会。① 由此，教授教学学术研究的含义就是教授对日常人才培养生活的一种自觉的多样化的探究活动和过程。它突出强调教授的主动参与和全身心体验，强调对人才培养活动的意义、价值、运作方式等不断解读、选择和创造。②

二、教授作为研究者的案例分析

结合案例来看，教授的研究心路历程是一种研究经验、研究教训与自我反思的集结。经过一定时间成长为教授的人，其心路历程就是自身一串串成长故事和学术故事的凝结，一个教授的观念就蕴含在整个成长过程中。

（一）一位成为教授前教龄 1~3 年的教师的心路历程

A 老师是一位有两年半教龄的青年教师，也是一位“学院派”教师。他高考后进入省属重点师范大学读本科，4 年后考研成绩还算不错，继续在这所师范大学攻读硕士学位，完成共 7 年的本科学业和硕士研究生学习后，投身一所新建地方本科师范院校教学科研的第一线。下面是对 A 老师工作一学期后的科研感悟的交流访谈。

科研——教师成长的途径

刚踏上大学教师的岗位时，我心想，让学生喜欢的关键就是教好书，教好书的前提就是做好学习和研究，尤其是做好研究性学习。在读硕士研究生期间，我对读书和研究有一定的理解和积淀，发表了 26 篇

① 高慎英：《教师成为研究者“教师专业化”问题探讨》，《教育理论与实践》，1998 年第 3 期。

② 周震：《教师在研究中成长》，浙江师范大学硕士学位论文，2005 年，第 23 页。

学术论文。刚开学一个多月，我工作的大学的科技处组织申报2009年校级科研项目。我工作的大学刚升本不到10年，学校对科研的重视督促着教师们努力做个研究者。刚好我有兴趣搞科研，读硕士研究生期间也参与过导师做的多个项目的研究，所以，尽管自己处于刚刚工作的阶段，工作经验有限，但还是第一时间开展了课题申报，填写了申报书。项目顺利被学校立项为青年项目，资助经费5000元。我心里顿时觉得，这给了我搞科研精神上的支持，这是我独立申请的第一个科研项目。接下来就是开展研究，在这期间我顺利发表了课题研究论文。在一次次科研锤炼中我真正明白——理论源于实践。也正因如此，我更加努力地钻研，找资料、发问卷……科研项目在一年后顺利结项。尽管我在科研中取得的成绩是微小的，但科研带来的成功感是美好的。我认为，开展科研工作是教师专业发展的最佳途径，教师实实在在地参加科研工作是促进教师成长的源泉。

研究动态——以工作为视角寻找主要研究问题

2008年9月开始，A老师所在的部门组织了主题式教学组和研究组，为教师的科研工作提供了良好的氛围，创造了交流学习的平台。

A老师所在的部门一共有12位老师，都是教育学和心理学专业科班出身，他们大都是全校公共课的专任教师，有的还兼当班主任。A老师就兼任一个特殊班级（少数民族预科班）的班主任，与学生接触的时间较多，对学生的了解比较深入，尤其是对学生家庭环境方面的了解比任课老师更占优势。班主任作为一所学校中“最大”的主任，需要投入大量的时间和精力了解学生、进行班级相关服务管理工作，需要以班级中的点滴作为自己研究的主题。当然，任课老师有更多的机会接触更广泛的学生。A老师便紧紧抓住这些细小的资源，以班级中的点滴作为自己研究的主题——关于少数民族学生的行为习惯、作息习惯、饮食习惯，并将其总结为三类主要的问题：学习问题、心理问题和纪律问题。这些都成了A老师研究的资源。

下面结合A老师工作1~2年的心路历程进行分析。

1. 研究背景：受益匪浅

7年的师范大学学习可能是大多数成为大学老师的人所经历的学习周期，且在读硕士研究生期间必须公开发表论文才有毕业的资格，硕士生发表论文一定程度上是辛苦的。虽然辛苦，但从中或多或少学到的教育学、心理学基础知识，以及进行的初步的科研训练，为A老师在实际教育教学中能在较短的时间内走上专业化发展道路提供了不少的帮助和后劲。与其他同龄老师相比，A老师在这方面确实有些优势，主要是以前在读硕士研究生的时候，跟随自己的导师写过一些课题申请书、发表过多篇正规学术期刊论文、写过毕业论文、参与过一些课题的研究，因而有一定的积淀。

2. 专业信念：理想但不实际

刚成为大学老师的人，内心应该是有一些激情和理想的，因为大学老师是具有较好的社会形象和较高的社会地位的一种职业。这样一种外在的光环效应或多或少会使刚走上大学教师岗位的人有理想或设想，对自己所从事的职业有规划和预期，但事实上，理想、设想或预期总是与现实生活有一定的距离。A老师认为“关键是教好书”，即教书教得好，就能成为好老师，因而，当老师是一个比较简单又相对稳定的工作，这就是A老师最初的自我发展观。而在实际工作中，A老师一开始就感到了教学与科研的双重压力，同时还要做好班主任的工作。这些工作都导致他没有更多的时间去钻研、了解学生，因而对于教学中的种种问题、现象都只能处于应付状态。这也充分说明处于关注生存阶段的年轻大学教师，适应和熟悉学校的日常工作流程、工作技巧是其关注的重点，因而很多理想与现实的冲突也显得尤为突出。

3. 研究意识：既有实践又有理论

A老师对教学实践中出现的问题是比较敏感的：以学生的学习问题、纪律问题、心理问题作为自己研究的主题。虽然学生的这些问题不是A老师的亲身实践，但是他能够细致地把学生的问题归纳提炼为这样精准的三大方面的问题，这是需要理论学习和理论思考的。A老师是一个在自己的工作中和日常学习中都挺喜欢注入理论味道的年轻老师，理论与实践相结合，A老师进行研究的动机和需要的满足能够在一定程度上激发其研究的热情与积极性，能够激励其开展更多更具有实践意义的研究。

4. 研究知识：处于边界状态

在研究知识层面上，A老师自己的感受是：“大学里学的基本上都是一些理论上的东西，与实践中自己要如何去做还存在一定的距离，要不断地摸索，听报告很多时候都大同小异，无非就是从选题讲起，一直到结题报告的书写，流程是有了，例子也有一些，但是我还是不知道怎么做研究。这方面也许真的需要有一定经验的专家进行一定的指导，再与摸索相结合才能真正理解研究是怎么做的。”可见一个年轻的新大学教师所具备的知识往往是本体性的，还缺乏一定的实践性。

5. 研究能力：从初步到扎根

A 老师认为“并不是每一件事、每一种方法都必定有理论的指导，很多时候都是老师自己在创造”，这就澄清了研究中的较多盲区，比如教师研究的“神秘观”“论文观”等，这是 A 老师思考的结果，是研究理念转变的一个关键点，也是研究能力的表现之一。没有任何一个年轻老师一开始就能得心应手地开展学术研究，一定有一个积淀的过程，这个积淀就是扎根。但是有一点可以肯定，从在师范大学读硕士研究生期间奠定的初步研究能力开始，从走上大学教师岗位之初就获得一个校级课题立项开始，一种对待科研的扎根能力已经初见端倪。

6. 影响因素：学校的重视和支持

对于老师的学术研究，虽然自己的主观意愿和实际行动很重要，但是支撑学术研究的外因氛围也很重要。从 A 老师的成长过程来看，他经过主观努力，不断地体验到科研带来的喜怒哀乐。科研的环境氛围主要取决于学校对科研的重视程度，这是一个重要的影响因素。

7. 研究途径：他为性和自为性的结合

A 老师从读本科开始，就有意识地经常去图书馆或书店看书或买书。A 老师基本上每个星期都会到书店里转悠一下，看看自己感兴趣的书，与自己模糊的兴趣点或专业点结合的有些什么新书，发现有较佳结合点的书，A 老师就会自己花钱买书。买了书后，不管是精读还是走马观花式地阅读，A 老师都会翻翻。据说，从本科到博士，A 老师自己买的书达到了 2000 册。可见，阅读是最基本的获取信息的途径，而且 A 老师阅读的书目，很多都是偏理论的。读什么样的书，也许就可以成为什么样的人。这为 A 老师在后续读硕士研究生期间能发表 26 篇论文奠定了基础，也和他在后来不久就考上博士研究生并且破格晋升为副教授和成长为教授是分不开的。

8. 研究结果：个体性和实践思考相连

研究结果是衡量教师教学研究水平的一个重要指标，教师往往选择以论文的形式来呈现自己研究的成果，而论文往往又都是非常理论、非常深奥的。A 老师所在学校对研究结果的认定却让人感到欣慰："课题顺利立项、研究过程短暂且顺利发表论文，这让我多少有点意外，这就给了我一定的动力！"

（二）一位成为教授前教龄 3~5 年的教师的心路历程

A 老师是 2008 年 6 月硕士研究生毕业后走上大学教师岗位的。他出生在一个偏僻的山村，辗转三个村庄才读完小学，在乡镇中学读完初中，到县城中学读完高中，经过努力考上省属重点师范大学，本科毕业后顺利考上硕士研究生，硕士研究生毕业后走上大学教师岗位，工作 2 年后考取博士研究生。由于 A 老师的教学生涯因就读博士研究生而暂停 3 年，为了更客观、更真实地反映研究的情况，A 老师这一时间段的心路历程成为这里关注的对象。A 老师读博士研究生的 3 年历程，在一定程度上弥补了前面 2 年工作过程中一些无法提供的素材，所以可从"发展动机"入手分析这个时间段中 A 老师成为教授之前的心路历程。

1. 发展动机：学习改变命运

A 老师在工作 2 年后，向所在大学人事处申请报考博士研究生，经过刻苦的复习、努力，最终他被录取，一段学习改变命运的历程再一次展开。

实际上，从高考之后，读书学习一直是 A 老师一个没有选择的选择，因为他已经深刻意识到，只有通过读书学习才能改变自己的命运，这种意识一直主导着 A 老师进行学习和接受各个层次的教育。在南京大学读博士研究生的 3 年，是 A 老师在学术研究上突飞猛进的 3 年，他申报的课题获得了江苏省教育厅立项支持，经过努力在核心期刊上发表论文 24 篇，获得了 2012 年教育部牵头举办的"全国博士研究生学术新人奖"（奖金 3 万元），获得了研究生国家奖学金（奖金 3 万元），获得了南京大学"优秀研究生"称号，参加了多次全国性和国际性的学术研讨会议，结识了新的师友等，进一步体验着学术研究带来的成就感和幸福感。经过自身的刻苦努力，A 老师在 2013 年顺利毕业之前获得了教育部人文社科一般项目的立项，他带着教育部的社科项目于博士研究生毕业后返回之前工作的大学继续工作，并于2014年以课题为基础顺利把博士论文提交人民出版社公开出版，接着凭借自己努力研究取得的成果——1本专著、42篇论文（包括28篇核心期刊论文）破格晋升副教授。

2. 研究背景：不满足于现状

博士研究生毕业回校后，A老师更注重的是怎样把教学进一步提高，而不仅仅满足于“会教”的状态。A老师工作与读博这几年来，他抓住了多种机会，在学术研讨会上主讲交流、开公开课都足以说明A老师的努力没有白费。破格晋升副教授之后，A老师的主要工作是参与并负责开展教师培训和教研评估。他连续3年给每一年的新教师主讲某一个方面的培训课程，同时给几个二级学院的本科生授课，包括人力资源管理、基础教育专题、消费者心理学等课程。在做好这些工作的同时，A老师于2016年元旦被学校提拔到一个二级学院当副院长，协助二级学院分管科研和教学方面的工作，既要做好行政管理工作，又要做好教学科研工作。即便如此，A老师每年都在积极地思考参与申报各级各层次的科研项目。在教育部人文社科项目和取得的一些科研成果的基础上，A老师于2017年申报全国教育科学规划一般项目并获得立项资助。这些工作都说明了A老师不管是在教学上，还是在科研上，都是一个不满足于现状的老师，他一直在找寻更有力的前进道路。

3. 专业信念：现实与知性结合

A老师的专业信念转变是非常明显的，从他走上大学教师岗位到考取博士研究生，前2年的工作经历让他在第一时间就能很好地转换和适应角色，并在与学校相关工作的接触中逐渐融入这个角色，慢慢地更喜欢大学教师这个职业，从喜欢到无悔，辛苦而充实地度过了博士研究生的3年；从获得教育部课题到国家课题，这又是一次更深刻的专业信念的坚定，这种坚定是发自A老师内心的，是在实际历程中获得的。从A老师不经意的言语中我们体会到作为一位老师不能只关注自己的教学和研究，更重要的是要把更多的关注给学生。A老师不是纸上谈兵式的“要做好老师”，而是实践式的“要做好老师”，他在一次次的感动中更加坚定了这个信念。

4. 研究意识：清晰明朗化

A 老师已经博士毕业，且读博士研究生期间还小有成就，因此他对于研究意识、研究能力等方面的一些感受就很鲜明。从 A 老师这 5 年的历程与积淀来看，他的研究意识是清晰明朗的，能顺利博士毕业、能获得全国首届博士研究生学术新人奖、能顺利获得省级科研项目和教育部人文社科项目的立项就是最好的证明。

5. 研究知识：熟练于思考和人才培养

A 老师认为："人的大脑不会自动分泌思想、不会自动分泌知识，必须多读、多思、多写。除此之外，别无他法。而且学习其他课程也不能直接就帮助提升我们的研究能力，只有自己在课余时间利用大量的精力去自学并研究。"以此为基础，A 老师取得了一些研究成果——有关于大学管理的，有关于大学校长的，有关于大学教师的，还有关于大学生的，通过 A 老师的研究成果可以看出他扎实的研究功底。他多采用调查法和历史研究法来研究问题，这种思路、这种研究的设想足以说明 A 老师的研究知识不仅是理论性的，更是具有实践逻辑性的。

6. 研究能力：创新与反思结合

A 老师的研究成果是其研究能力的集中反映，体现了他严密的思考和分析能力。能在课程教学中熟练运用一些简单而有效的研究方法，充分展现了 A 老师对自己所思考问题的了解程度，以及对教学和研究的了然于胸。A 老师能根据实际情况不断调整自己的研究，灵活应对各种突发的问题，这是他比较擅长的，也说明经过多年研究的磨炼，他的研究能力越来越成熟，在正确理解研究的基础上又上了一个台阶。

7. 影响因素：从外在转向内在

A 老师现在研究的是高等教育、教师教育、校长学。他觉得影响其研究的最主要因素是"自己的学术关怀和理念，工作中需要教师出成绩，这个成绩是多种多样的，但学校一般都默认那么几种，要么是论文，要么是课程"。当然，A 老师觉得影响因素还有很多，譬如学校环境、相关平台、团队等，但是从他的言谈中可以看出，他很注意自身因素对研究的影响。A 老师更关注的是自己如何从兴趣出发去寻找研究点，同时又能结合学校的要求来做，但是这两者之间是有较大的差异的。在影响因素的认定上，A 老师已经从外在影响因素转移到内在影响因素，从自身出发去找原因，这又是一个进步。

8. 研究途径：逐渐与教学紧密联系

成为副教授后，A 老师结合几年来的教学经验和研究经验，形成了一些想法，他认为要想使教学有趣、有料，需要把自己的研究逐渐与课程教学结合起来。A 老师的研究在向教学转变的过程中很明显的一个特点是——他会在上课前花很多时间专门写一本或编一本所上课程的讲义。在 A 老师看来，在经历了纯粹学术研究后，要想上好课，此时的研究不能再像读硕士研究生和博士研究生那样写长篇大论了，研究途径一定不能与自身的课程教学相脱节。只有做这样的转变，自己才能在这个过程中有所收获。

9. 研究行为和策略：以研究价值、意义为导向

在谈到对近 5 年研究和教学的感受时，A 老师认为，一定要从自己的学术研究中获得乐趣、获得陶醉感、获得幸福感，这样才能使研究更有价值、更有意义。

（三）一位成为教授前教龄 6~10 年的教师的心路历程

由前述已知，A 老师已经是一位具有 5 年教龄的大学老师了，获得了博士学位，具有了副教授职称，同时还写了 4 本专业学术著作，发表了数十篇学术论文，2016 年 1 月开始担任所在大学一个二级学院的副院长，主要分管科研工作。下面是 A 老师在工作 6~10 年这个时间段的研究历程。

1. 研究背景：夯实与坚持

A 老师踏入学校的第一年，学校领导就给予他一个良好的机会——借调到教育部工作。借调时间虽然不长，但让 A 老师比其他老师更先接触了北京某些师友和被借调到教育部工作的全国各地大学的师友，让他明白了这是一种进一步深造学习的启发、一种机遇。正是在这样的基础上，A 老师在学术研究的道路上越走越稳。

2. 专业信念：乐观且实效

“教中研，研中教。”这是 A 老师对研究的一种乐观的理解。刚刚走上大学教师岗位就获得了一次到教育部工作的机会，得以接触北京各高校的同行，他们一起工作、一起吃饭、一起聊天。经过几个月的交流与接触，A 老师的科研意识进一步被激发，且日益清晰，并坚定了专业科

研信念——做一位知识渊博的大学教师。这个信念让他投身科研，激励他不断地去探索、研究。在北京期间，A 老师经常利用周末休息的时间去北京大学附近的书店、北京中关村书城、北京师范大学附近的书店等搜集自己感兴趣的书，进一步促进了他的教学研究。他带着这样的信念走了 10 年。

3. 研究意识：自觉、成熟、新颖

A 老师破格晋升副教授和成为二级学院的副院长后，虽然日常事务繁忙，但他仍然坚持思考、学习、写论文、申报课题、进行调研、参加学术研讨会。这是一种自觉的、成熟的研究，且通过研究成果展现出来的是一种新颖的研究。

4. 研究知识：统整于理论加实践

A 老师多年的研究经验和教学经验使他所拥有的研究知识不是停留于表面的，而是深入的、整体的。A 老师深知研究资源在学术研究中的重要性，为了充分有效地利用各种研究资源，他利用各种非工作时间充实自己。很多研究上的闪光点都是在充实自己的时候获得的，他把这些闪光点记录下来，结合自己的研究兴趣和工作实践开展研究。

5. 研究能力：综合贯通

A 老师担任二级学院分管科研工作的副院长的职务，从职务本身就可以看出一定范围的教师对他在研究能力上的肯定。从他的教育部课题和国家社科课题，到他主笔的创新团队申报并获得立项的科研工作，很容易发现 A 老师的科研工作重点是“主题式研究”“项目式研究”，而且他开展了一系列研究活动，这对于其他教师而言具有一定的激励作用。

6. 影响因素：聚焦于研究本身

有了一定的研究积淀后，影响研究的因素中，或者说影响研究质量的因素中，能否聚焦于研究本身是一个关键因素，即能否把握好研究本身的问题是不是“真问题”① 和“好问题”②。

---

① 什么是真问题？可以从六个方面来判断：一、真问题有清晰的问题意识；二、真问题能产生现实影响；三、真问题是关乎外在和自己的现实问题；四、真问题是能产生拓荒效应的问题；五、真问题是容易受到外在力量形塑的问题；六、真问题是能提升研究者内在人格资源的问题。

② 什么是好问题？可以从三个方面来判断：一、好问题是具有理论意义的问题；二、好问题是具有理论边界特征的问题；三、好问题是能产生理论性思考的问题。

7. 研究途径：个体式加团队化

“个体+团队”的研究为教师开展合作研究提供了一个平台。A老师多年的研究经验使他认识到，单打独斗式的教师个体研究是无法满足现有改革的需要的，而且个体研究很大程度上依赖教师自身的研究素养，而很多一线教师是无法达到专业学者的研究造诣的，因此研究效果差强人意，对教师的发展也有很多不利。在这种认识下，A老师于2015年提出了基于主题式研究的设想，打造了“个体+团队”的研究项目，并且与外校开展合作研究，即工作所在的地方师范院校与省属重点师范大学基于某个主题展开合作。另外，2014—2016年，A老师打造了一个主题式研究团队——由4人组成，A老师是主题研究组组长，其余3人分工推进，分工明确、经费明确、任务明确，快速高效地基于主题完成了研究任务，并将研究成果公开出版。

8. 研究行为和策略：专业化

专业化，是一切高水平研究和高质量研究的归宿。在这个阶段，A老师或多或少已经有了专业化的味道。这充分说明，A老师的研究对其科研积极性的调动起到了很大的作用，因此它是一个较为成功的研究策略。

9. 研究结果：快速化、统一化

从研究结果的呈现来看，按照主题研究组组长设计提出的研究提纲，每一个参与研究的人基本上都能够提前完成研究任务，这是快速化的表现。事前的主题设计在逻辑上是统一的，因此成果便能达到统一化，每个人拿出的研究成果不会偏离主题。

（四）一位在教龄达到10年之后成为教授的教师的心路历程

A老师在经历前述10年的成长后，于工作的第11年，即2019年顺利评上教授。在评上教授之前的这10年中，从本科到硕士、从硕士到博士，从发表第1篇论文到发表第106篇论文，从参与课题到获得国家社科项目课题，从获得省级研究成果奖到获得“科研先进个人”奖等，一路上都彰显了“研究”的成就感和幸福感。下面就以A老师成为教授之后的经历作为样本，从9个方面再一次分析A老师的成长过程。

1. 研究背景：梅花香自苦寒来

前述已说，A老师出生在偏远山区一个普通的农民家庭，清苦的生活孕育了坚韧的个性。从小清苦的物质生活和贫乏的精神生活让他从内心深处坚定了一个信念——必须考上大学。这样的信念奠定了他后来走学术之路的基础，他于37岁评上教授。

2. 专业信念：激情与执着

在和A老师的交流中得知，A老师信奉这样一句话："爱书人不坏。"这句话真实地反映了他对书本的热爱，对读书的感情，他给自己的定位是一个读书人。是的，读书，是教师专业中应该有的一份热爱，是教师这份职业中理当有的对教学工作的一种执着的体现，是教师对自身发展的一种要求。正是在这样的信念下，不算坦途的读书之路没有磨灭A老师读书的愿望，没有击垮A老师对自身发展的信心。可以看到，正确的信念是他发展的稳定动力，也是他发展的必要准备。只要有追求，并将追求内化为信念，才能真正发生质的蜕变。

3. 研究意识：持续而强烈

A老师在评上教授后，并没有产生可以歇一歇的想法，而是继续不断地前进。

4. 研究知识：实践与理论的升华

研究知识的习得不是一朝一夕的事，尤其是走上学术职业这条道路，要想走得好，必须有坚定的学术信念和学术追求，必须有专业精神，这些都在一定程度上奠定了A老师的学术功底。从2006年到2019年，每年至少发表2篇学术论文，出版6部专著，论文与专著的字数加起来近300万字。这体现了一位从事学术职业的教授所蕴含的深厚内在知识。

5. 研究能力：自我超越

A老师的研究能力有目共睹，其所发表的论文有一半以上被核心期刊收录，所出版的6本书都是学术专著，所主持的课题实现了从校级课题到教育部课题再到国家级课题的飞跃，课堂教学受到学生喜爱，这些都是基于A老师卓越的研究能力。A老师就是这样一步步让自己的研究走向成熟。

6. 影响因素：直指教师自己

从事学术研究的人到一定时候和一定阶段，其实都是具有了个体风格的。风格是智者的最高德行，风格是专家独享的特权，风格永远是专业化学习的结果，是专门化研究对文化做出的特有的贡献。因此，影响研究的主要因素就是研究者自己。

7. 研究途径：充实于书本、扎根于课堂

A 老师研究的途径可以归结为充实于书本、扎根于课堂。从 A 老师的经历中可以看到，任何一个想法的提出、任何一种研究思路的形成都离不开扎实的基本功。对于 A 老师来说，每读一本书都会给自己增添新的想法与认识，都会启发自己结合工作和职业写出一篇论文，并且能把相关的研究成果与课堂教学结合起来。

8. 研究行为和策略：思考与尝试结合

成为教授之前与之后，A 老师都秉持“两条腿走路”——思考与尝试——的原则。思考理论、思考现象、思考问题、思考大学、思考校长、思考学生、思考教师，并且持续性地把这些思考结合人才培养和自己的课堂教学进行实践。设想通过适合自己的研究体系进行整合和创造，这是他面对问题不断思考的结果。从思考如何对学校整体进行研究到思考具体课堂中如何建构一个教学体系，这是思考的细微化。同时，注意结合对理论的阅读，A 老师的研究成果理论性偏强，这是吻合当前教育研究的趋势的。

9. 研究结果：作品化

“一个好教师不全是靠培训成长起来的，更不是靠检查、评比造就的。教师很苦很累……教师自由发展的空间，已被剥夺殆尽——整天忙着读人家的‘书’，自己的‘书’却没有读。这种过重的外在负担将导致‘肤浅后遗症’。因此与其忙忙碌碌，不如围绕自己的特色钻研下去，深化，细化，创造属于自己的心灵财富。”① 恰恰是在这种理念下，A 老师不断用不同的研究成果来对自己的实践进行总结、进而反思，产生了很多值得一读的作品。

三、模型建构

（一）对教授作为研究者心路历程的汇总分析

教授是一个研究者，成为教授前或后都是一个研究者。上述 A 老师的心路历程充分展现了研究对于教授个人成长的必要性。现将 A 老师的

① 周震：《教师在研究中成长——基于“研究”的教师发展模型研究》，浙江师范大学硕士学位论文，2005 年，第 80 页。

心路历程概括如下（见表 5-1）。

表 5-1　教授作为研究者的心路历程汇总

领域	分析项目	教龄 1~2 年	教龄 3~5 年	教龄 6~10 年	教龄 10 年以上
个人领域	研究背景	受益匪浅	不满足于现状	夯实与坚持	梅花香自苦寒来
	专业信念	理想但不实际	现实与知性结合	乐观且实效	激情与执着
	研究意识	既有实践又有理论	清晰明朗化	自觉、成熟、新颖	持续而强烈
	研究知识	处于边界状态	熟练于思考和人才培养	统整于理论加实践	实践与理论的升华
	研究能力	从初步到扎根	创新与反思结合	综合贯通	自我超越
外在领域	影响因素	学校的重视和支持	从外在转向内在	聚焦于研究本身	直指教师自己
实践领域	研究途径	他为性和自为性的结合	逐渐与教学紧密联系	个体式加团队化	充实于书本、扎根于课堂
	研究行为和策略	基础性	以研究价值、意义为导向	专业化	思考与尝试结合
结果领域	研究结果	个体性和实践思考相连	现实性	快速化、统一化	作品化

从表 5-1 中能够清晰地看到教授成长的螺旋式渐进过程。

从一个具体的研究过程来看，教授成长过程中的研究始终贯穿着“探究、行为展现、反思”，所具有的研究意识促使 A 老师去观察身边的事件，从观察中发现问题，借助理论不断地反思这些问题，寻找问题的症结，然后对症下药，又重新回到实践中去找寻解决的办法。

（二）基于“研究”的教授发展一般模型

该模型由五部分组成：研究的循环过程代表教授在研究过程中在各个方面不同的变化，具有微观性；研究的成长过程代表教授在研究中成长的曲折变化过程，具有宏观性；专业发展调控机制是作为研究者的教授在研究过程中个体外在和内在的一些调控机制，是维持研究的一个微观监控过程；发展阶段是以作为研究者的教授从从教第一天开始到从教最后一天的教学生涯为基础，根据不同阶段的不同特点进行划分的，它用以说明在不同发展阶段教授在研究中成长的阶段性特点；支持系统是作为研究者的教授在研究中成长的一个外在保障体系，是保证和维持研究顺利开展的一个有效激励机制。①

研究的循环过程和研究的成长过程之间的关系如下：研究的循环过程体现作为研究者的教授在研究中成长的微观变化，是整个模型的基础部分；研究的成长过程是在作为研究者的教授在研究的循环过程基础上的一个成长脉络，这两者之间是交互的关系。

四、实施策略

针对教授在研究中成长的特殊意义，结合前面对 A 老师成长心路历程的框架性分析，这里从横向和纵向两个维度来说明具体的教授作为研究者的策略。

（一）横向实施策略

1. 丰富研究背景

教授自身素养的提高有赖于不断地学习。中国的老话一针见血地指出了不断学习的真谛："书山有路勤为径，学海无涯苦作舟。"作为研究者的教授只有勤于学习，研究才能得心应手。

2. 巩固专业信念与专业意识

教授的专业信念与专业意识是在学术研究的循环往复中互相渗透和互相强化的。只有在正确的专业信念和专业意识的基础上所进行的研究才能有依托，才能使教学真正为教师自身的发展服务。

3. 积累各类研究的知识

作为研究者的教授开展各种类型的研究时必须掌握相应的研究知识，知识面、学科面越宽，对研究越有利。作为研究者的教授只有从最基础的做起，才能从茫然和尴尬中解脱出来。

4. 锻炼自身的研究能力

研究能力并非看几本理论图书、听几场专家讲座就能得到锻炼，研究能力的形成关键是靠自身的努力与勤奋。同时，还要有研究的场所及对象。要敢于研究一切可以研究的对象，包括政府部门、校长、教师和学生等。教授要把所积累的研究知识转化为研究行动，在不断的行动中积累丰富的经验，只有这样，能力才能得到展现与提高。

---

① 周震：《教师在研究中成长——基于"研究"的教师发展模型研究》，浙江师范大学硕士学位论文，2005 年，第 85-86 页。

5. 采纳各种类型的研究方法

研究方法有很多种，每个有志从事研究的人都有自己擅长的方面，因此对研究方法的选择必定存在差异性。但是，就研究的全面性或者客观性而言，因为任何一种研究方法都存在自身的缺陷，如果拘泥于几种研究方法，研究结果的真实客观性肯定会遭到质疑。据此，在综合把握研究方法的同时，应对研究方法的运用进行整体考虑，充分利用周边资源，使研究方法从单一走向多元，使参与研究的人员从个人走向团队。

6. 实施递进性研究行为与策略

研究行为与策略的选择与诸多因素有关，有志成为教授的人在不同发展阶段对同一研究内容会采取不同的研究行为与策略。因此，不能强求还未成为教授的人与成为教授的人的行为与策略是完全一致的，要尊重和理解所采取的各种研究行为与策略，要鼓励采取递进性的研究行为与策略。譬如在研究内容的选择上，还未成为教授的人比较适合对基础性教学内容展开研究，中青年教师则比较适合对具有挑战性或者实践研究价值较高的课题进行研究，有专业特长的中年教师可选择相对专业的内容进行研究，等等。研究是一个迂回的过程，正如前面模型中所勾勒出的“混沌—实践—理论—实践—提高—成熟”的过程，研究行为与策略也体现着这种迂回式的递进。

7. 完善与整合研究成果

要想成为教授不是一件容易的事情，要有一个持续性和连贯性的规划，并且能够一以贯之地执行并推进研究进程，要取得一系列的成果来奠定作为教授的资本，尤其是获得学术共同体认同的成果。因此，要在不同的阶段完善与整合自己的研究成果。在不同的阶段要习惯性地做一些记录、反思和研究，要善于发现身边所发生的每一个教育故事，在教学和与他人的交流中整合自己的教育理念，一旦达到一定程度的积累，就将获得质的提高，这是研究的最终目标——让每一位有志成为教授的教师在研究中发现、在研究中成长。

（二）纵向实施策略

第一，结合自身发展的不同阶段制订合理的研究计划；第二，对一个阶段内的研究进行反思总结；第三，对研究中的盲点进行重点分析。

总之，在大学，不进则退的力量是巨大的①。教授，不管是成为教授之前还是之后，不进则退的力量都在其身上有着鲜明的体现。要想“进”，只有把自己变成一名真正的“研究者”。

第二节　作为合作者的教授

教书育人是教师的第一天职，更是教授的第一天职。教授是履行教书育人职责的最高水平的教师队伍。在很大程度上，教授是作为独立个体进行教学的，具有“专业个人主义”的特点。教授在教书育人环境中接触最频繁的两类人就是学生与同事。教授需要在与学生和同事的合作中履行教授职责，教授的重要角色是合作者。

一、合作与教学合作

对于什么是合作，国内外的许多心理学家、社会学家都进行了阐述。《心理学大辞典》中指出：“合作是为了共同的目标而由两个以上的个体共同完成某一行为，是个体间协调作用的最高水平的行为。”② 合作是为了共同利益而愿意和别人结合在一起，以共同达到目标的行为或态度、情感。合作是个体为了实现共同的目标而表现出来的协同行为。当相互交往的个体共享一个共同的目标，并且取得了一个共同的达到目标的途径时，合作行为才会出现。③ 尽管前述关于合作概念的表述有所不同，但从一些共同内容中可以总结出关于合作的基本内涵。

教师教学合作，就是在原有分科教学的基础上，通过不同层面和不同形式的合作，将各学科间有逻辑和自然联系的或者重合交叉的内容进行合理的组织调整或合理延伸，使它们能够相互补充、相互促进，从而形成合理的系统结构，发挥最大的整体功能，并由多个教师合作完成教学任务。在教师教学合作中，教授理当起到带头作用。教授是教师队伍中整体水平最高的一群人，在人才培养中理当更好地履行合作者的职责，从而在教师教学合作中起到表率作用。

---

① ［美］亨利·罗索夫斯基：《美国校园文化：学生·教授·管理》，谢宗仙，周灵芝，马宝兰译，山东人民出版社，1996 年，第 135 页。

② 朱智贤：《心理学大辞典》，北京师范大学出版社，1989 年，第 265 页。

③ 庞丽娟，陈琴：《论儿童合作》，《教育研究与实验》，2002 年第 1 期。

二、教书育人合作的历史与现状

（一）国外的经验

1. 协同教学

协同教学起源于20世纪中期，是比较受欢迎的一种教学方式。协同教学是指由两个以上的教师和教学助理人员分工合作，共同策划及执行教学活动的一种教学形态。协同教学是由两个以上专长不同的教师，或教师与若干助理人员，共同组成一个教学团队，在一个或几个学科中教学的方式。① 即先由小组共同拟订教学计划，再由教师依据教学计划、各自专长，应用不同的教学媒体、设备与器材或情境的安排，经由各种不同的教学合作方式，进行大规模教学活动，最后由小组成员共同评定学生的表现，并实施教师间的交互评鉴的教学模式。可见，协同教学的主要目的是要突破一位教师独自在班级内对一群学习者进行教学的形态，以获得团队协作的精神、分工合作的专业对话、弹性多元的教学模式、系统整合的教学资源。

2. 教学导师

教学导师的概念兴起于20世纪60年代的美国，并在80年代蓬勃发展。它是指由学校资深优良教师针对有需求的教师提供一套有系统、有计划的协助支持的体系安排。一般认为，在学校中设置教学导师可以提高教师的专业水平，并促使素质优良的学生愿意投入教职的工作。教学导师经过遴选产生，被赋予比一般教师更高的职务，相对地负担和责任也加重。概言之，教学导师制度是为了实现教师专业化发展的目的，把教师分级后由教学经验相对丰富的教师来导引一般教师发展的一种制度。

3. 同伴教练

同伴，顾名思义，即伙伴，伙伴在一起共事（共读、共教、共学），目的是提高学生的学习成效、达成教学目标。在同伴教练模式里，教师同伴应在一起工作，最简单的伙伴关系是，教师和另一班的同事（如隔壁班的教师）形成伙伴。“较正式的伙伴关系则有：资浅教师和资深教师的伙伴，或者实习教师和实习辅导教师的伙伴。透过这种伙伴关系，

---

① 黄正夫：《教师专业合作的模式及策略研究》，四川师范大学硕士学位论文，2005年，第23页。

教师们形成合作的、团队的情谊，共同计划教学，相互观察、讨论，并彼此回馈，彼此开放，愿意被质疑，并且检讨或改变自己的教学策略。”① 同伴教练模式里，教师成长的手段是共同阅读与讨论、示范教学，特别是系统性的教室观察与反馈。同伴教练的最终目标是增进教学成效，即提高教师的教学质量，以及促进学生德、智、体等方面全面发展。

4. 同伴指导

同伴指导又称为协同专业发展，是指两个或两个以上的教师为专业发展的需要而在一起工作，并通过对彼此课堂教学的观察、课后的回馈及讨论，分享专业上的心得的一种历程②。在这一历程中，教师之间可以分享教学方法，彼此激励、传承经验、改进教学。

（二）国内的实践

在国内，“从上世纪 90 年代初开始引进美国等西方国家的合作学习理论，在浙江、河南等地进行初步尝试与研究，继之在一些省市的个别学校进行了一系列探索，其中较为著名的有杭州大学教育系的‘个性化教育的探索’，山东教科所的‘合作教学研究与实验’，湖南师范大学教育系的‘协同教学试验’，北京师范大学教育系的‘少年儿童主体性发展实验’”③。但是目前我国教授之间开展的教学合作研究主要是强调教学过程中教师与学生以及学生与学生之间的合作，这恰恰是我国教学理论和实践工作者目前少有探讨的一个问题。

（三）现状调查

在履行育人职责的过程中，教授合作的载体业已存在，比如教研组、课题组等，但是教授个人对合作的看法、合作对教授教学的影响等方面的情况还不甚清楚，为此我们对某师范学院的 78 名教授进行了调查和访谈，结果显示如下。

1. 对教学合作氛围的看法

在“您的教学风格是以合作型为主吗”问题中，有 88.6%的教授选

---

① 史宝中，柳治仁，马江：《积极倡导学习型团队　提高教师专业化水平》，《继续教育研究》，2003 年第 5 期。

② 李亮：《新建本科院校青年教师培养研究与实践》，《亚太教育》，2016 年第 18 期。

③ 罗忠秀：《合作与合作学习》，《四川教育学院学报》，2003 年第 12 期。

择“不是”；在“您认为学校的民主气氛怎么样”问题中，有74.2%的教授选择“不浓”；在“您对教学合作情况的评价是什么”问题中，有90.1%的教授认为“很差”。可见，教授对学校教学合作氛围的感受是不满意的。

2. 合作的意愿

在“您认为做好工作的最主要因素是什么”问题中，只有30.5%的教授选择“团结协作”；在“您觉得有必要与其他教师交流教育教学经验与学生管理方面的信息吗”问题中，有32.3%的教授认为“很有必要”，有42.1%的教授认为“有些必要”，有25.6%的教授认为“没有必要”。合作意愿还表现在是否愿意指导与帮助其他教师和是否愿意接受其他教师的指导与帮助。其中，在教育教学中是否希望得到其他教师的指导与帮助方面，表示“非常希望”的只占37.6%；在教育教学中是否希望指导与帮助其他教师方面，52.1%的教授表示“非常希望”，21.2%的教授表示“有些希望”，26.7%的教授表示“不希望”。可见，教授对合作的必要性有一定认识，但合作的意愿还不是非常强烈。

3. 对教学合作的看法

在回答“对教师合作您的看法是什么”问题时，有68.2%的教授认为教师合作是教学任务切割后的机械拼凑；在回答“您对集体备课等等这些教师间的教学合作是怎么看的”问题时，65.2%的教授认为教师间的教学合作与交流可以使教师的教学水平得到很大的提高，32.4%的教授认为教师间的教学合作与交流对教学不会产生什么影响，只有2.4%的教授认为教师的教学是一种个体性劳动，无须采用合作的形式。可见，教授对教学合作的理解还仅仅停留于一些客观上的合作形式，但对合作必要性的认识还是比较一致的，并且能够认识教学合作对教师的积极影响。

4. 对课程与教学的认识

在合作中，教授对课程与教学的理解影响着其合作行为。将课程理解为“教科书”的占5.6%，将课程理解为“所有的教学材料”的占12.5%，将课程理解为“有计划地安排学生学习机会的过程”的占68.1%，将课程理解为“由专家编导的教材”的占5.2%，将课程理解为“课程表上规定的教学科目”的占8.6%。可见，大部分教授认为，课程是有计划地安排学生学习机会的过程。这表明大部分教授不再把课程狭隘地理解为教科书或教学科目。对于“什么是好的教学”，教授也基本上改变了单纯讲授教材内容的传统做法（见表5-2）。

表5-2 教授对“什么是好的教学”的理解

选项	忠实地讲授教材内容	对教材进行调整或在教材内容之外补充一些知识	只要能实现课程目标，可根据具体情境对教材进行重新解释或自行编制教材
百分比	8.6%	41.2%	50.2%

这表明教授对课程与教学的理解发生了一定的转变，具备了一定的教学合作的思想基础。

5. 教授提高自身教学水平的愿望

在“您认为您的教育教学水平有提高的必要吗”问题上，有85.7%的教授认为“很有必要”，9.5%的教授认为“有些必要”，而少有认为“没有必要”的。可见，教授在自身培养提高的途径上的需求是多方面的，而通过自身的教育教学实践及其他教师的帮助是其中一个方面。

三、合作的内容与方法

（一）合作的层面

1. 学科内合作

学科内合作是同一学科的同一年级或不同年级的教授之间的教学合作，它可以促使教授互相学习，共同提高，产生新的思想，使观念更加科学，产生“1+1>2”的效果。

2. 学科间合作

学科间合作就是“跨学科合作”。通过不同学科之间的合作，进一步加强对各学科教材内容的共同分析研究，有机整合其他学科中的相关知识，利用、借鉴其他学科的相关知识和教学方法，实现课程内容的有机整合，教育观念、方式方法的融会贯通，促进学生综合素质和能力的提高。①

3. 课题合作

课题合作是指教授以课题为载体，联合不同学科、不同年级、不同身份的教师共同研究教育实践问题，从找问题到解决问题的过程就是其

① 傅建明：《基于“教学合作”的教师专业成长》，《教育科学研究》，2009年第3期。

合作的过程，目的在于使参与课题的每一位教师都能从这一合作过程中慢慢加强对教学的反思，从而改进教学，进而促进教师自身的成长。①

（二）合作的形式

1. 主授式

这种模式是在对所有合作学科的知识进行整合后，由所有合作学科的教授集体备课，确定教学目标，设计教学方案，最后由一名教授承担所有合作学科的教学任务。②

2. 系列式

这种模式较适合围绕一定主题进行教学合作。它是由几位教授分别承担同一主题不同板块的教学任务，即在不同的学科间建立联系，在相关知识构成的总体框架下，将各科相关知识重新组织和编排，以形成新的系列，并在间断或连续的时间内轮流执教的教学合作模式。这种模式既有助于各科知识的融合，又注意到每个知识点内在的联系和发展。

（三）合作的过程

过程是核心，教授如何进行合作就体现在过程之中，下面从教学合作的心理机制、资源分配及具体教学合作过程来说明教授是如何实现合作的。教授教学合作的心理机制主要包括倾听、交流、协作、分享和整合。教授教学合作中的资源分配主要包括人力资源的分配和物质资源的分享。人力资源的分配主要是就合作中人员与人员之间的组合问题而言，组合的原则可以是多样化的，但是组合的目的是统一的，都是为了使合作更好地发挥作用。每一位教授的特色都要相互弥补、相互衬托，才能使个体在团队中找到自己的位置，从而有利于教学合作的真正实现。物质资源的分享主要是就学校设施的一些共同利用问题而言，也就是说一些必要的场所、设施要充分利用，每一位教授自己拥有的诸多材料要共享，并且利用网络来使学生与教师的沟通更密切，使教师与教师的沟通更无障碍。教学的具体合作过程是基于教学的一般过程中的各个环节实现的，并通过学习型组织氛围的创设、知识共享机制的建立、激励与评价机制的建立来提供支持与保障（见图 5-1）。

---

① 傅建明：《基于“教学合作”的教师专业成长》，《教育科学研究》，2009 年第 3 期。

② 傅建明：《基于“教学合作”的教师专业成长》，《教育科学研究》，2009 年第 3 期。

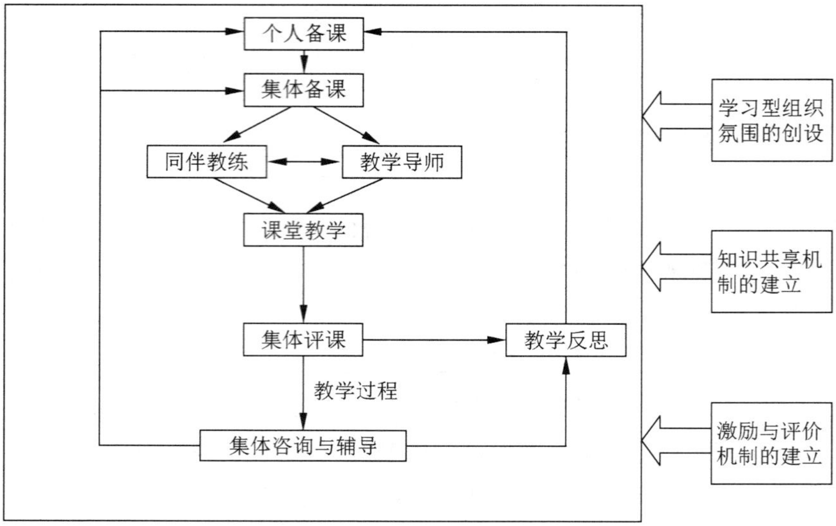

图 5-1　教学合作的具体过程

四、案例与分享

一位大学教授的合作感悟

B 教授在某师范学院教师教育学院连续多年给学前教育学专业的本科生上“学前教育学”课程，与另一个不是教授职称的年轻教师合作进行教学。

（一）拼盘式合作

合作内容确定后，B 教授的合作伙伴开始备课，确定具体的教学目标，包括：了解学前教育学的知识；欣赏“学前教育学经典案例”，感受学前教育的魅力；能从几个方面介绍与学前教育有关的著名人物；能用学前教育学的相关知识准备制作一堂学前教育的课程。

（二）合作感悟

各学科间存在很多相关的知识点，重组这些知识点，打破学科体系和学科界限，遵循学科融合的思路开展合作，不仅避免了各科重复教学，减轻了课业负担，开阔了学生的视野，克服了学科间的割裂状态，培养了学生对事物的整体认识能力与思维能力，促进了学生智能的迁移，而且使教师提高了对教材的整体把握能力，以及将各学科进行融合的技术。更重要的是，让教师们明白了教学合作的重要性，掌握了相关的组织技巧，大大地增强了教师的合作意识与合作能力，使教师在与同事们的智慧碰撞中不断提升教学知识整合技能。

五、模型与策略

（一）教授教学合作的模型

在教学合作的实践过程中，根据学校的实际情况及教师教学合作后的思考，建立教师教学合作的一般模型（见图 5-2）。

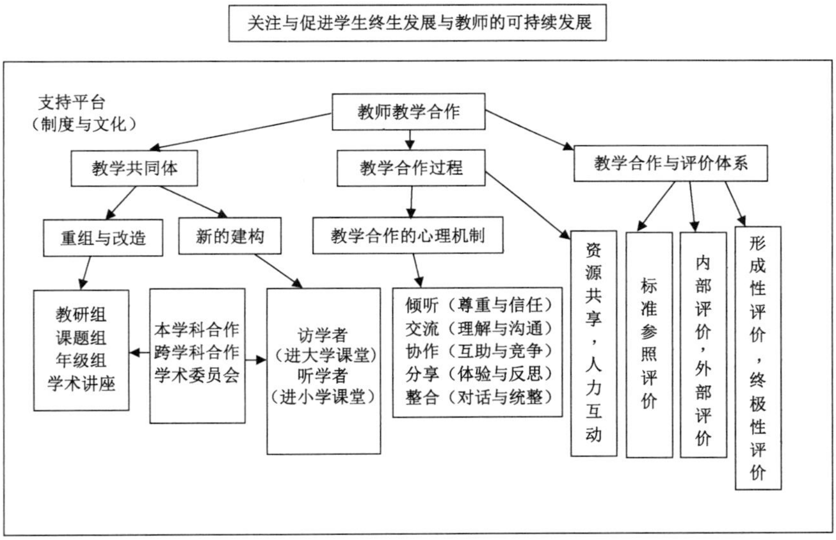

图 5-2　教师教学合作的一般模型

（二）强化教授教学合作的策略

1. 强化教学合作的自觉意识

著名现代化问题专家阿列克谢·英格尔斯认为，“如果一个国家及其人民缺乏一种能赋予这些制度以真实生命力的广泛的现代心理基础，如果执行和运用这些现代制度的人自身还没有从心理、思想、态度和行为上都经历一个向现代化的转变，那么，失败和畸形发展的悲剧结局就不可避免”①。可见，教授的学科教学合作首先要从观念着手。

① 戴木才，尚泽伟：《全面建设社会主义现代化与实现人的现代化》，《理论视野》，2019 年第 12 期。

2. 帮助教授提高自我认识，完善人格

一个人是否愿与他人合作，取决于他是否有良好的自我认识及对他人的认识。自我认识是个体对自己与他人、与周围世界的关系的认识，有正确自我认识的教授能恰当地评价并接受自己和他人，能更好地掌握自己的命运。教授通过正确认识自己和他人可以对自己的行为做出相应的调整，并因此形成良好的情绪和意志力。能正确认识自我的人，不仅能在独立劳动过程中顺利完成自己的任务，而且善于吸取别人的长处，与人合作，以达到最好的效果。① 能正确认识自我的教授更不例外，其教学中处处有闪光点，但他不会满足于此，他会更用心教学，博取百家之长，使自己的教育教学日趋完善，也会将自己的教学经验与他人分享。

3. 帮助教授认识合作的好处，树立“双赢”思维

改变一些教授对于人与人之间的关系“非赢即输”的思维定式。教授更需要明白，应在试图满足自己需求的同时，主动考虑其他人的需要，肯定其他人的能力、贡献，主动关心、帮助其他教师。

4. 强化教授的全局观念

要增强关心集体、爱护集体的意识，每个教授都要自觉遵守学校的现行制度，自觉地把自己的能力和经验奉献给集体，使之成为集体的财富。教育的目的是全面提高学生的整体素质，各任课教授必须从育人的角度，加强合作，协调合作，团结一致，形成合力。人人都有全局观念，才会把所教课程摆在全局的恰当位置上，才能增强共同合作的自觉性。

5. 形成良好的教学合作氛围

教授的学科教学合作需要一个有利于合作的氛围。这个氛围，不是物质的而是精神的，实质是学校教授学习的精神文化。

合作文化的类型一般有四种：

第一种是个人主义文化。这里的个人主义文化指的是孤立的、单独的文化。在这种合作文化氛围之中，教授的精力主要用于处理自己的事务，相互之间很少交流，关注的只是自己的领域。

---

① 黄正夫：《教师专业合作的模式及策略研究》，四川师范大学硕士学位论文，2005 年，第 32-33 页。

第二种是分化的文化。在这种合作文化氛围之中，教授处于相互分立、有时为争取权力与资源而相互竞争的群组之中。教授被分成不同的小集体，相互之间处于分裂或对立甚至敌对的状态。不同的群体都在争取着有利的地位，争取着更多的权益，而不合理地侵害他人的利益。这是一种不公平的竞争文化。

第三种是合作的文化。在这种合作文化氛围之中，教授之间的合作建立在相互信任的情感基础之上，认为互信和支持对于每个人都是有利的，也是工作发展的必然要求。每个人的情感、问题、能力、信息都向他人开放，都与他人共享，这是一种学习型社会最为期望的文化环境。

第四种是硬性“合作”文化。在这种合作文化氛围之中，教授被要求围绕行政人员的意图与兴趣进行“合作”，但是这种合作不是教授认可和发自内心的行为。这种文化的形成往往是因为领导者看到了“合作”文化的好处，但它却没有被教授所接纳，领导者只是依靠行政的权威在强力推行。

教授在教书育人中履行合作者的职责，如果周围缺乏一种支持合作的集体与心理氛围，这种合作是很容易夭折的。

第三节　作为自主者的教授

能力是教授之所以成为教授的重要原因之一，教授的自主发展能力是其不断提高专业素质的重要保证。要提高专业自主发展能力，需采取必要的管理策略，改善教授的专业态度和动机，而自我发展需要和意识，是教授不断自觉地促进自我成长的主观动力。它意味着人不仅能把握自己与外部世界的联系，而且具有把自身的发展当作自己认识的对象和自觉实践的对象的能力，能构建自己的内部世界。

一、自主与自主发展

“自主（autonomy）”一词源于希腊文“autos（自我）”和“nomos（法律）”的组合，它的基本含义是自己指导自己，不受他人约束。国外学者斯考特指出，自主这一概念源自古希腊的政治术语，用来描述希腊城邦的自我规范和自我管理。[①]《现代汉语词典》中“自主”是“自己做主”的意思。金美福对“自主”的一些理解是“自觉的、主动的、积极的、主观意识、能动性、非外界强制的”，认为自主的含义是个体的、自觉主动的、能动的。这一概念应用于个人，获得了广泛的含义，它包含个人的自我决定、自我安排、自我规范、意志自由、权力自由、行为自由及做自己的主人等方面的意思。[②]

发展是指个体生理与心理的改变，这种改变井然有序，有其组织性与系统性，绝非漫无条理、毫无规范。据此以观，自我发展旨在寻求个体身心的健全发展，属于全人的发展，其内容应该涵盖生理与心理两方面，其发展的历程则受到遗传与环境的交互作用的影响。生理发展涉及有机体的成熟和老化现象，心理发展则包含认知与社会两方面。“自我超越，就是从旧的‘自我’向新的‘自我’的‘飞跃’。这种‘飞跃’还必须加上一个限定的条件，即从旧的形态向新的形态的转变，有一个判断和衡量的标准，这个标准就是‘意义’。并非任何一种变化都可以称之为‘发展’。因为运动是事物的存在方式，世界上的一切事物都处于运动和变化之中，只有获得了‘意义’的变化，我们才可以称之为‘发展’。”[③] 由“自主”和“发展”的含义可以得出，自主发展是指个体自觉主动地不断提高自己、完善自己。

综合各学者的观点及分析，教授作为自主者，是指教授根据自己的主动意识与能力，自觉地提高自己并完善自己，实现作为一名教授的意义和价值的自我超越。

二、案例分享

下面通过一位教授的成长过程来揭示其是怎样自主发展的。

他付出，他开心——一位教授的心路历程

C 老师，一个有 14 年教龄的大学教授，硕士毕业后在校工作至今。C 老师没有任何行政职务，是一名普通的大学教师，从教以来承担过多

---

① 方志英：《社会文化视域下的教师自主研究——以中国大学英语教师为例》，《重庆大学学报（社会科学版）》，2013 年第 1 期。

② 金美福：《教师自主发展论》，东北师范大学博士学位论文，2003 年，第 54-55 页。

③ 金美福：《教师自主发展论》，东北师范大学博士学位论文，2003 年，第 39 页。

门课程的教学任务。下面是笔者对 C 老师进行半结构式访谈后总结出来的。

1. 喜欢就干——C 老师就是这样发展的

C 老师毕业那年，原本想着留校，但是刚好遇上一个强有力的竞争对手在同一个部门的同一个岗位参与竞聘。后来由于自己某些方面的原因未能如愿，于是 C 老师就选择了一所不在省会城市的新建地方本科师范院校工作。刚好这所师范院校距离 C 老师的老家较近，而且这所师范院校所在的城市是该省第二大城市，城市环境总体不错。比起同类院校，这所师范院校发展不错。作为一个于 21 世纪初获得硕士学位的年轻人，能到一所本科院校当大学老师是很好的，所以 C 老师也就没有感到特别失落。入职后，C 老师被分配到一个承担公共教学任务的部门，该部门对他的授课进行了听讲，几位听讲者觉得 C 老师这人还挺灵光，基础不错，于是就安排 C 老师当部门秘书。C 老师欣然接受，反正初生牛犊不怕虎。

工作第一年还在见习期，根据工作的综合表现，在校内有流动的机会，C 老师就被安排到了行政职能部门，具体的部门是人事处，具体的工作岗位是综合秘书。C 老师在人事处工作了一年，主要参与策划新教师的岗前培训等工作，做一些辅助性的综合工作。整体下来，C 老师觉得是快乐的。同时，C 老师还承担着一门课程——教育学——的教学工作，受到学生喜欢。

C 老师对大学教师有一份与生俱来的感情，再加上自己也比较喜欢教师这个职业，所以就选择了做大学教师。在工作过程中，C 老师辗转几个部门，从教学部门到行政部门，从行政部门到教辅部门，从教辅部门到研究机构，一路走来，从助教到讲师，从讲师到副教授再到教授，现在到达“高原期”，最缺乏的是动力。奋斗的目标，能达到的都达到了，还有很多是遥不可及的。其他还有家庭、身体、年龄的原因。步入 40 岁，人进入中年，身体的某些机能也开始走下坡路，这些都是 C 老师继续发展的限制条件。

2. 背景分析

C 老师毕业于一所师范大学，成绩相对优异，原本考虑到自己家庭经济基础薄弱，想本科毕业就工作，不管收入怎样，或多或少都可以减轻一下自己的经济压力。24 岁本科毕业后，在找工作的过程中感觉不太顺畅，因此，C 老师抱着尝试的心态报考了硕士研究生，所报考的专业与本科专业相关，所报考的大学还是母校。幸运的是，C 老师考上了硕士研究生。在被录取为硕士研究生的过程中还出了一个小插曲——C 老师的专业分数是当年报考那个硕士专业的所有考生中的第一名，但是英语成绩距离划定的分数线差 2 分，学校破格录取了 C 老师。但是困难的是，被破格录取的不是公费生，需要交每年 6000 元的学费。当时，C 老师为了这每年 6000 元的学费苦恼不已，因为交不出来。C 老师从读本科的第三年开始，就再也没有向父母要过一分钱（后面读研究生的过程中，C 老师每个假期都通过给函授生授课赚取生活费，读研的第一年，C 老师找了一个公司，一边打工一边读书），这个学费把 C 老师难住了。C 老师一直在“是工作还是读研究生”这个问题上纠结徘徊，思考了一个多月，最终在“多读书就是硬道理”的理念下，艰难地选择了继续读研究生。经过 3 年的努力，C 老师顺利毕业。

教学成就和工作业绩在一定程度上体现了 C 老师的发展。经过 11 年的努力，C 老师现在的职称是教授，科研成绩突出，获得过多次奖励（两次获得省哲学社会科学优秀成果三等奖、一次获得省教育科研成果一等奖、获得所在学校“科研先进个人”荣誉称号），发表过若干篇论文，主持过国家级项目和教育部项目。

从这些荣誉中可以看到，C 老师是一个非常勤奋努力的人，他抓住了教学生涯中的每一个有助于职称晋升的机会。

3. 内在因素分析

C 老师一毕业就选择到地方本科师范院校当老师，本来像 C 老师这样的硕士毕业生，在全国硕士研究生扩招的情况下，去地方本科师范院校已经没什么鲜明的优势。但他作为一名勤奋努力的老师，所拥有的优势一下子就体现了出来，年轻有活力、肯思考、愿吃苦，很快就脱颖而出。工作的第一年，校长临时让 C 老师借调去教育部工作，他没有退缩，勇敢地接下了这副担子。这与他自己本身具备的能力是分不开的，学生时代的他勤奋学习、刻苦钻研，在专业知识和教师基本技能的掌握上是扎实的。可以说，C 老师有一种自主意识，学习的时候尽可能完善自己，工作的时候尽量发挥自己的潜能。C 老师对自己在教学和科研中的问题具有一定的敏锐性，能发现问题并想方设法去解决。他善于把自己的所思所想形成论文，出成果较快。工作的第二年，C 老师就向学校申请报考博士研究生，且积极备考，最终顺利考取。

4. 外在因素分析

对于 C 老师来说，学校的管理风格和校长等管理人员的支持是影响他发展的最大因素。刚刚工作就被校长安排借调到教育行政主管部门工作，既是挑战，更是学习的机会。教师理解并配合校方行政管理人员的管理风格是非常重要的。C 老师经过短暂的思考，接受了学校的安排。教师和行政管理人员必须理解彼此的工作目标，并支持对方成功地实现这些目标。

三、运行机理

从上述 C 老师的成长过程中可以发现教授自主成长的一般原理或者说机理。下面将从一般机理与内在机理两个方面对它进行解释。

（一）基于“自主”的教授发展的一般机理

案例中的 C 老师在不同程度上通过自我的努力实现了自主发展，表 5-3 是对他发展历程的一个小结。

表 5-3　教授自主发展情况汇总

影响因素	具体项目	高级职称期
背景情况	教学背景	博士毕业
	个性特征	思维活跃
内在因素	自主意识	敢于实践自己的想法
	自主能力	能力较全面
外在因素	个人实践	敢于创新
	环境影响	有一定的学术圈子

从表 5-3 中不难看出，一个教师成长为教授的过程中是否自主与教师的从教年限并无多大关联，主要取决于教师个体的能动性，其发展的流程可以用图 5-3 来表示。

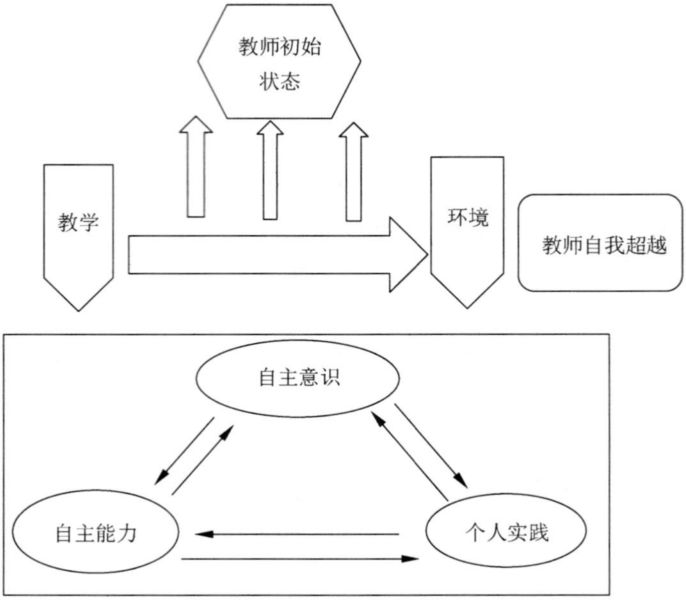

图 5-3　基于“自主”的教师发展流程图

从图 5-3 中可以看出，教授的自主发展由三个部分组成：第一部分是教授的成长阶段，每个教授的成长周期不一定相同，但是基本上都会经历求生、调整、成熟这几个阶段，教授的自主发展也必然贯穿于这些成长阶段。因此我们认为，自主成长型的教授不是教授经历过各种发展阶段后的状态，而是在整个发展过程中都有可能达到的状态。第二部分是自主发展型教授的构成，只有具有自主意识、自主能力和个人实践的教授才有可能成为自主发展的人。而且自主意识、自主能力和个人实践之间是互相影响、互相联系的，具有较好自主发展意识的人，会不断地提高自己的能力，丰富自己的知识，优化知识结构。第三部分是专业发展的自我监控，自我监控贯穿教授发展的整个过程，最重要的是自我反思和自我评价。自我反思是一种以自我过去的思想、活动为意识对象，通过不断地反省和再思考，围绕自我的知、情、意、行多方面去检视，对自身的优势、劣势做出适当的认识，结合自己工作生活的环境所面临的挑战和机遇进行一定的把握，进而促进自己更好地发展。

自我评价与自我反思是相辅相成的，有效的自我反思和自我评价是促进教授自主发展的关键，尤其是处在求生和调整阶段的教授，更需要积极地对自己的工作进行分析、判断、思考和总结。在这里需要说明的是，学校是教授成长的场所，也是最直接的外因。“有效学校应该是一个教师自主发展，能够真正实现自身价值的学校。”① 对于大学来讲，它不是领导者个人的，假如大学里的一种有形或无形的行政框架导致教授的价值发生了扭曲，人格产生了变异，并导致其教学水平和质量下降，这是需要深思的，在教育中应该还教授以真正的自由、自主和真实的自我。大学是教书育人的机构和场所，“什么地方计划和知识独行和武断，精神价值大张挞伐，那么这些计划和知识就必然会变成自身目的，教育将变成训练机器人，而人也变成单功能的计算人，在仅仅维持生命力的状况中人可能会畏缩而无法看见超越之境”②。

（二）基于“自主”的教授发展的内在机理

1. 追求卓越——教授自主发展的目标

认识自己是自主发展的前提。自主发展从本质上说，是人们进行自我教育的过程。“自我教育过程中，人们首先要认识自己。这个认识过程，与人类一般认识过程是一致的，即人们在工作和生活实践中，从观察分析客观环境、认识他人的过程中，逐步发现自己，认识自己与环境、自己与别人的关系，并反诸于己，即用新的标准要求自己、教育自己，使自己的认识和行为更符合社会的需要。辩证唯物主义认识论，是自我教育的认识论基础。”③ 通过自我教育获得自主发展，是人们意识能动性和相对独立性的表现，从相对过程而言，自主发展是认识对实践的反作用，是实践内化为意识的过程。我国古代提倡慎独、自省、修养，就是这一过程的最具体、最形象的表现。

从哲学的角度来看，“存在主义哲学是现代西方人本主义思潮的主要代表，它以研究人的哲学为标榜，主张提高人的自觉性、弘扬人的主体作用，要求人们对自己的行为负责。萨特认为，只有自由选择才能获得人的价值，人要‘勇于成为他自己’。其他的存在主义哲学家也指出，‘对人来说最重要的是认识到选择的重要性……’，‘要求人们自己创造

① 徐金海：《关于有效学校的制度分析》，《内蒙古师范大学学报（教育科学版）》，2005 年第 2 期。

② 徐金海：《关于有效学校的制度分析》，《内蒙古师范大学学报（教育科学版）》，2005 年第 2 期。

③ 周韫玉：《简论自我教育》，《教育研究》，2000 年第 2 期。

自己……’。存在主义的基本理念是对人的本质、人的自由、人的独特性的重视”①。

追求卓越是超越与幸福。超越是人所独有的一种精神，超越只是不局限于现实的个别存在物上，却不是舍弃掉这种现实的个别存在物，从幸福观来讲，有占有式幸福观、节欲式幸福观，还有超越式幸福观，幸福源泉在于真正的超越式。② 这就是人作为人的一种境界。

2. 自主意识——教授自主发展的前提

自主发展是教授的心理需要。教授自主发展不能忽视其工作环境与条件。但教授的工作热情，相当重要的一部分来自教育工作本身。

教授工作的信念。人人都会有信念，那信念是怎么产生的、怎么形成的、具有什么性质、具有什么作用、有什么影响等，这些问题的背后所探讨的都是“关于信念的信念”，即“元信念”。因为人们主要是通过感官渠道，如看、听、闻、尝、触等，给所相信的事物建立解释以及衍生结果来获取信念。③ 教授要想自主发展，更重要的是对于教育的信念。信念是多数人相信了的理念的简称，是人们进行思维活动的工具与表达思维活动结果的方式。简言之，信念是方式。

3. 自主能力——教授自主发展的基础

自主能力是教授自主发展的基础，且这种自主发展和自主能力是有基础的。大学的存在是有公理基础的，“高等教育建立在两大公理基础上，即‘认识论基础’和‘社会学基础’，前者集中体现为‘知识客观’，后者集中体现为‘院校自治’（通常说的‘大学自主权’）”。“知识客观”是指存在一个客观知识王国，且真理可以获得认识——可以把它们介绍给学生，并期望他们能树立某些信念；“院校自治”是指只有在相对自主且学术共同体成员比较自由的大学，客观知识才能最有效地保存和传播。④ 假如教授不能自主，那就意味着大学受制于各种偏狭的利益团体，这种大学教育就违背了“求真”的内在本质，就不能得

① 李骏骑：《论主体性与教师成长》，《煤炭高等教育》，2003 年第 3 期。

② 鲍聪：《基于教师自主的教师专业发展研究》，《文教资料》，2010 年第 4 期。

③ ［英］尼尔斯·尼尔森：《理解信念：人工智能的科学理解》，王飞跃，赵学亮译，机械工业出版社，2016 年，“推荐序”第 1 页。

④ ［英］罗纳德·巴尼特：《高等教育理念》，蓝劲松译，北京大学出版社，2012 年，“译序”第 4 页。

以自主发展。

4. 个人实践——教授自主发展的平台

个人实践就是个人行动，实践或行动是为了解决问题，解决了问题就助推了自主发展。这里关键的是明晰通过实践去解决什么样的问题。对横亘在面前的问题能够说出“没有问题”的只有三种人：第一种人，有能力、有办法解决面前存在的问题，因此说“没有问题”；第二种人，暂时还没有看到解决问题的办法，不过有信心最终能够解决问题，也会说“没有问题”；第三种人，没有能力、没有办法，也没有信心，也会说“没有问题”。① 不管是哪一种人，在实际的学习和工作生活中，难免都会有遇到问题的时候，当遇到问题的时候，怎么办？答案在于以方法为基础的实践。这是教授的主要工作，也是推动教授发展成长的直接与现实的力量。

四、操作策略

（一）观念先行：树立教授自主发展的理念

教授自主发展的内在支撑策略本质上是自主发展的观念。从广义上看，不管是人们相信的事物还是不相信的事物，要想对事物进行了解，就需要通过感官渠道建立解释以及衍生结果来获取观念。通过感官渠道建立解释，这个过程的开展是一种策略的彰显。而通过特定的方法策略感知到的东西主要取决于人们基于观念的期望，因此人们时常“看到”所期望看到的事物，而看不到不期望看到的，所以眼见不一定为实。就是因为这样，我们更应该用“判断性思维”检验自己所期望或不期望的观念，而“判断性思维”就要涉及具体的策略——观察、分析、寻求权威人士的观点等。这就涉及科学的方法、科学知识的本质和科学探索的基本过程，基于科学的各种实验方法也为评价观念提供了可行的参考方案。

进一步看，这种观念是需要具备“纯粹性”的重要特征的。北京大学的沈文钦博士指出：“纯学术观的两个源头分别是古希腊和启蒙时代的德国。启蒙时代的学术观深受古希腊哲学的影响，但又有所拓展。基于这两个时代的观念，可以分离出纯学术观的三种意涵。首先，这一观

---

① 唐盛明：《品尝思想》，学林出版社，2009 年，第 219 页。

念认为知识本身即是目的，具有内在的价值，它强调知识的非实用性，这种观念也是古典自由教育的知识论基础；其次，纯学术观是一种自我合法化的话语，它强调学术或理性作为一个领域的独立性，拒绝用经济、政治的标准来衡量学术，它同时也是学术自由的学理依据；最后，为学术而学术作为一种独特的学术人的职业伦理，它强调的是‘科学动机’的非功利性，要求学者将学术研究摆在第一位。”① 作为学术职称金字塔顶端的教授，更需要在掌握科学策略的基础上，建立和强化这样的“纯粹学术观念”。

（二）行动支持：建立教授学习发展共同体

教授在努力学做一个好的专家和学者这个问题上，面临着一个很大的挑战，那就是只有先行动起来，才能知道关于学习和研究需要做些什么，而不仅仅是在知道掌握方法的价值和意义之下思考。换句话说，使自己更加好要从行动开始。教授使自己不要贬值也是这样，一定要有实际行动。方法策略的目的是让知识动起来，让知识长腿。② 的确，基于方法策略的行动是成为一个好的学者的黄金法则。首先要提高自我意识，认识自己。问一下自己掌握研究方法的目的是什么，这个问题的答案能在我们成为一个好教授的道路上起到引导的作用。各种关于切实通过行动掌握或检验研究方法的书、论文以及课程里所推荐的成为学者的方法中都包含了这一点，它们都告诉我们，要找到适合自己的行动方式，扬长避短，才能成为一名优秀的学者。

如果我们尝试过这些方法，就会发现它们是非常有局限性的。虽然在很大程度上它们能帮助我们认识到自己当前的能力及学习研究方式，但是我们会发现，当前的想法恰恰是阻碍我们继续前行的绊脚石。所以需要改变的是我们的思考方式，而只有一种方法能改变它——改变我们的做事方法。

亚里士多德发现，一个人如果表现得很有美德，那他最终会成为一个有美德的人，即多做好事就会变成好人。他的这一发现得到了很多社会心理学家的证实，研究表明，一个人若改变了他的想法，是因为他的

---

① 沈文钦：《何谓“为学术而学术”——纯学术观的类型学考察》，《北京大学教育评论》，2007 年第 1 期。

② 王辉耀，苗绿：《海归者说》，中译出版社，2016 年，第 3 页。

行为先发生了改变。简单来说，改变是由外而内，而非由内而外产生的（见图 5-4）。

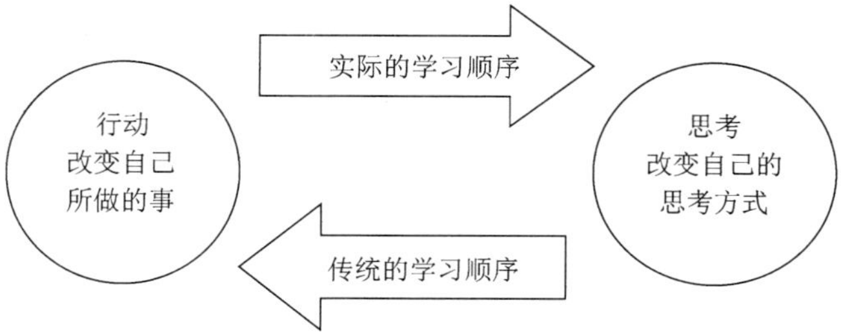

成为一名优秀的研究者：传统的学习顺序（先思考后行动）
与实际的学习顺序（先行动后思考）对比

图 5-4　改变的本质顺序

因此，我们要先学会像研究者一样做事。一项关于“成年人学习方式”的研究发现，一般情况下的学习顺序是“先思考后行动”，但是在一个人的改变过程中，学习顺序其实是相反的，例如，如果我们想要成为一名优秀的学者，就要学会“先行动后思考”。这与我们普遍所熟知的学习顺序的矛盾在于，在改变的过程中，我们会先看到结果，即改变让我们产生了什么样的感受，身边的人对我们的改变有什么样的反应，之后我们才会开始思考，把外在经历内在化。换句话说，教授要先在行为上表现得像一个研究者或学者，而后才会像研究者一样去思考。说白了，行胜于思。

（三）环境创设：营造教授自主发展的专业主义平台

教授发展，内因是主要的，但如果没有外在环境提供的刺激，大多数教授不会主动发生改变。从大环境来看，要确立政治与知识的边界，知识界必须首先确立自身的认同和自己的边界。除了一些敏感的政治领域，知识界并没有什么来阻碍知识创新。应当看到，至少在一部分专家学者中间，学者的主体意识也在产生和发展。这是一个好的趋势。知识界必须确立专业主义优先原则，知识界追求权力不可避免，但要意识到，通过依附或者反对现存权力来追求权力是最无效的方法，这两种方法不仅会加重知识和权力之间的依附或者矛盾，而且有害于知识本身。最有效的环境创设就是营造专业主义氛围。专业主义本身可以成为权力的巨大资源。专业主义的本质就是知识为了知识，学术知识的目的就是获取更多的知识，教育是要解放人的个性，培养独立精神，释放人对各种事物的好奇心，从而激发创造。一个从事知识事业的人不应当过问其所创造的知识是否与社会、政治和经济相关。如果是解释世界，那么其学术知识肯定是和现实相关的。学术知识如果对实际的政策造成了影响，创造了社会价值，那是学术知识的副产品，而不是目标。如果没有这种对学术知识的独立品德的认同，就很难成为知识的创造者，也很难成为好的教授学者。

第六章　教授的学术职业权责

教授是专门从事学术研究和人才培养的人，履行好学术研究和人才培养的职责离不开其特定的权力和责任。教授的权力主要通过知识性权力得以体现，教授的知识性权力具有学术自治和学者自治的内核基础，那具体的权力较为恰当的体现方式或领域还应该包括“教授治院”。需要注意的是，教授在“教授治院”中要防范可能的陷阱。在此基础上，还应通过与学生一道延续学术学统、与学生一道养成独立人格、与学生一道训练自由意志、与学生一道彰显社会情怀实现教授的社会责任。

第一节　教授的知识性权力

一、教授的知识性权力与政治性权力及其他

（一）知识性权力与专业细分的关系

知识与权力之间的关系前文已经有所涉及。知识性权力与专业细分有着千丝万缕的关系。“在大众社会之中，社会分工日趋细密，这不仅表现在种类繁多的职业类型上，也体现在划分得越来越专精细密的学科体系上。这就意味着会出现越来越多的被割据的学科‘领地’，人们会守着自己的‘领地’各自为政，以便能从权力的美食中分得自己的一杯羹。当‘领地’的界限被划分得越来越清晰之后，还意味着会诞生出这样一种身份的人——专家。专家是某一‘领地’之内的权威代表。当‘领地’的界限日渐分明时，所有不同‘领地’之间的人们也就越难具有‘越界’的可能，‘领地’与‘领地’之间会出现日益严重的‘隔行如隔山’的现象。这就保持了各‘领地’之内的相对稳定性，从而使得某一‘领地’之内的权威能够‘占山为王’而跃升为‘专家’。专家是一种特殊的身份，专家即意味着某种特权。这些特权与特殊的身份使他

们能够因此而区别于普通大众，成为支配大众的特殊统治阶层。”① 教授在很大程度上具有专家的特征和权力，这样的权力主要是知识性权力，或者说首先是知识性权力，在一些条件具备的情况下，知识性权力会转换为政治性权力。

权力不是所有人都具有的，对普通老百姓来讲，越来越细致的专业分工把一些普通老百姓阻拦在了专业范围之外，成为专业知识资源以外的群体，他们在解决自身遇到的诸多专业问题时就得依赖专家学者的帮助与指导。在很多时候，当专家学者利用自己的专业知识帮助与指导普通老百姓时，专家学者手里的专业知识或知识性权力会发生转化，或者说会具有某些“不受质疑的正确性和科学性”，这种不受质疑的成分越来越多时可能就具有了政治性的色彩，就成了一种政治性权力。例如，医生和大众之间的那种关系，可以想象一旦某位著名医学专家宣布牛奶有益于健康，马上就会引发全世界的牛奶消费热潮，可没过多久另一位著名医学专家又宣布新发现了牛奶中含有有害物质而酸奶比较好，于是牛奶会立即遭到冷遇而酸奶成为大家的宠儿。这样的现象在大众社会的各领域中都会出现，人们被各类专家话语指挥得晕头转向，无所适从。现代科学技术对周边世界的开拓越来越广泛，使得现代大众的生活被卷入了越来越多的新事物中。对这些新事物的了解需要人们拥有越来越多的资讯，这种复杂的现代生活导致大众被讯息的海洋所淹没，在无边的资讯海洋中越发显得渺小、无助与无能。

“人们已被那些外表乔装打扮，而内里货色则若非专家便无法知晓的工业品所包围。外行已经失去了弄懂诸如钟表何以滴答滴答响、电话铃何以会响、或者电动打字机何以会动作等问题的勇气，因为他们被告诫：乱摸乱碰会把这些物品弄坏。他可以从别人那里得知收音机的工作原理，但却无法自己去发现它。这种设计方式趋向于巩固一个非创造性社会，在这一社会中，专家们发现愈来愈易使自己的专业知识不为公众所知，愈来愈易使公众对自己无从评价。”② 正是凭着对资讯的垄断，很

① 周宗伟：《高贵与卑贱的距离：学校文化的社会学研究》，南京师范大学出版社，2006年，第97-98页。

② 周宗伟：《高贵与卑贱的距离：学校文化的社会学研究》，南京师范大学出版社，2006年，第98页。

多被称为教授的专家们得以维持并巩固自己的权威地位，打造在大众心目中的令人景仰的形象。但专家真的有资格代表权威吗？真正的专家在某些时候可以代表权威，如在新冠肺炎疫情中，钟南山、王晨、李兰娟、陈薇……这些人是能够代表权威的。但是在某些时候，专家也是值得质疑的！当大众社会塑造出一个“专家神话”时，人们已经忘记去想想：专家的身份从何而来？专家为什么具有控制话语的权力？谁真正需要专家的存在？

（二）教授可以通过创造知识体系获得权力

教授的权力从哪里来？这个问题表面上清楚，但实际上很不清楚。从历史与现实来审视，在知识与权力之间，一直存在着两种现象：一是知识与权力的一体化。中国社会很少讨论知识的权力，往往把权力这个概念给予其他领域，尤其是政治领域，即一般所说的政治权力。没有人会怀疑政治权力的存在，但很少有人会相信知识本身的权力。在中国，对知识来说，如果要获得权力，就只好选择和拥有政治权力的个人或者群体联系在一起。① 换言之，知识只有经过与政治权力发生关联才能得到权力，而知识自身没有表现为权力。二是知识与权力的紧张化。这种现象主要存在于很多掌握着知识但无权力的学者身上，这些拥有知识的学者认为自己理当有权力，不满于没有权力的状况，和掌权者竞争权力，于是出现紧张状态。换言之，反权力的人也是为了追求权力。

针对教授的知识性权力，必须要考虑一个问题——中国有没有可能发展出一个独立于权力之外的知识体系？可从知识和权力的关系的角度来探讨知识权力的来源问题。从哲学角度检视，获取权力也许是人之本性，难以避免。但假如清楚了知识自身有的权力，那知识生产者或者学者就会产生另外一种态度，跳出要不依附权力、要不反对权力的两难困境，进而在为追求新知识创造前提条件的同时赋权于自己。换言之，除了依附权力和反对权力，知识分子还有第三条道路可以走，那就是追求知识本身。通过追求知识，知识分子可以赋权于自己，就是说把自己变得更具有力量，去影响其他社会群体，包括掌握权力的群体。当然，这并不是说每一位具有创造知识能力的人都要使用权力。知识是一种能

① 郑永年：《中国的知识重建》，东方出版社，2018年，第55-59页。

力，但并不是每一个知识创造者都会自己使用这种能力。这种能力可以使用，也可以不使用；可以是有条件使用，也可以是没有条件使用；可以自己使用，也可以被他人所使用。概言之，教授（学者）与权力之间至少可以有三种关系：知识分子通过依附权力者而得到权力；知识分子可以通过反对权力来追求权力；知识分子可通过创造知识来得到权力。①

然而，进一步剖析就可知道，知识和权力的关系并非如此简单。“知识就是权力”这个观点可理解为一个数学等式。这个等式如何解释？十分明显，知识既可以是自变量，也可以是因变量，就是说既可以用知识来解释权力，也可以用权力来解释知识。（1）等式之一是“知识等于权力”，即知识产生权力。如果你拥有了知识，你也就拥有了权力。或者说，拥有知识的一方能够影响没有知识的一方。上面所说的知识分子与权力之间的三种关系都是说知识分子因为有了知识而拥有权力，就是用知识来解释权力。（2）等式之二是“权力等于知识”，在现实生活中，反过来的等式也存在着，即权力产生知识。也就是说拥有权力的一方也拥有了知识，能够影响没有权力因此也没有知识的一方。例如人们总是在说，“历史是人写的”“历史是胜利者的历史”等。那些拥有权力的人有能力来影响那些没有权力的人，前者要求后者接受他们的观点，也就是“知识”。（3）等式之三是“知识就是权力”，如果存在着“权力即知识”这个等式，那么就可以反过来质疑“知识就是权力”中的“知识”是不是真的知识。如果是这样，那么我们可以认为知识有可能不是真的知识，而是伪装起来的权力。知识可以产生权力，而权力又可以伪装成知识的形式出现，这使得知识和权力之间的关系更为复杂，形成了类似于“鸡与蛋”的关系，就是谁先谁后的问题。要回答这个问题并不是没有可能，但需要人们的理性辨别能力。我们可以做的事情就是不断挑战现存的知识或者知识体系，用各种不同的方式来检验它们，去伪存真，从而形成新的知识或者知识体系。在这个过程中，教授既完成了作为知识生产者的责任，也为自己创造了力量或者权力的基础。实际上，这就是“知识就是权力”的原初意义。

---

① 郑永年：《中国的知识重建》，东方出版社，2018年，第55-59页。

二、教授知识性权力的内容及指向

（一）教授要基于学术立场进行治校（学）

教授既然是有知识性权力的专家，从前述学术职业和科学研究发展的规律来讲，就理当发挥知识性权力的作用，其中教授治校（学）就是教授发挥知识性权力的内容之一。大学是不同于行政机关的一个很特殊的场域，也不是一般的事业单位，它有其独特的性质。正是在这个意义上，大学的管理机制应当是“教授治校”。管理其实很重要，我们虽然似乎很重视，表征为官僚机构重重叠叠，但说实在话，这效率确实是难以恭维。其实，管理真的意味着官位重重吗？不尽然。

有的教授不愿多提“教授治校”这个概念，有的是因为不愿多事；有的是认为“肉食者鄙，又何间焉”，袖手旁观的清高；有的则生怕牵扯太多精力，耽误治学。① 实际上，“教授治校”既是大学之成为大学的基本原则，也是每个教授不容推卸的基本义务。

直白地说，谁最了解大学？谁与大学利益切身相关？谁最有资格管理大学？难道除了教授还有别人吗？学生毕竟是“铁打的营盘流水的兵”，数年一换，虽然他们多的是主人翁的意识。但真正在大学里安营扎寨，甚至终身寄托于此的是教授等教师。教授不能管理学校，谁来管理？难道真的还是要外行领导内行吗？中国的文人就是缺少这种“当仁不让”的态度。“学人”是不等同于“文人”的。二者最大的区别是，文人是要弄文墨的，学人则是以学识为根基的。所以，学人更应寄托着国家民族的希望。而作为学人中之顶尖人物的教授，则更应代表学人风骨。因此，教授治校，看来不是大事，其实颇关系学人风骨之树立。②

教授治校有以下意向：首先是真正实现“学术独立”；其次是使大学成为国家、民族的思想库；再其次是教授在大学和社会之间保持张力并形成典范意义。而最重要的一点是，教授成为真正意义上的“教授”，而不仅仅是学术职称的一种。让人常常感到困惑的是，在国外，尤其是西方国家，他们概念里的教授跟我们所称呼的教授完全不一样。西方的教授显然不仅是一种学衔的称呼，而且意味着一个学术小集体的领袖。所以，教授在进行学术研究、教书育人之外，还要进行必要的学术管

---

① 叶隽：《大学的精神尺度》，福建教育出版社，2011 年，第 12 页。

② 叶隽：《大学的精神尺度》，福建教育出版社，2011 年，第 13 页。

理，这本就是题中应有之义，而大学作为由教授为主体汇集的场所，由“教授治校”本也就是天经地义之事。因为谈学术管理，各个小学术集体的治理固然重要，但如果没有作为母体的大学的“得治”，又何谈子机构的学术自治与自由？但话说回来，这子机构与母体大学的关系，也正可揭示我们所提倡的“教授治校”的具体程序。在谈完了教授应当治校之后，紧接而来的问题就是，教授何以治校？①

教授治校的第一层意义，是教授治所、教授治系、教授治院。也就是组成大学的各个学术基层组织，应由教授来承担责任、进行管理，不管是研究所，还是各个学系、学院，都应由民主测选的教授进行管理。在此基础上，负责大学治理的校长再由这些承担管理任务的教授选出；此外，再设立民主选举而出的“教授校务评议会”之类的组织，以监督校务进行、对重大校务进行决断。如此，既发挥出任管理的教授的积极性，又充分调动教授群体的作用，或许可以达到“教授治校”的初衷。② 然而，虽然“教授治校”是一个很好的理想，但在实践中未必就能尽如人意，这也就是现代大学治理体系建设之路上需要不断改善的地方。

其实，“教授治校”的根本，在于要求作为大学主人群体的教授有一个当主人的态度，而不是或孤守于书斋，或奔忙于声名，或汲汲于入仕……单兵作战固然是学者的重要特征，但大学作为个体的融合所，终究需要有人来承担责任。作为大学主体的教授不出来承担，难道要把这个担子推到学生头上去？学生热情固然可嘉，但毕竟不是适当人选。“教授治校”，一是要使作为群体的教授得到在大学里发言、决策的权利；二是要教授承担“治校”的义务和责任。权利和义务本就互为表里，不可分割。③

当然，要求“教授治校”也绝不是说教授应当将主要的精力都放到管理上来，毕竟教授的根本核心任务在于“治学”和“树人”。所以，这就要谈到“治校”与“管理”的关系问题。“治校”首先是一种权利，一种教授在大学里发言和决策的权利。但至于发言与决策之后的落

① 叶隽：《大学的精神尺度》，福建教育出版社，2011 年，第 13-14 页。

② 叶隽：《大学的精神尺度》，福建教育出版社，2011 年，第 14 页。

③ 叶隽：《大学的精神尺度》，福建教育出版社，2011 年，第 14 页。

实问题，其实不应再指望教授。定策之后，大量细致的甚至琐碎的落实工作，需要一个强有力的行政管理班子来执行。相对于“教授治校”的一班“业余性质”的教授来说，这批管理人员应当是专业人士，他们的职业就是从事大学的行政管理，负责将“治校”决策加以贯彻和落实，并向校长和“教授校务评议会”进行汇报。①

在这个过程中，现代大学治理体系需要建设和完善的一对制度性武器是民主与集中的关系，即由教授组成的集体和校长这个首长的关系。这两者其实都是教授民主推选出来的，其区别在于一个是集体，一个是个体，所以关系大学的大政方针、长远规划应由集体确立，而作为个体的校长则应在日常事务中运筹帷幄、规划全局。两者之间的权限应有明确划分，但基本原则是作为个体的校长应对集体负责；校长更应注重对外代表大学，争学术独立，创大学声誉，树大学观念。总之，教授治校是现代大学治理体系中一直需要完善的一个环节。

（二）教授要在大学和社会之间保持平衡

教授的基本职责，一是延续学术传统，二是追求高深学术，三是参与大学治理。换言之，就是教学、研究和行政。其实，教授还应该有一个引申开来的职责，就是对社会所起到的“典范意义”。大的方面来讲，就是“为生民立命，为万世开太平”。当然，这并不是希望教授自命不凡地身处校园、不忘江湖，甚至是指点江山、妄议时局。陈平原教授早已明确指出：不应过多奢谈学者的“社会责任”或“政治意识”，而是承认政治运作本身的复杂性，不是去当“国师”，不是“不出如苍生何”。作为学人自然应当以学术为第一天职，淡出政治本是常理中事，但书生毕竟也还有报国的传统，陈先生在反对书生与政的同时，也同样强调“学者的人间情怀”：不是因为真有治国方略才议政，而只是“有情”“不忍”，基于道德良心不能不开口，是作为普通人凭良知和道德“表态”。② 在这个过程中，需要教授掌握一种艺术，即平衡好学术与政治的关系，用叶隽教授的话来讲就是保持张力。这其实是一个相当模糊的概念，什么叫张力？张力可以理解为“力”与“力”之间的平衡力。也就是说，教授所应保持的张力，是在“大学”与“社会”之间的平衡

---

① 叶隽：《大学的精神尺度》，福建教育出版社，2011 年，第 14-15 页。

② 叶隽：《大学的精神尺度》，福建教育出版社，2011 年，第 16-17 页。

力；如果更需提醒的话，其实是在“学术”与“政治”之间的一种平衡力。[1] 在这两者之间保持好张力是不易的事情。在中国近现代100多年的历史演进中一直存在这个难以把握好的张力问题，正确的处理方法是“政学分离”。很多知名教授的职业生涯就是在这个张力的处理与把握中度过的。随着社会分工的精细化，“政治”自然应由专业人士去恪尽职守，学人更应认清自己的地位和使命，治学从教是一切之根本，至于“保持张力”，只不过是既承负起传统所赋予的部分使命，又能表达一些作为学人的良知态度罢了，所益者最多不过世道人心，再往深求，则越界多矣。

需要强调的是，“保持张力”还意味着教授不应当只是躲进书斋，两耳不闻窗外之事。对于教授来讲，“躲进小楼成一统，管他冬夏与春秋”虽然未尝不是一种追求名山事业，自得其乐的好办法，但既然要求“保持张力”，固然是意味着“热心政治的教授，不要过分地陷入政治运作的怪圈，保持作为学人的独立和思考”，同时也要求“教授在潜心学术的同时，保持必要的‘人间情怀’，保持对社会的一定关注，在必要的时候以适当的方式参与国家社会的发展进程”，二者其实相反相成、辩证统一，否则也就构建不起所谓的带有“平衡”特征的张力了。教授之“保持张力”，看来还是在作为老话题的“学术”与“政治”之间善自把握，既不入怪圈，又能守界限，既能持纯正学人本色，又不失“学者的人间情怀”！[2]

（三）教授要对国家与社会发展树立典范意义

教授要让人敬重，在于教授经过履行自己的职责之后产生的“典范意义”。人类社会发展至今，任何一个国家与民族的发展之路上或多或少都需要有人做先锋，都需要有人开路，都需要有人作引领和示范，都需要典范。“典范，是一种发于自然的、天然生成的东西。”[3] 具体而言，教授要做好教书育人的典范，做好知识生产的典范，做好道德引领的典范。

其实人之为人，精神生活尤为重要。虽然物质是一切之基础，脱离

① 叶隽：《大学的精神尺度》，福建教育出版社，2011年，第17页。
② 叶隽：《大学的精神尺度》，福建教育出版社，2011年，第19页。
③ 叶隽：《大学的精神尺度》，福建教育出版社，2011年，第20页。

物质无法生活，但基本物质问题，也就是说温饱问题解决之后，应当予以相当重视的是精神问题。但在社会发展过程中，这个问题没有得到完全的重视和解决。就此而言，社会需要“典范”，生活需要“意义”。那么，需要什么样的“典范”，需要何种“意义”呢？教授应该为这些问题的解决树立一些典范。因为作为人类理性和智慧的精英会聚场，大学在普通民众心中更是一座神圣殿堂，从这个角度去理解，作为大学主体和精神象征的教授就具有相当的“典范意义”。这“典范意义”说来简单，其影响看似平凡，但实则对国家社会之发展意义深远，故此不可不强调“这种相对于大众而言巨大的、无形的精神力量，既是教授的优势，也意味着对于教授的责任”，几乎是要说，国家兴衰，教授有责焉！事实也是如此，作为人类社会掌握知识最为高深，又是培养最高层次人才的教授，如果不能为社会的精神、道德之典范的话，那么还有谁来担此责任呢？一所大学，如果能存在这样一些能为后学示范的教授，能得到后学发自内心的尊重和敬仰，那么就可以算是支撑起“典范意义”的第一重含义了。而这一点，是一切之根本，如果在本领域之内都不能赢得同仁的尊敬，那么又何谈对社会的典范意义呢？① 再进一步，在真善美方面做到让学生心服口服，这也是典范。

三、教授的知识性权力及其民主性

（一）学术领袖是奠基于学术的

教授若拥有高度得到公认的知识性权力，在现实中一定程度上会成为一种学术领袖。当然，在理论上，“在逐渐脱魅的时代，政治上已经不存在克里斯玛权威，在学术上更没有也不需要一言九鼎的魅力领袖。在我国虽然曾经出现过登顶学术巅峰的诸如董仲舒和朱熹之类的学术大师，但他们的学术登顶是借助于政府权力而非学术本身，是一种学术的歪曲和异化，说到底大师的权威不是来自于学术本身，而是来自于政府青眼有加的大师个人，这一点不同于西方在行会社团保护之下的学术自身。‘学术（或宗教）上的权威并不是经典本身，而都最终集中于个人的身上，此个人即经典的诠释者。欧洲经典的诠释则是在社团的保护下集体进行的’，‘就知识是由个人使其权威化而言……是东方学术传统模

① 叶隽：《大学的精神尺度》，福建教育出版社，2011 年，第 20-22 页。

式中持续存在的一个特征’。因此，如果说在过去，依靠大师权威建立以其为权力核心的学术运行机制还有可能的话，在今天学术的成长和独立早就摆脱了对大师的个人依赖，学科的交叉和深化使得百科全书式的大师早已成为历史，这也是许多大学强调学术团队建设的根本原因。当魅力大师的专断管理早已不复存在，已经失去了合法性基础的时候，捡拾起人人参与的民主机制成为最后无奈的选择，因为在现代社会张扬形式理性，统治的合法性基础建立在依据民主程序制定的规则而行使职权的法律型权威之上。”① 当然，虽然学术环境发生了变化，但在具体的知识学科领域，需要特定的教授级别以上的专家学者进行深耕钻研，在特定的领域深耕钻研到一定程度自然是这个领域的专家，虽然学术不需要领袖，但真正的学术领袖依然是奠基于学术之上的。这个是真正的教授需要明白的道理，即便是学术团队的建设，也需要有一个团队带头人或学科带头人。

（二）学术发展是自生自发的

知识性权力的获得不是靠外力授予的，只能靠自己的努力拼搏而获得，教授的知识性权力只能靠自己自生自发的钻研而拥有。学术自成为一种专门的职业以来，就具有自生自发的特性。历史上追求自由主义的人，尽管不同意那些有声望的科学家与学者组成学术评议会对学术研究进行指导规划，但也找不到更理想的学术管理之道，只能放任学术的“自生自发”。② “而在管理主义和数字化的影响之下，大学已经成为完全能够量化的利益纠缠的复杂结构，放任大学和学术的‘自生自发’完全成为一种自欺欺人的逃避，学术已经不再高高在上，不食人间烟火了，管理主义迎合了学术的社会化、世俗化和功利化的需要，而学术本质上的独立和自由却是反管理主义，因此现代社会带给学术的两重性，使得学术和管理呈现出两个不同方向的背离：纯学术排斥标准化的管理，而功利化的学术则需要管理并被管理进一步强化。”③ 功利化的学术

① 刘继青，李学勇：《教授治校的运行逻辑：学术自由抑或学术民主》，《云南师范大学学报（哲学社会科学版）》，2010 年第 5 期。

② ［英］弗里德利希·冯·哈耶克：《自由秩序原理（下）》，邓正来译，生活·读书·新知三联书店，1997 年，第 177 页。

③ 刘继青，李学勇：《教授治校的运行逻辑：学术自由抑或学术民主》，《云南师范大学学报（哲学社会科学版）》，2010 年第 5 期。

管理导致从事学术职业的教授们也在进行着功利化的学术研究和学术追求，尽管也有自生自发的味道，但是这样的自生自发的动力基本上在于追求功利，而与“闲逸的好奇”渐行渐远。“显然，即使是学术专家进行职业化管理，在这种科层式的管理机构中也无法真正实现对学术自由的尊重。学术离不开管理，而管理又可能损害学术自由，于是只好改造管理，由科层制转化为民主制，以软化对管理效率的追求。把民主作为正义的目标追求虽然不能真正契合学术的本质，但至少优于对效率目标的设定。”① 其实，直到现在，在大学里，行政权力依然是主导，强调效率依然是第一位的，如果在这一点上不做出改革，那么教授们手里的知识性权力就是变质的。

（三）教授治校面临着民主化的压力

因为教授是大学里很重要的利益相关者之一，还因为教授确实是进行学术研究与人才培养的主体，所以需要教授治校。大学的权力结构是一种很独特的权力结构体系，其独特性与教授治校是紧密关联的，大学是人类史上规制性最强的知识生产组织，有着最坚实的知识性权力体系，正如福柯所说，“科学在欧洲……被制度化为权力……是通过大学制度……这类抑制性设施”进行的。② 知识和权力的关系是挟裹在一起的，“在权力和知识中间必定有一个第三者在起作用”③。由于教授与大学的知识生产权力结构体系之间的紧密性，这个“第三者”的作用由教授来发挥自然是合适的。只不过，随着社会和大学的发展，“教授的学术权力受到大学利益相关者参与学校管理的民主化诉求的挑战……利益相关者都提出了自己的权利主张，要求和教授一起参与学校事务的决定”④。共治作为大学治理较为理想的一种治理方式，从产生到完善，是一个需要较长时间逐渐演化的过程，不是一蹴而就的，在这个过程里，

① 刘继青，李学勇：《教授治校的运行逻辑：学术自由抑或学术民主》，《云南师范大学学报（哲学社会科学版）》，2010 年第 5 期。

② 刘继青，李学勇：《教授治校的运行逻辑：学术自由抑或学术民主》，《云南师范大学学报（哲学社会科学版）》，2010 年第 5 期。

③ ［美］华勒斯坦，等：《学科 · 知识 · 权力》，刘健芝，等编译，生活 · 读书 · 新知三联书店，1999 年，第 78 页。

④ 刘继青，李学勇：《教授治校的运行逻辑：学术自由抑或学术民主》，《云南师范大学学报（哲学社会科学版）》，2010 年第 5 期。

遵循的一条共治法则就是——即便大学事务非常重要，也不能单纯交给教授。这必然会招来民主化的压力，也是教授需要接受并适应的。

四、教授知识性权力中具有基本的内核

教授的知识性权力，其基本内涵就是“学术自治”。学术自治的核心是大学外有自治权，内有民主构造。① 学术自治包含两种含义——首先是大学作为一个整体，对外独立自主，拥有管理学术事务的自治权，是谓大学自治（用大学独立、大学自主也许更确切）；其次是大学内部遵循民主原则，大学成员自我管理、自我决策，是谓学者自治。“学术自治”是“大学自治”和“学者自治”的结合。教授的知识性权力主要体现在“学术自治”的“学者自治”上。

作为“大学自治”意义上的“学术自治”，是指大学作为一个整体对外具有自治权。大学自治权的效力表现为，大学作为拥有自治权的主体，在其自治权范围内，可以对抗任何第三人。任何外部势力包括政府、教会、党派、团体等，不得非法干预其自治权范围内的事项。但大学自治权的范围应限制在学术活动之内。自然人系伦理主体，具有终极价值；团体/法人非伦理主体，系单纯目的事业，只有工具价值，不作价值之终极主体。从权利能力和行为能力角度审视，自然人无限制（无行为能力或限制行为能力的人除外），法人权利能力和行为能力均受其章程或特许状限制。因此，大学的权利能力和行为能力限制在学术活动范围内，其自治权当然不得超越学术范围。

作为“学者自治”意义上的“学术自治”，要求大学内部具有民主构造，切实保障“教授”对学术管理决策的参与权和制定权。概括而言，大学里的学术事务分为两大部分——直接性的学术事务（知识研究、知识传承、给社会提供知识性的服务），这主要由教授担当；间接性的学术事务（间接为直接性的学术事务提供服务的综合性管理工作），这个由行政人员担当。“教授自治”，专指“教授”对学术管理决策的参与和制定。

中世纪博洛尼亚大学的“学者”主要是学生，故其号称“学生大学”。巴黎大学的“学者”主要是高级学院学生（同时是低级学院艺学

① 朱玉苗：《大学法论纲》，中国政法大学出版社，2012 年，第 26 页。

院的教师)，故其系“学生大学”和“教师大学”之复合。以洪堡创立的柏林大学为典范，德国传统大学的“学者”主要是教授①，故德国传统大学被称为“教授大学”；20 世纪 60 年代末德国传统大学进行改革，“学者”范围扩大至其他教师、学术辅助人员及学生，但教授在决策方面依然占有主要份额。英国牛津大学等“特许状”大学，依其特许状，决策权由所有成员分享，但主要是教师。美国私立大学采用慈善信托模式，其决策权在共同受托人，由于共同受托人成员大多由校外人士担任(一些大学有教师代表和学生代表)，故其“学者”自治不彰。尽管共同受托人尊重“学者”对学术管理决策的参与权，但学者自治亦只有传统和习惯效力，不具有正式法律效力，这也是《教育大辞典》解释中认为学术自治在英、美等国则更多表现为大学自治的原因。

总之，之所以强调教授的知识性权力，是因为学术自由是学术的生命线，也是大学的生命线。洪堡早就指出，侵害学术自由主要来自两个方面：一是来自政府、教会等外界的侵害；二是来自大学内部的侵害。②传统上，大学成员（主要是教师）的学术自由，由四条“堤坝”阻止侵害的发生：第一，公民宪法基本权利保护；第二，大学对外拥有自治权，使大学作为整体阻止外部侵害；第三，大学内部学者自治且民主化，防止来自大学内部的侵害；第四，保证教师的职业安全。大学职能的真正发挥，科学研究规律和人才培养规律的有效发挥，都系于学术自由和学术自治。在这一点上，履行这些职责的教授理当拥有知识性权力。

第二节　教授治院的权力设置

既然教授的知识性权力具有学术自治和学者自治的内核基础，那具体的权力体现较为恰当的方式或领域还应该包括“教授治院”。

---

① 德国传统大学的教授，有 C2、C3、C4 三级，大致相当于我国的讲师、副教授和教授，故不能将德国的教授与我国的教授画等号。但在讲解“学者自治”上，道理是相通的。

② 朱玉苗：《大学法精神》，西南政法大学博士学位论文，2014 年，“内容摘要”第 1 页。

一、教授治院的理论基础

（一）大学是超利益组织

大学治理存在三大力量形成的合力，这三大力量分别是政府力量、学术力量与市场力量。注重学术力量的理论基础源于大学是超利益组织。大学与政府、企业的最大区别在于，大学是超利益的组织，没有世俗意义上的大学利益，而政府和企业组织却有这些利益。大学是非营利组织，大学所提供的准公共产品是公益性的，它只可以间接地服务于政治、经济、文化事业，教育直接服务于人，是不求回报的事业。大学只有获得独立地位，才可以真正站在人类文明的制高点上，成为一个时代或一个民族、一个区域内道德的标杆。从理论意义上看，大学的这种超利益性给教授治校或教授治院提供了基础，因为教育消费不同于其他消费，教育产品也不同于其他产品。教育消费是道德消费，教育产品是一种道德产品，学校因为道德而拥有生存的理由，也因此获得竞争的条件。不道德的学校根本没有未来，这无须证明。① 进行这样的道德消费、提供这样的道德产品的地方，应该主要由提供者进行治理。

（二）大学是松散结构组织

美国学者罗伯特·伯恩鲍姆认为，大学具有较高的组织内部同质性，同时具有“外部松散联结，内部紧密联结”的组织特征。在这样的组织中，组织成员拥有相似的价值信念和目标追求，表现为人人都具有平等地位，组织成员对学校和专业有很强的忠诚感。他们把学术工作置于大学工作的核心位置，而把行政工作责任定位于为学术活动提供服务。② 对这样的组织的治理不能采取集权制的方式。大学内部控制制度为什么难以优化，或者说大学缺乏创新与效能的原因是什么，就是因为集权制管理的方式违背了松散结构的特性。集权制是大学内控优化的大敌，是大学教育创新的大敌。集权制有四种方式：神治、人治、德治、权治。教授治院是此四种方式之外的治理方式。

（三）大学是树状结构组织

从大学机构设置方面的理论来看，总结下来，一般对大学管理的组

---

① 郑杰：《改造学校待何时》，华东师范大学出版社，2005 年，第 60-61 页。

② 刘广明：《教授治院：中国大学行政权力与学术权力边界设置的原点》，《重庆高教研究》，2015 年第 2 期。

织结构大约有如下三种比喻：金字塔形结构、同心圆式结构、树状结构。

首先，金字塔形结构最常见。校长等管理者在顶端，然后是中层的各个部门，最后是基层的教师和学生。一层指令一层，下一层向上一层负责。这种结构的好处是显而易见的，就是行政效率高，“塔顶”一有指令，则层层贯彻落实。但这种结构的问题也是比较大的，要让下级服从上级才能有效率，可是层层对上负责了，怎么能体现以人为本的教育和管理思想呢？大学毕竟不是军队，过于强调统一律，很有可能牺牲教师与学生的创造性和主体作用。而且，那么强调教师服务于学生，而恰恰是处于金字塔下层的教师最了解每一个具体的服务对象，你让他只注意向上负责，那在现场操作中他就不能采取灵活变通的办法以满足不同的服务对象的需求了。

其次，时髦的同心圆式结构。这是一个最理想化的结构，至少对大学而言是这样。以学生为中心，教师在外圈，干部则在最外圈，这是一种与金字塔形截然相反的扁平结构，外层为里层，层层对内服务。这种结构显然是将学生和教师置于学校的中心位置，学校实现了人格平等，教育服务的质量也一定会提高，但缺点是行政管理的效率会降低，甚至使学校成为“原子”状态而土崩瓦解。所以，要建立这种结构的前提就是，全校建立起超越一己私利的共同人价值理念。而目前看来，至少对大部分大学而言，这是一个遥远的梦想。此外，让人担心的是，一旦采取扁平化、同心圆式的管理结构，教师的临时处置权扩大，而教师现有的教育服务水平是否都能承担起这份责任？不得不慎重地考虑这些问题。另一个棘手的问题是，一旦真的将学生置于学校的中心位置，强调教师作为教育服务者的作用，是不是意味着引导教师放弃教育权？这似乎与我国国情极不吻合。

最后，探索树状结构。为了防止大学治理走极端，探索新型的组织结构是必然。用“树”比喻这个新的管理结构是合适的，至少在理论上是可行的。所谓树状结构，就是让校长等顶层成为根系，隐藏于地表之下，为全校师生提供养料；学校各中层部门为树干，各基层院系为树枝，要求干部们承担起支撑全校教育服务工作的重任，并为教师和学生输送养料；教师和学生就是学校这棵大树的树叶、花朵和果子。一所大学的繁荣要靠树的各个部分的努力，彼此沟通、依赖、信任，各在其位，各司其职。为发挥各自的作用，枝叶能做的事，树干不要去做；树干能做的事，根部也不要去做。这是一种自然生态型的治理结构，这种结构的真正之美在于，根部与树干绝不与枝叶争绿夺艳。另外，体现自然生态特征的是，这种结构下的大学机构设置不是一成不变的，树枝（机构）的简与繁、疏与密，很大程度上取决于具体所处的生态环境。教授应该在这样的治理结构中开展教授治院。

二、教授治院的实施原则

从上述治理结构理论基础看，教授治院的实施原则是“管理权为自由权服务”。从法学角度看，大学的管理权类似于国家的行政管理权，根据行政法学原理，管理权是一种公法行为，是一种公权力，为了保护相对人的利益，公权力就有必要行使。尤其是在大学秩序发生问题，学生的利益存在很大威胁的时候，这种权力的行使是正当的。权利主体想最大限度地扩大自由的权利空间，扩展自己的生存空间，这本身就是自由权的先天属性，也是人的本源性格，在扩充自由生存空间和自由决定的时候，希望外在主体不要随便地干预自己的生活空间。当然，在权利主体看来，完全不干预自己的权利空间是最好的，至少也得尽量地减少影响自由空间的因素，使自由权的作用发挥得更为有效，能够更有质和量地使自由权的生存能力得以扩大。自由权生存的天性是无法克服的，自由权扩大和不被减小的特性是永恒的。而相对应的管理权却与自由权的权利扩展方向完全相反，管理权是管理主体为了管理需要而扩大自己的权力，扩展管理主体的自由范围，扩大管理主体的生存空间，这样的结果是造成对自由权生存空间的侵入，相应地缩小了自由的存在范围和空间。这种无限地扩展管理权所涉及的对象的活动，从本能属性上看，受到相对主体的抵制是必然的，两者天然性的权利利益冲突从来源上就是存在的，而且是长期存在的。可见，自由权和管理权的冲突必然会发生，甚至会发生严重的冲突。自由权与管理权一直在开展着一场一场的博弈，要回答两个权谁大谁小是不可能的，而要构建和谐的权利平衡和权力平衡更是不可能的了。因此，我们并不担忧权利与权力的冲突问题，真正需要担忧的是，总会有一些人在动用公权力时并不是真正出于维护学校的整体利益与学生利益，他们骨子里是在为自己的一己私利公然伤害学生与教师的自由权，却又打着维护他人和集体利益的幌子。

三、教授治院的实施路径

（一）落实“教师第一，干部第二”的治理原则

教授治院是符合教育规律的。教育规律不是什么高深的东西，学校教育基本的规律就是三点：第一，大学是读书成长的地方；第二，有人来指导读书成长；第三，指导的人学术水平越高，越喜欢读书，大学就可办得越好。不读书的地方一定不是大学，读书的地方不一定是大学。又读书，又有人指引、指导，有计划，这就是大学。因此，奉行并落实“教师第一，干部第二”的治理原则，恰恰是大学里所有干部的价值所在。干部，实质上是管理人员，管理人员是派生的。对于学校来说，原生的，是学生；有学生，才需要教师；有教师、学生及进一步带来的组织安排工作，才需要专门的管理人员。派生出来的管理人员不能成为第一位的。即便是有真正领导资格的管理人员，其领导资格也应是因为他未忘记这里的“第一”与“第二”的位置而获得的。忘乎所以，就是从实质上丧失了这种资格，虽然他形式上还待在那个位置上。这样的情形实不罕见。为什么在大学中机构也膨胀？为什么大学也患上了社会病？为什么当教授的人也向往一个处长职务？原因就在于，一些大学遵循的依然是干部第一，教师第二。如果教授学者向往的不是学问，而是一官半职，这种大学能办得好吗？在这个“教师第一，干部第二”的原则下，扩展开来的路径还可以说成：上级为下级服务、少数为多数服务、机关为院系服务、一切为学生服务。这是信念，也是路径。

（二）促成教授的有机团结

从大的方面来看，人类社会的结构是由社会的劳动分工所决定的，换言之，是由工作如何进行来决定的。比如说教育这项工作，可以由一个人来进行，以前的私塾就是由一个人来做的，也可以把人才培养工作分摊给很多人来做，就如同现在的大学。在一个分工极少的社会里，是必须强调团体的，因为每个人做着自己的一份与别人无关的工作，所以如果不倡导或强调团结和合作，那么这个社会就极有可能如同一盘散沙分崩离析。社会学家涂尔干称这种心理状态为“机械团结”，这意味着所有人都执行相同的工作。在一个分工极少的社会里，每个人一生中没有太多的选择，这样的社会是不重视个人的需要的，因此，这样的社会

是由团体意志主导的，合作与团结不是自发的。① 随着社会不断进步，劳动分工不断细化、深化。因此，学习这个专业的和学习那个专业的通常不是同一个人，尽管自古以来文理相通。当专业化持续深化时，不同的工作必须由不同的人来执行，即使只对一个人负责，也至少有多个不同的教师各负责一方面的专业知识的教育，而不是一个教师就可以教授所有的专业知识。与机械团结的社会比起来，在分工越来越细的社会中，社会互动变得不那么私密。人们开始根据一个人的社会位置，而非他独特的人类本质来与他建立关系。一旦社会变得愈来愈复杂，分工愈来愈细致，一个人要想独立做一件事就变得愈困难。因为互相依赖对于团体的存续极为重要，这不仅涉及团体的生存问题，更关乎个体的命运。因此，越是分工细致而复杂的现代大学，越使得教授产生自发的合作与团结。这与机械团结正相反，在分工简单的组织，教授的团结是需要由强力控制与主导的。在涂尔干的概念里，在分工细致的社会中，机械团结被有机团结所取代是趋势。有机团结是指一种社会成员之间相互奉献的集体意识。那么在大学里，针对教授治院该如何促进其团结与合作，需要做到以下三件事：第一，持续坚定不移地强化竞争，通过竞争迫使所有教授寻找到自己的比较优势，进而最终找到最适合自己的工作岗位，并在这个岗位上做到足够专业。因为专业，才有可能产生相互的依赖感，从而跨越机械团结，成就所想要的有机团结。第二，更细致地分工，在有条件的前提下，分工，再分工。这就有可能使每个教授都成为无可替代的人，有了这种无可替代性，人才会获得自信、尊严与成就感，也才会消弭竞争所带来的失落感。第三，帮助每个专业岗位上的教授做到更加专业，使之竞争力持续提升，使其个人价值得到更大限度的实现，这时候他对学校组织和对他人的依赖感会更强。因为教育是分工的，分工需要专业化，而竞争使专业化加固，最终因分工和专业化激发人们对大学与同事的依赖感，有机团结由此自然达成。

（三）彰显大学的民主

教授治院要靠彰显大学的民主来推进。学校民主的特点有三个：一是学校更需要民主；二是学校更会民主；三是民主在学校里的意义非

① 郑杰：《顾此失彼：教育理论与实践的困境》，华东师范大学出版社，2007 年，第 54–55 页。

凡，具有未来意义和教育意义。[①] 大学为何需要民主？因为这是一个做学问的地方，做教师是做学问，教学生也是做学问。一般认为，大学是做学问的地方，因为它要做研究。小学增长学生的知识，也是在做学问。因此，无论小学、中学还是大学，都是做学问的地方。学校是做学问的地方，而一个人学问的多少和权力大小没有什么关系。一个有学问的人权力就一定大吗？权力大就一定有学问吗？这是完全不同的两件事，学问和权力是两码事，这是学校的特点。学问的高低和地位的高低、权力的高低是不一样的。为什么大学更需要民主呢？比如做生意就是老板说了算。但是做学问不能是校长说了算。学问做得对不对、做得好不好，不能是校长说了算的。这个民主的性质是不一样的，因此学校更需要民主。另外，为什么大学更会民主？首先，一般来说，大学里的人是文化水平高的人，至少相对来说是文化水平高的人。民主与文化水平的高低还是有关系的。文化水平高，就更加追求民主，更加珍惜民主，会觉得民主是个好东西。其次，大学更会把民主程序化，它比一般人更会设计民主的程序。再其次，大多数校长本身也是学问人，更有可能按照学校的特点来管理学校，所以他们可能更会民主。最后，学校里的行政权力是具有从属性的，是附带的，或者叫作后生的。从学校发展史来看，最初的学校是没有校长的，因为规模很小。最早的大学是博洛尼亚大学，只有 12 个学生，谁来管理学校呢？学生管理，学生给教师发工资。哈佛大学最初也只有十几个学生，并不需要校长。中国古时候的很多私塾里学生也很少，不需要有校长，所以那个时候要行政权力干什么呢？要管理机构干什么呢？都没有。后来学校慢慢地大起来了，结构变得复杂起来了，管理也变得重要起来了。管理变得重要以后，就需要管理人员；管理人员多起来以后，就需要一个头儿，这个头儿就叫作校长，所以校长是最后才出现的。学生是“先”生出来的，校长是“后”生出来的。校长是“后”生出来的，不是辈分的问题，而是历史顺序如此。学生是“先”生出来的，管理人员是“后”生出来的，校长是“最后”生出来的。因此，教授治院的路径自然要彰显大学的民主。

---

① 张楚廷：《大学与教育哲学》，西南师范大学出版社，2015 年，第 134 页。

四、教授治院的可能陷阱

（一）学术权力有可能越界

教授治院中，最主要的是把握好自己手里的学术权力的边界——只做真伪判断，不做其他方面的判断。如果这一点把握不好，就可能越界。具体言之，学术权力，是关于学问的权力。就是说在学术探索过程中，教授做出了学问，这个学问是不是真理？如果是真理，真理的价值怎样？也就是对于学问真伪的判断，对于学问“真”了以后的价值判断。这种问题由谁来判断呢？它可以由一个专门机构来判断。对学术所具有的判断权，称为学术权力。学术真伪的判断、真理的价值判断，这属于学术权力。大学里的学术委员会或教授委员会就有这种权力。为了把握好学术权力不越界，有必要区分行政权力与学术权力。行政权力从哪里来？校长有判断权、决策权，他要这些权力干什么？答案是进行利益判断，就是判断什么样的做法是最有利于学校的。有利的话，尽量求大利；无利的话，尽量避免损失。换言之，校长在做某件事、某个决定的时候，都有一个利益判断在里面，所以校长的行政权力和学术权力不同。学术权力是真伪判断，行政权力是利益判断，这是这两种权力根本上的区别。那这两种权力的关系是怎样的？运用行政权力做利益判断的时候要尊重真伪判断。比如说，学术委员会或教授委员会认为某个学术价值特别高，但从校长的角度出发，并不一定要发展那个学术价值最高的，因为学校要发展的是未来的利益，那个学术不一定是学校真正的利益或最大的利益之所在，也许学校更需要那种中档的学术判断，去掉那个最高档的学术判断。这说明行政判断和学术判断可以有区别。有时候，两者也可以吻合，即学术委员会做出的最高档的学术判断正好是符合学校利益的，这时候学术判断和行政判断就一致了。在不一致的时候，大学的行政当局是可以采用中下档的学术判断的。这就是行政判断在做判断的时候要权衡利益的问题。比如说，一个教授的学术能力是最高的，但一所特定的大学可能付不起这个成本，于是就只能退而求其次。校长需要有这种判断能力。

（二）教授有可能具有信念固着心理

教授治院中有可能产生的缺陷还有一点，即以一种信念固着心理来把握科学的来源问题。“科学作为一条河流具有两个来源：一是实践来源，二是理论来源。实践来源就是那种指导我们行动达到预定目标的欲望。……理论来源则是理解的欲望。现在，我准备强调理论在科学中的重要性。但为了避免误解，我极其强调地申明，我并没有在任何意义上把一个来源看得比另一来源更加高尚，或本质上更加有趣。我不能明白，为什么一个人努力提高理解能力要比忙于正确安排自己的行动来得更加高尚。"① 两者都有各自坏的一面，有邪恶的目标在指导着人们的行动，也有理解方面不光彩的好奇心在驱使着人们。科学理论方面的重要性，恰好表现在实践中，它产生于这样的事实，行动肯定是直接的，并发生在非常复杂的环境之中。如果不先着手安排思想观念而等待行动必要条件的到来，我们将错失时机。教授们往往就是抓住了这一点理论层面的来源去指导行动的。学术探索和科学前进的道路上是有阻碍的，人在很多时候是有信念固着心理的。心理学发现，出于以自我为中心的思维，人们一旦对某一事物建立了某种信仰，尤其是为它建立了一个理论支撑体系之后，就很难打破这一信念，即使是相反的证据和信息出现时人们也往往视而不见。人们越是想极力证明自己的理论和解释是正确的，就越是对挑战自己信念的信息进行封闭，这就是典型的"信念固着心理"现象。教授治院中可能产生的不足就是教授们可能只是站在"理论来源"的角度去进行治理。

五、教授治院的未来完善

在新时代，尤其是面向 2035 年建成教育现代化强国的这个伟大征程里，中国的教授治校也好，教授治院也罢，其最终的目的都是建设一个强大的知识体系。教授们或知识分子们要站在塑造中国知识文化价值体系的高度来推进各方面的工作，这是教授们或知识分子们理当有的担当。一个国家或文明得以强大的核心就是其知识文化价值体系，这个是教授们或知识分子们在新时代要去完善的工作。中华民族伟大复兴和软实力崛起的主体是社会。从大学的角度看，仅仅修建一些大楼或进行硬件设备的投入与改善是建不了一流大学的。一流学校由一流学科决定，一流学科由一流师资队伍决定。没有高水平的师资，一切枉然。② 留给

---

① ［英］A. N. 怀特海：《教育与科学　理性的功能》，黄铭译，大象出版社，2010 年，第 61 页。

② 张楚廷：《思想的流淌》，西南师范大学出版社，2015 年，第 69 页。

当今中国人文化遗产的、组成中国文化主体的所有伟大的哲学家、思想家、艺术家和作家，都是由社会培养出来的。从这个意蕴层面看，教授治理的未来完善，需要在管理部门与文化知识领域之间建立边界。文化知识领域理当有属于自己本身的自治空间。文化知识领域进行自治，就可以鼓励文化知识领域内的竞争与自我约束，专业精神才会在这个领域占主导地位，只有有了专业精神，创新才会产生。只有当文化知识活动超过了这个边界，政府规制才可以介入。政府规制的唯一目标就是在文化知识领域创造与公共利益之间求得平衡，保障公共利益。

第三节　教授的社会责任

一、与学生一道延续学术学统

社会责任是教授在履行学术职业的过程中很重要的责任，其一就是延续学术传统。“学统之延续”既是教授的责任，又是学生的使命。从学生一端来看，“学统”的问题贵在要能“延续”，而这主人的态度自然是应由学生来承担。所以就“学统延续”之命题而言，教授为辅，学生为主。可见，学生所承担的使命实际上很重。

问题的核心在于，“学统”为何？其实，所谓“学统”，就是“学术传统”的简称。夏中义撰写《九谒先哲书》，借寻觅清华薪火的百年明灭，为“盗墓暨招魂”之举，用心良苦，实在于“辨章学术、考镜源流”，说是借“梳理学统”以“找寻方向”恐怕也不为过。夏氏在《谒梁启超书》中将现代“学统”做了一番梳理归纳，描述为：学术本位、思想独立、科学归纳与朴学文体。其学生将之进一步明确为学统之魂、学统之本、学统之技与学统之相。从而明确地与近年来研究学术史颇引人注目的北大教授陈平原先生的研究区分开来，称二者“既有交叉部分，又有各自的色泽”，自己“重在考量‘学人活法’即‘学魂’在百年学术史上的现代演化”。① 不管谁的观点，其实更要特别强调的是“学统之魂”。这种学人境界，让人“虽不能至，心向往之”。对于青年学子来说，如果能受到这种精神的些许感动和影响，则“言传身教”又

① 叶隽：《追问学魂 重构学统——读〈九谒先哲书〉》，《博览群书》，2002 年第 11 期。

远胜过“空洞说教”之本身。① 总之，作为教授，希望能通过己身“延续”此学统本是分内之事，即便是有些“韩愈情结”，只要不妄自尊大，又有何不可？

在这方面，应该说，很多著名教授做了一件好事。而在某种意义上说，“延续学统”，教授有责，而学生之使命则更大焉。因为“学统之延续”分为两部分：一是“延”，教授已当其任；二是更重要的部分即能够为后人所“续”，这个接受的主体正是青年学子。因此，理解学术、尊重学魂，并进而使学统得以延续，学生责任莫大、功劳莫大。

为什么要延续学统？对学生而言，有的将来可能选择学术为业，迈向教授行列；但更多的恐怕会与学术擦肩而过，要求他们也去延续学统，是否过分？大学虽然应倡导一种学术独立、包容大度之氛围，保障教授作为个体的意志之自由，但在实际上并不能拒绝外人将大学看作国家民族发展到某种程度的标志。所以，大学作为象牙塔，似乎孤独寂寞，而其关系实际重大。尊重教授，理解学魂，延续学统，就意味着对国家、对民族、对社会的热爱，这比所有抽象的大道理都要实际得多、实用得多。个体也可以在这对“学统”的自觉之延续过程中，训练自己的“自由意志”“人格养成”，这本是相辅相成、不可两分的过程。也就是说，延续学统对于立志选择学术、成为学者的青年学子而言固然是分内的事，但应当做出思考、做出选择，如何既能“延续”，又可“发扬”，做“学统”的继承人；即便是对于那些可能是学术过客的大学生，同样不可漠视“学统”。亲近“学统”、触摸“学魂”，同样是一种自我磨砺的过程，且不说是走向社会、报效国家的需要，即便是达到“意志之自由”“人格之养成”的境界，这也是一种经验的必需。因此，学统之延续，貌似仅关乎“学”，其实“生民社稷”尽在其中，关系重大，学生之责亦大焉！②

二、与学生一道养成独立人格

从办学运转的角度看，学生就是大学的主体和主人，以把大学作为教授终身的栖息之地比较，学生在大学里待的时间较短，毕业之后学校对学生而言大部分就停留在“母校”的概念上了。但是毕业离校之前的

---

① 叶隽：《大学的精神尺度》，福建教育出版社，2011 年，第 51 页。

② 叶隽：《大学的精神尺度》，福建教育出版社，2011 年，第 53 页。

时间里，学生需要把自己当成大学的主人来看待。展现主人态度的最大意义就是自我人格的养成。大学教育在本质上是养成人格的场域，养成人格是大学生最大的任务。但是刚刚进入大学的学生，很多在很大程度上并不明白自己究竟想要什么。进入大学，学生最大的任务就是修养自身、学会做人，即“养成人格”。其余的东西，包括上课修学、文体活动、获得文凭都是表面的、外在的东西，唯有“养成人格”是最根本性的、会终身受益的东西。至于养成什么样的“人格”，“对于个体来说，意味着从幼稚走向成熟，意味着个体人生观、世界观的逐渐成型，意味着个体独特方法论的逐步形成，意味着个体衡量价值标准体系的逐步构建”①。

关于“人格养成”的途径，不外乎求学、思考、实践而已。这六个字要分三个层面来讲。“求学”尤其重要，这里的求学，并不是简单的上课听讲，专业的知识其实大多书本上都有，关键是要利用课程、讲座尽可能猎取书本中不易得到的东西，诸如名家教授、青年学者的讲座、讨论，不妨旁听之；再有，不必以专业为限，感兴趣的东西都不妨去了解之，途径则不必强求一律，或读书、或听讲、或交游。当然，求学的核心，还在于要读书，“读书数遍，精髓自现”，“读书万卷，人格自见”。读书是求学的重要手段，而读书、求学尤其需要与思考相结合，能从平实中见不平常，善于概括总结，善于去掌握方法，并形成自己独特的方法论和思想上的基本观念。这种观念的初步出现，意味着你对原有自我的开始超越，这时一定不能浅尝辄止，而是要顺藤摸瓜，不妨深入思考，进行归纳总结，尽量使得一些萌芽状态的东西得以成型。再印证以实践的努力，则求学、思考、实践可以融会贯通，形成一个有机的整体，其目的在于求得“人格之养成”。②

教授在学生人格养成的过程中，起着熏陶的作用。用华中科技大学涂又光先生的观点来讲，大学是一个泡菜的地方，要泡出什么样的菜，取决于泡菜缸里放入什么样的调料，时间一到，就泡出想要的菜。大学氛围、教授人格对学生人格的熏陶，一定程度上类似于涂又光先生的泡菜理论，在很大程度上会影响到学生的人格。

---

① 叶隽：《大学的精神尺度》，福建教育出版社，2011 年，第 43 页。

② 叶隽：《大学的精神尺度》，福建教育出版社，2011 年，第 44 页。

三、与学生一道训练自由意志

判断一个人是否是人才的维度很多，判断一个人是否成熟的维度也很多，判断一种教育是否是成功的教育也有很多支撑维度，而人是否具有“自由意志”是判断这些方面的一个很重要的维度。自由意志可以从三个层面理解：“其一，排斥、反对一切外在权力、势力的企图奴役和支配；其二，坚持自我的自由思想、独立精神，做自己的主人；其三，一种相对于心灵的解放，使自己处于一种自由无羁的精神境界。”① 这三层含义是层层推进的。

（一）在奴役与压迫方面具有反抗精神

面对奴役和压迫，如果不反抗而选择屈服，那就等于丢失了人身自由。教授要在这方面成为学生的导师，教授自身不仅不应以自己的专业、学识、权威压迫学生甚至奴役学生，而且要引导学生具有这方面的自由意志，这样培养出来的学生才是具有真正精神底蕴的学生。作为学生而言，不要迷信权威，不要怀疑自己的思考和判断力，自由的意志和境界归根结底是靠自己这个内因修炼出来的，教授作为强大的支持辅助力量也只是外因而已。在专业学习中、在问题交流讨论中、在与教授的相处中，随时随地都要保持自己这个独立之“我”的存在，而不能把自己这个“我”交出去，这个是自由意志的关键一层意思。

（二）坚持自由思想并做自己的主人

在思想上有绝对自由，在行动上有相对自由。意思就是，一个人在思想上想什么、怎么想有着绝对自由，别人管不着。在行动上只要不做出危害别人和社会的行为就是自由的。这在本质上其实就是自由思想和独立精神。结合教授和学生的教学关系来讲，作为人才培养的教学学术和作为科学研究的发现学术，贯穿其中的最主要的是要具有自由的思想和独立的精神。在教学学术和发现学术的活动中，教授和学生如果没有了自由思想和独立精神，那就不能传承真理，也不能研究学术。其中有“意志之自由”就是认同个体的独立精神、自由思想是最重要的东西。

（三）具有解放心灵的精神境界

教授和青年学生两代人之间，都需要一种心灵的自由，一种体认自

---

① 叶隽：《大学的精神尺度》，福建教育出版社，2011 年，第 47 页。

然的无羁状态。当然，这样描述，并不是要走到“自由化”或“自由主义”的状态中去，而是一种可以体验却难以言传的精神境界。“抗暴”“有我”只是一种过程和经历，“自由”与“无羁”才是“意志之自由”的归属所在。所以，青年学子在注重“人格之养成”的过程中，不妨特别用心于“意志之自由”的涵泳体会，因为其实在此上所达到的境界也与“养成”的“人格”息息相关。

四、与学生一道彰显社会情怀

“学者影响着社会，而社会是基于自由概念的；社会及其每个成员都是自由的；学者只能用道德手段影响社会。学者绝不会打算用强制手段、用身体暴力去迫使人们接受他的信念；对这种愚蠢行动，在我们这个时代已经不屑一提；但是他也不应当把他们引入迷途。”① 青年学生作为国家的未来、民族的后备力量，是整个国家和民族的希望，所以强调学生的“社会责任”事关重大，不可含糊其词。正是因为这样，教授才要引领学生懂得什么是社会情怀，怎样去践行自己的社会情怀。

北京大学陈平原教授撰写《学者的人间情怀》一书，一方面希望“不是去当‘国师’，不是‘不出如苍生何’，不是因为真有治国方略才议政”，但另一方面所强调的还是“‘有情’‘不忍’，基于道德良心不能不开口”，这正说明了学人对于社会发展的责任感，表达出一个学人可敬的“人间情怀”。这种“人间情怀”尤其是将为学人后继的青年学子所应当再三体会的。②

自古至今，任何一个国家和社会的发展都与每一个人息息相关，每一个时代的教授和每一个时代的青年大学生都需要深刻思考这个问题。每一个时代的人都有自己的责任，处于特定时代的教授要引导青年大学生懂得并担负特定时代的责任。这其实也就是高等教育的外部规律所在，即明白高等教育与经济社会发展之间的关系。教授们具体可以围绕如下几个方面来培养学生的社会情怀：一是努力成为社会主义核心价值观的坚定信仰者、积极传播者、模范践行者，成为德智体美全面发展的社会主义事业建设者和接班人；二是努力成为实现“两个一百年”奋斗目标和中华民族伟大复兴中国梦的建设者；三是正确认识世界和中国发

---

① 叶隽：《作为现代大学精神尺度的“哲学之士”》，《读书》，2009 年第 7 期。
② 叶隽：《大学的精神尺度》，福建教育出版社，2011 年，第 54 页。

展大势，自觉肩负起时代责任和历史使命，树立远大抱负和理想；四是与国家的创新、协调、绿色、开放、共享发展同向同行；五是努力成为“德才兼备、家国情怀、视野开阔，爱体育、懂艺术，能力发展性强”的创新人才。这五个方面，归根结底，是“主人意识”，是要求青年学子有做社会主人的态度，有积极的入世态度，为社会的稳定、发展和进步付出努力。

第七章　教授的学术职业发展建构

作为一种学术职业的教授，其职业发展一直都在从规训到规范的路上，如果说前面的论述都是为了使教授的职业发展更好地走向规范，那么教授还需要进一步的发展建构。这种发展建构的目的是使教授以学术职业发展为基础获得智慧，智慧是支撑教授学术职业发展的根本元素。在获得这种智慧的道路上，会存在一些需要教授勇于正视的“虚像”(消极面向)，以此为基，教授才能获得其该具有的“实像”（积极面向)，进而打造自己的不可替代性，成为大学社会契约的真正履行者。要保障教授具有如此“实像”，就需要当今的中国对教授这种学术职业进行多维建构并健全教授的权利保护体系。

第一节　教授的教育智慧获得

教授在从事学术职业发展基础上获得的真正发展在于获得智慧。教授肯定是有知识的学者和专家，但是知识不等于智慧。知识和智慧的区别是：知识属于人类，智慧属于个人。知识可以传授，智慧只能启迪。[①]主要靠启迪才能获得的智慧，需要教授把握获得智慧的机会，更需要教授经常去启蒙、去觉悟。

一、教授的教育智慧获得的可能性

（一）教授教育智慧获得的观念基础

启蒙、觉悟为教授教育智慧的获得提供了观念基础。什么是教育启蒙？有人说：“教育启蒙主要通过对教育观念的批判、解构与重建，引导人们超越已有习惯、经验和常识的羁绊，摆脱传统的负荷，走向理性

---

① 易中天：《禅的故事》，浙江文艺出版社，2018 年，第 167 页。

和自由。”[①] 刘铁芳认为：“教育启蒙就是探询自我教育行为的根本意义，这种意义是双重的，一是指向教育的对象，即我们的教育实践究竟在培养怎样的人；一是指向自我，即我们的教育实践对于自我生命究竟意味着什么。前者让我们在浮躁的教育实践中不迷失教育的方向，后者让我们在繁杂的学校生活中不至于失去自我。”[②] 教育是一项精神成人的事业，任何教育行为都旨在促进学生的人格健全与身心卓越，同时也意味着教育者自我生命的实现。教育需要启蒙。尽管人们对教育启蒙的表述不同，但其内涵都指向教授教育观念的理性自觉。在这种观念的启蒙下，唤醒教授的内在理性，使其能够跳出这个我们所“熟知”的现实的教育世界，以另一种视角打量自身的教育行为，发现其内蕴的教育意义。教授学术专业意识的发展就是一种自我启蒙和觉悟，这种教育启蒙是指向智慧生成的。

（二）教授教育智慧获得的实践条件

知识虽然不等于智慧，但教授所掌握的知识为其教育智慧的获得提供了实践条件，因为教育智慧的获得离不开知识。真正的知识不因时间、地点等因素的变化而变化，也不以个人兴趣、爱好为转移，应具有“非人格性”和“公共可传达性”。[③] 随着知识观的演进，由于现代科学知识长期以来应对自然及社会关系的强大作用，人们对其产生了一种内在的、逃脱理性批判的信仰，这意味着需要我们一点一点地积累智慧，只有如此，才能推进知识的演进积淀并产生对世界和社会的认识。人类如果有一点智慧的话，在一定程度上是靠知识的演进积淀起来的对世界和社会的认识。

伴随着知识的进一步发展，知识的力量彰显得淋漓尽致。知识就是力量，知识就是权力。正是借助知识的这诸多特点，通过现代知识体系搭建的现代教育体系，确立了经过努力成为教授的人在教育过程中传递知识的合法性和正当性以及角色和身份的权威性，使得现代教学过程从

① 代建军：《教师教育智慧生成路径》，《上海师范大学学报（基础教育版）》，2007 年第 3 期。

② 刘铁芳：《教育启蒙与教师专业意识的自主发展（之二）——探询教育的根本意义》，《教育科学研究》，2007 年第 9 期。

③ 李军：《教育智慧的生成》，中国政法大学出版社，2012 年，第 150 页。

本质上说并不是通过知识促进学生发展的过程，而是教授通过知识对学生思想和行为进行规训的过程，其直接的结果就是消解了学生对知识的批判能力，堵塞了学生对课程知识质疑的可能。这就是教师和学生教育教学生活的全部要义。建构在这种本质性的知识论意义上的教育架构充其量不过是在发挥其作为社会一个专门的“职业”行当所被赋予的或政治、或经济、或文化等的功能，其基本意旨在于通过知识与能力的提升，满足“受教育者”适应日益变化的实践的需求而已。“效用”成为判断教授教育行为品质“好坏”的根本的和唯一的指标，而智慧已被淹没了。

殊不知，教育是属人的，属人的教育最大的特点就在于其自身具备的精神性，即唤起人的感悟能力与觉悟能力及精神追求，让人于有限生存之中向往无限的永恒。因而教育在最广泛的意义上就是培养人的过程，“所奉行的是对受教育者的陶冶与教养。而陶冶与教养恰恰是对教育功能化的反抗，只有在对教育的现实功能化反思的基础上，教育过程的精神本身才能得到增长与培养”①。因此，好的教学离不开教授通过自己的行动并说出他所知道的东西的诱惑，因为那样会缩短了学习的过程，而恰恰是这一亲身体验学习的过程赋予了学生意义感，对什么是本质的东西有了感觉②。“教养的知识是把握事物本质的形式和规则，这一形式和规则并非仅是知识本身即思维和直观本身，也包括爱与恨、趣味和风格、价值评价和意志等。这样，教养知识就不再仅是知识中的一种，而是具有生成性的本体性意义。”③ 只有在知识成为生成方式的基础上，教授教育智慧的生成问题才是可回答的，才是可能的。

（三）教授教育智慧获得的现实可能

教育体制的转变为教授教育智慧的获得提供了现实的可能。教授教育智慧的获得，离不开突破国家教育体制把作为学术精英的教授对工艺性知识的掌握打造为意志形态后所铸就的坚硬壁垒；离不开摆脱科技工具理性对价值理性的殖民所产生的阻力；离不开回归学术生活的本质的丰富意蕴。在当今技术至上的工具性教育中，当教授运用理性的机会被

① 高伟：《教育的成形与节奏》，《湖南师范大学教育科学学报》，2007 年第 1 期。
② 刘铁芳：《日常教育生活中儿童立场如何可能》，《中国教育学刊》，2011 年第 11 期。
③ 高伟：《教育的成形与节奏》，《湖南师范大学教育科学学报》，2007 年第 1 期。

掠夺或扼杀的同时，必然伴随着其自身道德智慧和精神品质的衰败和堕落，使得作为学术精英的主要群体无法理性地分析自身行为的目的和意义。教授在强权制度的规约和琐碎的物欲生活的消磨中，逐渐丧失了思考的理性，蜕变成挣扎在“授知者”和“谋生者”之间的一群“行者”①。

二、教授的教育智慧获得的途径

（一）形成对教育的整全理解

教授作为学术与人才生产者，是最有条件也最需要对教育进行全面理解的。教授对教育的科学全面的理解需要从以下几方面进行：其一，教授要批判和反思近现代科学主义对教育的遮蔽，回归教育的本真。教育理解首要的在于教授如何理解教育。没有一劳永逸的教育，教育是永远在路上的事情。近现代以来那种以简单的态度对待丰富的教育生活的“经济原则”一旦成为教育精神，那么教授关于教育问题的认识对于知识论本身就是必需的。换言之，教师应该从一般经验（知识）出发，按照一种线性的因果关系去理解教育、理解学生、理解教学。从而，教育教学过程和受教育者就成为一个可以随意摆置的对象性存在被任意加工和整饬。教育中充满所谓的“塑造”和“改造”，似乎教授的教育工作就在于完成他对于受教育者成长的设定，而缺乏艺术化的味道。因此，正确的理解是，教育不能是“非人化”或“异化”的教育。其二，教育理解并不仅仅是对理解对象的认识。将理解视为认识，这是西方近代哲学以认识论替代本体论的必然结果。西方近代以来过于强调追求科学方法，导致科学的方法论精神渗透到一切领域。教育领域自然也不例外。教育依附科学并成为科学，科学的认识论与方法论自然成为教育理解的基础。即便教育被视为一种精神科学，但当为一切经验科学基础的归纳法也成为精神科学唯一有效的方法时，关于精神科学的理解和思考也被无一例外地打上自然科学模式的烙印。主客二分的思维方式下，这种所谓的教育理解不过是作为主体的教育者控制客体的一种行为活动。正确的理解是，需要主体和客体的参与，是自身与他者的统一，是一种关系，在这种关系中同时存在教育者和学习者交往的真实和理解的真实。其三，教育理解是指向教育实践的科学理解。这种指向教育实践的科学

① 李军：《教育智慧的生成》，中国政法大学出版社，2012 年，第 150 页。

理解显示出的是在一个特定情境中对其意义方面的理解和侧重。科学理解的获得并没有现成的规则和技巧可以遵循或自动转换，教育情境的偶然性决定了它不是一种孤立的、抽象的理解形式，对学生的每一次科学理解都是不同寻常的。但无论怎样，科学理解总是指向“善”的思想，也就是说，它涉及什么对学生才是“好”的，涉及教育的价值和意义，而教授的教育智慧正是在这种科学理解中不断得以显现。

（二）确立对教育的科学信仰

如果教育被视为一种事业，而不是一种单纯的社会需要的必不可少的职业，那么教育是需要信仰的事业，教授必须确立对教育的信仰。教授的教育智慧在观念意识的深层次上所体现的正是其教育信仰。问题在于什么是教育信仰？教授应建构怎样的教育信仰？这是每一位教授都应该深切关注的问题。① 建立教育信仰在本质上就是回归教育本体的教育，关注人精神世界的可能性和超越性。“教育本体是教育作为教育的根据之所在。所谓对教育本体的追求也就是对教育之作为教育的根据之寻求，也就是对教育信仰的追问和求索。”②

教授们理当在教育的最高境界下去信仰教育，即灵魂的感召。教授在人才培养过程中要做到，教育的目的就是要深入人心，触及灵魂，使人解放自己，解放成为人③。这需要教授们在自己的教学实践中自觉地去贯彻这种信仰，并将之作为一种基本的行动准则。

（三）构建对教育的健全思维

教授即便是优秀卓越的大学者、大专家、大智者了，其教育思维也不见得就是健全的。国内对教育思维的研究不多，在笔者视野范围内，刘庆昌教授在其《教育思维论》一书里指出：“教育思维是人类的教育实践理性，是教育理论认识在教育实践面前的凝结，也是教育实践经验在人们认识中的凝结。就其实质来说，是一定的教育观及其支配下的教

---

① 李军：《从休谟的信仰概念看教师的教育信仰》，《河北大学成人教育学院学报》，2010年第3期。

② 李军：《从休谟的信仰概念看教师的教育信仰》，《河北大学成人教育学院学报》，2010年第3期。

③ 中共中央马克思恩格斯列宁斯大林著作编译局编：《马克思恩格斯选集》第四卷，人民出版社，1995年，第16页。

育操作思路的统一体。”① 以刘庆昌的定义为基础，教授究竟需要构建什么样的思维体系，体现如下：

之所以要有健全的思维体系，是因为从事学术职业的教授所生活的世界是一个三象世界：物质世界、精神世界、符号世界。物质世界是被物理学、天文学、化学、生物学所描述的世界；精神世界是被心理学描述和解释的世界；符号世界是心灵产物和心理活动的、语言的和客观思想内容的且不管是口头还是书面的世界范围。② 符号世界是人造的，同时又明明是超乎人类的。它超越了自己的创造者。③ 符号世界是思想的载体，是知识的存在，学术活动所在的世界主要是符号世界，大学是符号世界最重要的组成部分。精神世界的变化，通过符号世界来传递，必须依靠训练和学习后的理解力与感受力，大学是训练和学习这种理解力与感受力的最重要的场所，大学这个学术世界所建构的符号世界会给精神世界带来长期的影响，通过各种语言文字的共有，带来了精神世界的共通，大学对符号世界的改造依靠不断的学术批判和对科学知识的增值，因为符号世界是普遍性递减和复杂性递增的一个系列。自然科学的普遍性是在数学之上，人文科学的复杂性是在心理学之上。自然科学让符号世界与物质世界联系，人文科学让符号世界与精神世界联系。物质虽属自然，却易用人力来改造。精神虽属人文，却须从自然中培养。④ 可见，三象世界里没有一件事是另一件事的全部的或唯一的原因，全部三象世界共同协作才能产生一个新的机缘，每一个机缘都是和三象世界关联的，这就是“万物皆出于机，皆入于机”⑤。进行人才培养和科学研究的大学就处于这样一个物质世界、精神世界、符号世界的三象运行变化里。三象世界浑然一体，经过大学这个符号系统培养的人就在这种浑然一体的共同体里与自然和社会共生。从事学术职业的教授，需要在三象世界形成的互动性思维的牵引下来健全自己的学术思维和教育思维，教授的学术职业主要是以体力作用于物质世界，以心力作用于精神

---

① 刘庆昌：《教育思维论》，广东教育出版社，2008 年，第 3 页。

② 蔡剑：《协同创新论》，北京大学出版社，2012 年，第 13 页。

③ ［法］孔多塞：《人类精神进步史表纲要》，何兆武，何冰译，生活 · 读书 · 新知三联书店，1998 年，第 26 页。

④ 钱穆：《湖上闲思录》，生活 · 读书 · 新知三联书店，2005 年，第 68 页。

⑤ 庄子：《庄子》，方勇译注，中华书局，2010 年，第 19 页。

世界，以智力作用于符号世界。而大部分的心血需要倾注于符号世界，因为在这个过程里天生的体力并没增强多少，群体的心力也并没多大改观，但是智力却是日新月异。人无疑是自然世界的一部分，但在创造符号世界的过程里，自然被人超越。至少因为物质世界先于人类语言、批评思想和知识的出现而存在。① 为什么在人从事各种职业的过程里，人的智力可以不被体力限制而突飞猛进，人类社会为什么可以一次次超越物质实际取得巨大成就？这主要得益于符号系统发挥的巨大作用。尤其是大学产生以来的人类社会，经过大学教育之后的人，可以更好地运用符号认识物质世界与精神世界，可以更好地自主改造符号世界。符号世界是人类在发展的过程中建构的一个最重要的世界，也是一个在很大程度上可以自主的世界。人类社会的文明史就是符号世界推动的知识发展史，也是符号世界的改造史。归根结底，人类无限发展的基石在于主动改造并发展了知识，获得了智慧。“智慧是平衡发展的结果。教育所要达到的正是这种个性的平衡发展。对于不久的将来来说，最有用处的发现，就是能增进这一目的而不妨碍必要知识专业化的发现。”② 当然，这一平衡发展结果的获得不是容易的事，在人类的发展进程里，不但是“适者生存”，更加是“智者生存”。假如基于人类文明从原始社会走向现代文明社会的进程角度把人当成生存系统，“智慧/思维”则是这套生存系统的操作系统。人的伟大恰恰在于形成并发展了其生命和创造其知识的模式，这种模式便是“智慧”或“思维”。这种思维模式受到前述的三象世界的共同作用。人类社会得以发展，恰是由于不同思维之人和世界的不同互动模式的组合。这种互动性的思维不同于知识，思维不是知识的容量，而是知识的活力。思维拥有超越性与概括性，思维能概括出事物的本质，并超越特定的时空与特定的事物。大学能很好地助推人获得这样的思维，教授所从事的学术职业在很大程度上也是为了助推人们获得这样的思维，思维会使人在学习与创造知识的时候形成一种模式，这种模式使人的思想活动重复，创造力偏偏就起源于这种重复过程

---

① ［英］卡尔·波普尔：《开放的宇宙》，李本正译，中国美术学院出版社，1999 年，第 16 页。

② ［英］A. N. 怀特海：《科学与近代世界》，何钦译，商务印书馆，2017 年，第 218 页。

中①。在大学里，更有助于把科学研究中重要环节——概念的思维努力负担起来②。专门从事学术职业的教授可以帮助人们获得这种思维，这样的思维之所以可以引领人们在三象世界里保持平衡和发展，乃是因为其有意识地认识世界规律，创造科学知识，改造符号世界。在三象世界里基于有意识的思维运动层面（此外还有无意识的运动层面，即物质世界与物质世界之间的运动，人是意识不到的，这叫作“无思”）来看，在大学里主要以学术职业为生的教授，能够较好地使自己和帮助他人获得五个方面的互动性思维（见图 7-1）。

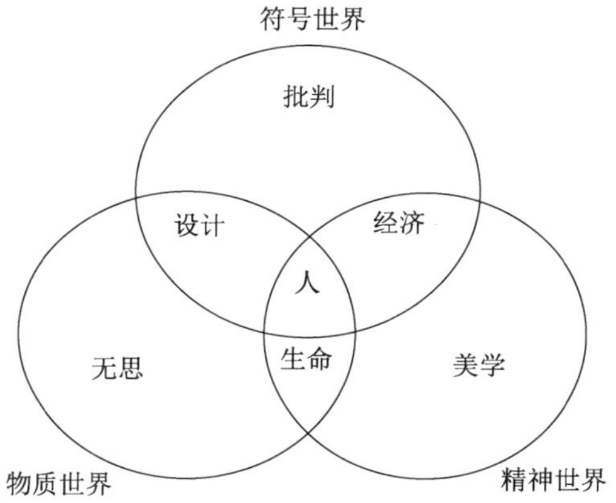

图 7-1　三象世界和五种互动性思维的共生

在教授的这些思维中，批判思维使人辨真伪，主要认识符号世界和符号世界的互动关系，在教授的学术职业里主要通过“科学”方面的理性判断知识的真伪来实现；美学思维使人知美丑，主要认识精神世界和精神世界之间的相互关系，在教授的学术职业里主要通过“艺术”方面的感性表达形象的美丑来呈现；经济思维使人计盈亏，主要认识精神世界和符号世界的相互关系，在教授的学术职业里主要通过“经济”方面的分析厘清事物之盈亏来显现；设计思维使人定分合，主要认识物质世界和符号世界的相互关系，在教授的学术职业里主要通过“工程”方面的综合构建事物之分合来体现；生命思维让人思存亡，主要认识物质世

① ［日］汤川秀树：《创造力与直觉：一个物理学家对于东西方的考察》，周林东译，河北科学技术出版社，2000 年，第 104 页。

② ［德］黑格尔：《精神现象学》上卷，贺麟，王玖兴译，商务印书馆，1979 年，“序言”。

界和精神世界的相互关系，在教授的学术职业里主要通过“伦理”方面的道德领悟生命之存亡得以实现。换言之，教授主要通过自己所从事的学术职业助推大学在科学、艺术、经济、工程、伦理等学科专业领域的研究，认识是这种互动性思维运用的结果，进而助推人们处理三象世界间事物演化的复杂关系。人类社会的方方面面的发展都是整体系统的思维的组合，折射的是互动性思维的五个方面的综合，大学在这里边的最大价值是通过以教授们为主体开展全方位的科学研究和人才培养，把隐藏在自然界与社会里的事实和基本规律以符号彰显出来。以大学为主体的符号世界在整个三象世界里的价值意义极其重大，正如卡尔·波普尔所说：贯穿人类智力的符号世界，这个价值是一切之中最高的价值，尽管我们不得不承认其他价值进入我们的符号世界。①

教授要培养和健全自己的教育思维，就必须从这五个方面对教育思维进行深刻理解。健全的教育思维，应该是尊崇信服教育的应然理想与价值，以教育的应然理想展开教育思维，这是教授教育智慧获得的机制和必然途径。它说明了教授是以怎样的方式领悟教育智慧并正是以这种领悟现实地选择了他自己的生活。智慧不是某种在人之外预设的东西，教授更不是对那个超然物外的确定性本质的寻求者。教育智慧就是教育的应有之义，对于教授而言，要说明的是教授的从何所出，又向何所归的本体论问题。教授教育智慧的获得，其实质就是不断回归教育精神和生活意义的思维性活动，显现出的是教授对于“好”教育的追问和求索。正是教授对于教育和智慧的态度以及他试图成就其自我的方式，决定了教育智慧获得的实践可能。

第二节　教授的虚像与实像

一、教授的阴影

（一）教授的个人教育观念

前述说过，知识属于人类，智慧属于个体。那观念属于谁呢？观念在很大程度上属于个体。属于个体的东西，关键看自己怎么把握，如果

① ［英］卡尔·波普尔：《无尽的探索：卡尔·波普尔自传》，邱仁宗译，江苏人民出版社，2000年，第206页。

把握不好就可能形成某种负面的影响。这里可从教授个人的教育观念来进行理解。教授的个人教育观念是指在一定的历史文化背景下，在日常生活、教育教学实践与专业理论学习中，基于对学生发展特征和教育活动规律的主观性认识而形成的有关教育的个体性看法，这些看法直接影响着教授对某个教育问题的判断，进而影响着其教育行为的实施。① 可以从以下几点来理解教授个人教育观念的内涵。

第一，教授的个人教育观念是特定教授个体所独有的教育观念群。教授的个人观念是教授个人关于教育的主客观的理论，就是教授个人所持有的教育观念，包括教育目的、教与学、学生、学科、自己的角色和责任等的观念，因为是个体所持有的教育观念，所以就更加凸显个别性和实践性。

第二，教授的个人教育观念在特定时空里发挥自己的作用。个人观念和个人理论与所谓的宏大观念和理论相比，显然属于“小观念”和“小理论”，但是正是教授个体的“小观念”和“小理论”才更具体地落实到真实的个人，落实到每天都在进行着的、真正发生的教育过程中。这就是说，教授的“个人理论”或“个人观念”可能比教科书上的或者其他专家所表述的那些理论对实践产生的影响更大。

第三，教授的个人教育观念必须自己去建构。教授的个人观念都要自己去建构，形成自己的个人理论，这些个人理论都带有个人经验与个性化的诠释成分。尽管有人学习甚至借鉴他人的理论或观念，但是回到自己的教学实践和社会生活中，指导每个人自己的早已不是他人的知识和理论，而是自己建构起来的知识和理论。事实上，每个教授对教学事实的认识和对教学问题的理解都是从自己所认为的理想教学的角度出发，以自己的努力并按照自己认为最合适的方式进行的。每个教授在采取行动的时候，并非不假思索、机械地执行任务或随意而为，而总是受到自己的某种内在的解释性框架的指引，这种内在的解释性框架便是教授的个人理论。

第四，教授的个人教育观念是内化为自己认识观念的准则。因为个人理论与自己的认识、工作、生活息息相关，对自己成为一个真正的教

① 易凌云，庞丽娟：《教师教育观念：内涵、结构与特征的思考》，《教师教育研究》，2004 年第 3 期。

授相当重要，所以一定要高度重视这个问题。一个真正的教授，一定是形成了独特的个人理论的人，也就是说，他是一个对教育提出了自己的解释性框架并用其指引自己行为的人。所以，教授的成长，其实就是将传统意义的书本上的公共知识和公共理论，经由个人实践、研究、反思、感悟和内化，最终转化为个人对教学教育的认识和观念，以及在教学实践中信奉和遵循的准则。

第五，教授的个人教育观念一定要经过自己的感性认识上升为理性认识。一个不能全身心投入日常教育教学实践的教授，最多只能积累起公共知识和公共理论，而无法形成个人理论，所以大学里有些教授教学水平低下。公共知识和公共理论如果不能内化为个人理论就无法有效地指导实践，只有生动而丰富的教学实践才蕴含着理论创生的可能性。但是，并不是每个人都能形成个人理论，因为只有对自己的经验进行提升，使感性认识上升为理性认识，形成自己的教学理论，才能有个人理论的诞生。如果仅凭着直觉和不完全推理在实践中自主摸索并总结当下的教学究竟应该怎样开展，也是无法形成个人观念或理论的。

第六，教授的个人教育观念其实质折射了自己的教学风格。有了个人观念和个人理论，才能形成自己的教学风格，而形成教学风格是个人理论在实践运用中的最高境界。这时，一个真正的专家学者乃至教育家已经呼之欲出了。

（二）黯然失色的教授

1. 远离讲台导致的黯然失色

这里所说的黯然失色，不是指教授不会上课，也不是说教授没有上课的水平和能力，而是多年来，教授远离了讲台，尤其是远离了本科生的讲台。黯然失色的意思是指学生在讲台上看不到教授的身影，尤其是看不到知名教授的身影。原本很多学生想上某所大学是冲着教授的声望去的，然而在讲台上却难以见到知名教授。21 世纪初期，为数不多的几所大学因为知名教授给本科生上了课而大力宣传后，引起了强烈的社会反响。例如，2001 年数学大师陈省身给本科生上课、复旦大学俞吾金教授给本科生上课；2002 年中央电视台在全国著名高等学府录制《名师讲坛》专题片，每个著名大学推出 5～10 位著名教授讲课①……这些事件同时也揭露了一个现状：大学教授远离了本科生的讲台。其背后隐藏的是大学的教学质量高低与否和学生未来的社会竞争力的问题。

2. 政策驱动上讲台导致的黯然失色

教授的职业使命原本就是给学生上课，但令人遗憾的是，这事竟然要落到靠国家政策推动。在过去的一段时间里，很多教授长期不上讲台，远离学生。殊不知一个辩证关系——不上课就不是教师，不做研究就成不了好教师。这本身就折射了教授黯然失色的一面。较长一段时间里，重科研轻教学的整体氛围严重影响了大学功能的发挥。21 世纪已经过去了 20 年，在这 20 年里，在推进“双一流”建设和高质量教育建设的进程中，国家虽然采取了很多重视教学的措施，但仍需要一段相对较长的时间来加以完善。

3. 教授收入导致的黯然失色

多年来，流行着一句话：“教授教授，越教越瘦。”其根本原因就是教授的基础工资低。中国现行情况是，教授、教师、研究者的收入中，不到一半的收入来自基本工资，其余的来自其余资源。在基本工资不能维持一个体面生活的情况下，谁有时间来做严肃的科研？②

4. 异化的学术追求导致的黯然失色

功利的学术追求引领着从事这一职业的人努力地往学术金字塔的顶端去爬，“助教—讲师—副教授—教授—博导—某某学者—院士”这条线路一直引领着在这条道上的人向着更高的头衔去冲刺，冲刺到更远，给本人带来的是名利更丰富，即便冲刺到这条线路后半截的人们不会这么想，他人也会这么现实地认为。这本身就已经使追求学术头衔的人在很多时候失去了原有的光彩了。

（三）知识结构受初级教化固有非理性的影响

虽然经过一定时间的成长发展到教授级别了，但是教授在初级教化或社会化中所形成的文化心理结构是有较强的价值和功能的，它不仅决定教授的情感倾向，也决定教授的知识结构的天然秩序。在广义上说，一个人甚至到了垂垂暮年，在价值思维判断和选择方面，也常常受孩提

---

① 熊丙奇：《大学有问题》，天地出版社，2004 年，第 46-47 页。

② 郑永年：《中国的文明复兴》，东方出版社，2018 年，第 206 页。

时代所受教育知识的支配和影响，也就是这个道理。正因为是这样，所以有这方面经验的家庭及社会，总是注意幼儿文化知识的教育和培养。所谓“教妇初来，教儿婴孩”，就是指此而言的。[①] 但是我们必须看到，一个人在初级教化或社会化阶段所形成的文化心理、知识结构，大多是停留在感性认识上的，在价值思维判断和选择方面也往往是非理性的，因为他还不能从理论上、从世界观和抽象的范畴概念上，认识外部世界的普遍价值及其内在联系。因此，初级教化所形成的文化心理、知识结构，虽然有很强烈的价值倾向，但它本身是非常不稳定的，是易变的，也是并不具有价值思维判断和选择的普遍合理性的。教授虽然是掌握了丰富知识的专家，但是也会受到这样初级教化时期的某些根深蒂固的影响。每一个教授都会发现自己以往或年轻时候的一些想法或做法是幼稚可笑的。以往或年轻时候拼命追求的东西，甚至为它付出了很大的代价，及至成年，知识多了，思想成熟些了，就会发现那拼命追求并付出代价的东西，并不是值得的，或者说它根本不具有值得追求的价值。在初级教化或社会化阶段所形成的知识结构中，有许多观念是世俗的、非理性的，如门第观念、权力观念、金钱观念、名誉地位观念等。从本质上说，这些观念都是不具普遍价值的，也是非理性的。当一个教授获得了一点知识性权力地位就摆架子的时候，或者因自己的父母兄弟有某种权势地位就去傲视别人的时候，实际上他已经处于非理性之中了。他自己也许并不觉得这样做不对，但是从高度的理性自觉来看，就会觉得他的这些思想和行为是幼稚可笑的，是无知的表现。理性自觉达到一定高度，他也就丝毫不会为眼前的利害得失所动了，也就会虚怀若谷、常德不离了。因为那普遍的价值和高度的理性自觉不仅使他具有过人的道德力量和勇气，而且能够使他排除一切非理性，以高度的理性泰然处之。

（四）知识结构的倾斜固有的非理性

所有的人都会受到初级教化或社会化所形成的文化心理、知识结构的非理性的影响，即使经过职业或专业训练，也会造成知识结构的倾斜和不自觉，从而陷入非理性。某些职业、行业偏见，某些专业上的特殊爱好、偏颇及迷狂等心理行为，就是这种非理性的表现。他们常常以自

---

① 司马云杰：《价值实现论：关于人的文化主体性及其价值实现的研究》，安徽教育出版社，2011 年，第 293 页。

己的职业、行业、专业知识看待一切，甚至以偏概全，以为自己的知识就是绝对真理，什么问题都可以解决，而且必须以此解决，而不知道自己的专业知识是有局限性的，并不能包揽万有，解决一切问题。搞法律的总爱从法律上看问题，搞政治的总爱从政治上看问题，搞经济的总爱从经济上看问题，等等，就是这样，他们的知识常常形成一种特殊的心理框架或价值参照系统，而不知道这种心理框架和价值参照系统包含着价值思维判断和选择上的倾斜与非理性。不要以为从理论范畴概念上获得的知识就具有普遍的价值和绝对的真理性。不是的。即使是理念的东西、观念的东西，只要陷入了不自觉，也照样陷入非理性。特别是一些专业的理论观念和范畴概念更是这样，因为它只是通过对某种特殊事物的关系、联系及其本质的认识所获得的知识，以为这种知识可以解决一切问题，或者说只要按照这种知识去做，一切问题都可以解决了，那就错了。专业知识只是对世界事物的某些方面、侧面的认识，它只具有部分真理性，只能为解决世界复杂的事物提供某些特殊的认知系统和参照框架，把它视为绝对真理，并要其他的一切价值思维判断和选择服从这种真理性，也就变得荒谬了。一切以自己的职业、行业、专业知识傲视他人的思想和行为，在价值思维判断和选择上都是非理性的。不论是自然科学知识还是社会科学知识都是这样。某些专家之间互相看不起，甚至互相诋毁的现象就是这样的非理性和消极面所在。

教授尤其要注意，不要以部分的价值判断代替普遍的价值判断，并不是不要教授追求专业知识，更不是不要教授在自己的知识范围内追求知识的真理性。不是的。恰恰相反，如果一个教授对专业知识没有执着的追求，甚至达到痴迷的程度，在事业上是不会有太高的成就的。艺术家追求美，道德家追求善，哲学家追求形而上学的纯粹真理性，宗教神学家追求至神的存在，都是非常执着的。陈景润对数学的痴迷也是这样。没有这种执着的追求，不能达到痴迷的程度，他们在自己的知识领域里就不能做出强有力的价值思维判断。应该特别指出的是，这种知识追求和价值思维判断并不是自私的，而是以追求普遍的价值为目的，是超功利目的的。艺术家追求美，道德家追求善，哲学家追求形而上学的纯粹真理性，宗教神学家追求至神的存在，以及自然科学家追求科学真理，等等，追求本身就是目的，一种神圣的目的，而不是自私琐碎的欲望、目的和动机。他们的执着和痴迷，不过是特殊的知识结构在价值思维判断和选择中占了统治或主导地位而已。

（五）价值思维判断固有的心理定式

据前述所知，教授的知识结构在价值思维判断和选择中的地位，归根到底是哪种知识在起作用的问题。教授具有什么样的知识和知识结构，也就具有什么样的价值思维判断，也就会选择什么样的生活。很多人不能像诗人那样迷恋奔流的溪水、远逝的马嘶，也不能像音乐家那样静听自然界的风声、雨声及种种喧闹或寂静中的音韵和旋律，更不会像哲学家那样从宇宙的法则秩序中体会到一种人生哲理或抽象的真理性，因为他们的知识并没有使他们意识到这种价值的存在，无法达到诗人、音乐家、哲学家价值思维判断和选择的层次与次序，或表现出那样的风格、情调及方式等。广大教授们的一切价值思维判断和选择的层次、次序、风格、情调、方式等，都是以其知识所能达到的程度为依据的，除此之外，他不可能选择和实现那些对他来说认识或意识不到的价值，因为这些价值是在他的理解、认识、意识之外的。

教授的知识结构是有一定稳定性的，特别是在封闭的环境中，这种稳定性的知识结构一旦形成或具有某种模式之后，它在价值思维判断和选择方面就具有很强的心理定式。在传统社会，人们生生死死、世世代代都住在一个封闭的社会文化环境里面，不知道山外有山、河外有河，甚至一辈子没进过县城、没见过火车，要他们感知封闭环境以外的价值，是根本办不到的。他们只能以自己生存环境中获得的知识去进行价值实现，也以那些知识为最大的价值。“坐井观天”的故事和道理，就是这种思维定式抹不掉的记忆、哭不出的苦楚，哪里还能进行新的价值实现呢？当然，这并不是说传统社会里的人情感简单或者精神生活不丰富，而是说他们在他们的知识所限制的圈子里，只能过一种封闭的生活。教授即便是高级学术精英，稍不注意，有的时候也难免存在这样的思维定式。自然，教授们的知识结构并不是凝固不变的，特别是在现代社会，随着交通工具的发达及大众传播媒介的发展，封闭环境被打破了，视野广阔了，知识结构也更多元、更合理了。现在城市人的生活方式、样式很快就传播到农村就是证明。知识结构优化了，视野广阔了，自然在价值思维判断和选择方面也就与以前不同了。这也正是现代社会的人比传统社会的人见多识广、价值追求多样化、不断向更高层次发展的原因所在。

总之，作为专门从事学术职业的教授需要注意的是，社会现代化是一种特殊的社会变迁，它不仅会改变人们的知识结构，也必将使人类的整个生活方式、人生观、价值观发生巨大的变化。在这个变迁过程中，知识将怎样影响和改变人们的人生观和价值观？这种影响和改变哪些是合理的，哪些是不合理的或非理性的？这无论是对现在的人们，还是对人类今后几个世纪的生活特别是精神生活，都是至关重要的。因为按照哪一种知识结构发展人生观、价值观的问题在今后几个世纪不仅影响着人的价值思维判断，而且将支配整个社会的价值取向：或者越来越浅薄，越来越物质化、机械化，过一种只会追求物质享受、经验实在而没有精神理想的生活；或者越来越深厚，在物质财富和科学技术发展的基础上，更加精神化、理想化，人们不仅追求物质享受、经验实在，更追求精神超越，或过一种更富精神理想的生活。现代化社会究竟向哪种方向发展变迁更具有合理性，这不仅是一个社会学的理论问题，更是一个文化哲学问题，而知识结构的发展恰恰是这个问题的核心。因为人生观、价值观受哪一种知识结构支配，最终将决定人及整个社会选择过一种怎样的生活。① 教授如果在自己的学术职责中不能纠正这些消极面向，就不能很好地引领人们选择过一种更科学合理的生活。

二、教授的实像

（一）教授的定位

说教授的定位，自然首先要回答一个问题：教授是谁？这源于“我是谁”或“我们是谁”的追问。“我们是谁”的问题，意味着是一些什么历史综合体构成了我们的认同，以及我们如何以另外的方式存在②。教授是谁？这并非说学术研究与教授是两个须臾不可离的“专业”，而是“教授”本就置入“学术研究”之中。这也并非说“学术职业”的贯彻实施无论如何离不开“教授”，而是说如果没有“学术”，也就无所谓“教授”，而没有“教授”，也就失去了学术意义的体认。我们对本真

① 司马云杰：《价值实现论：关于人的文化主体性及其价值实现的研究》，安徽教育出版社，2011 年，第 295-297 页。

② 于治中：《现代性的悖论与开展：汪晖的思想视界》，《思想与文化》，2008 年第 1 期。

学术意义的追问由此便关涉“教授是谁?”“谁是教授?”“教授在何种意义上可称为教授?”。问题可以寻求解决的途径，而难题只能追问，现代性背景下，“教授是谁”这个难题变得极为尖锐。现代性所造就的不确定性深刻地影响到教授的生存心态及自省能力。下面，笔者尝试从以下几个方面来回答。

（二）从事学术职业不是普通的事

虽说作为学术职业的教授，其职业发展有着全方位的思考视角，但是本书集中讨论的乃是作为学术职业的教授怎么发展得好的问题。培养未来的大学教授，是大学的重要职责之一，它要求大学教师和学校领导以及国家和社会付出最大的努力。进入新时代的中国高等教育正在发生全面变革，这种变革往往被描述为“再造”或“文化转型”，这使目前大学的责任受到了极大的挑战。经过“双一流大学”建设和“应用型本科高校转型”建设，中国高等教育正在经受“大转型的阵痛”。影响着高等教育的那些冲击力也是众所周知的：公众对大学责任的怀疑和要求、财政紧缩的需要、公众日渐增长的对教育促进经济发展之作用的期待、信息社会的形成与新技术的出现、学生多样性的日益增强、新教育机构的出现、越来越多的对学习成果的强调。由于高等教育机构所承受的这些压力和它们内部发生的变化，大学教授必须具备更多的技能。尽管大学教授一直以来都必须具备大量技能，但下一代未来的大学教授必须扩充他们的技能准备。

我们对未来的大学教授能有什么期待？必备技能的清单应该集中在所有对教授学术职业能力方面的要求上。未来的大学教授必须掌握研究能力，必须对各种认识途径有所认识，并对研究者可能遇到的伦理责任有所认识。面对大批不同的学生，他们必须知道教与学发生了怎样的变化，他们必须能应对这一局面。他们必须知道在教学中如何运用技巧，必须知道承诺的意义和践行，必须对他们所服务的教育机构的类型有充分的了解。他们必须有效地与各类听众进行交流，这些听众包括政府领导和基金会领导、社团的成员、家长和学生、教育机构领导和大学同事。此外，他们必须知道如何有效地、适宜地与各类学院内外团体合作，也必须知道怎样对制度化的公众负责，理解高等教育面临的挑战，并且理解这些挑战对他们作为社会中的学术人的身份所产生的影响。[1]概言之，大学教授必须时常更新知识观。今天以及未来的大学教授所面对的是了解大学的任务并使学术职业工作更为直接地与当代和未来生活的现实接轨这一需要。未来的大学教授所需要的不仅仅是学术技能的扩展，还必须受到各类培训以适应各种各样的大学工作，需要努力面临各种挑战：来自高等教育内部和外部的各种压力与期待形成了一个大变革的时代。大学内部的变革直接影响着大学教授的工作和生活。新的期待要求未来的大学教授有更广泛的技能、知识和更强的理解力，而这些远远超出了对大学教授的传统要求。未来大学教授的培养问题绝不是“普通的事情”。

大学教授一直需要面对的一个实际问题是，需要一直努力，需要面向未来一直努力，迄今为止，围绕教授的学术职业发展所做出的很多努力可以提供很多经验教训。为了继续应对大学环境的变化，满足未来大学发展的需求，大学领导、教授、相关协会领导、基金会领导、政府必须从实际出发，批判地思考学术职业道路和未来大学教授培养的提高策略。这是教授学术职业建构中最大的实像。

（三）打造自己的不可替代性

在人格上所有人是平等的，但在现实的社会里，每个个体在社会中总有不同的社会位置。这里的社会位置不能也不应该是人格层面的，因此，不能等同于等级社会里所谓的社会地位。社会位置的存在，正像任何人群总是需要领袖一样，每个个体在人类社会中总是有一个分工的位置。或者说，社会位置不反映一个个体的尊卑，但反映个体在人群中对群体的贡献。因此，要看清大学教授的社会地位，等于要弄清楚他们在给定社会中有多重要。回答这个问题，取决于两个因素。

第一个因素是给定人类群体的价值取向和社会发展水平。对于一个典型的现代工业社会，在进入社会之前，个体需要在人性的各个方面都做好大量的准备。在做好这些准备的过程中，最关键的时期是自己从小到大的主动教育期，因此，一个“合情合理”的现代社会一定能认识到教授这个学术职业的重要性，会尽量吸引知识人才进入这个行业。不

---

① ［美］唐纳德·吴尔夫，安·奥斯丁：《教授是怎样炼成的：未来大学教师培养的改进策略》，赵文译，北京大学出版社，2011 年，第 9-11 页。

过，为了让更多个体过上有尊严的生活，先进的现代社会决定了它们是快速发展的社会。在快速发展的社会里，其他职业同样需要大批的知识分子。例如，那些直接给社会创造价值、提供优秀就业机会的新兴行业，可能更加需要知识型人才。综合考虑的结果，先进的现代社会不会倾向过于强调教授这个学术职业，而会让相当一部分专业化程度较高的人去领导对社会发展举足轻重的行业。这等价于说，在现代社会里，大学教授是一个重要的学术职业，但只是重要职业之一。

第二个因素是教授这个群体本身的学术职业水平。如上一段所述，大学教授是现代社会中相对重要的一个行业。但是，如果大学教授不能完成大学本该完成的任务，无法体现大学在给定社会结构中的重要性，这个行业将会使社会失望，大学教授的社会位置将整体下滑。① 相反，如果大学教授除了能够完成大学“树人、育才”的基本任务，还能够作为给定社会的核心创造中心，担负相当一部分创造优秀就业机会与社会价值的责任，那么教授的社会重要性将变得更加突出，自然会得到整个社会的认可。

21 世纪，中国政府领导层一直在强调大学和大学教授的重要性，尊师重教、尊重知识、尊重人才等提法都是具体体现。在这一点上，欧美国家是难以企及的。这对中国的大学教授们是好消息。但是，教授们必须注意到，如上段所述，一个行业要得到尊重，不能够完全靠宣传、靠政府认同。具体到中国的情况，如果从业者大部分是不合格的，那么政府的宣传机器再强大也无法挽救这个行业的社会认可度。实际上，如果大部分大学教授不能完成自己的基本任务，那么越是高调的宣传越会起反作用。至于一个具体的大学教授，他所能够得到的社会认可只能靠自己的个性魅力和学术职业修养。社会对教授这个学术职业的全面认可会有帮助。但是，在现代社会里，行业的平均价值不会被等同于个人的重要性。并且，越是像大学教授这样的重要社会岗位，其个性化特性会越强。因此，教授作为高度个性化的行业，南郭先生滥竽充数那一套迟早要露馅。别忘了，年轻学子们的眼睛是雪亮的。

关于个体在人类社会中的重要性，有一个普遍适用的标准：不可替

① 王飞：《论大学教师专业化进程中的“知识暴发户”》，《现代大学教育》，2016 年第 1 期。

代性决定个体的社会重要性。在一个给定的人群中，如果某个个体所从事的是一项群体必需的工作，且在群体中无人可以取代，那么这个个体在该人群中的重要性将不言自明。进一步地，社会群体越大，个体的重要性越强。以这个标准看，个体的社会重要性并不是一成不变的——人是活的。不可替代性这一条标准对于教授这个学术职业当然是适用的，若某教授的去留会决定性地改变所在大学的影响力，那么这位教授在该大学中自然是重要的。若是某教授在一个国家甚至整个人类知识界具有不可替代的精神价值，这位教授必然会被认为是这个国家乃至整个人类的宝贵精神财富。例如，100多年前的爱因斯坦就是这样的大学教授。①

（四）教授是大学社会契约的真正履行者

大学的建立实际上是基于大学的社会契约。“一所大学办得怎样，完全取决于对照这个契约加以检查。大学是一个非自然人的社会组织，并不能具体履行社会契约。”② 按照中国目前的法律，大学的校长是大学的法人代表，那么这个契约的签约人和履行者能不能是校长？答案是否定的。首先，大学的校长会更换；其次，真正的契约履行者只能是教授们，而非校长等其余非一线教师。是教授们每天面对年轻学子，把一批批学生从“伊甸园”里接过来，加以培育后再送回实实在在的社会。处于“黄金主动教育期”的学生，除了自身意愿与努力以外，其最后能够达到的高度——大学“树人、育才”的完成程度，取决于大学教授们。即使是学生自身的学习意愿与努力，在相当程度上也有赖于大学教授们的调动与激励。如此看来，大学教授们必须意识到他们特别的义务——大学社会契约的履行者。即使是大学社会契约的负责签订者——大学校长，也只是大学教授们的代表。没有大学教授们的背书，大学校长与社会签订的契约必然是无效的，这样的契约更是无法履行的。建立在无大学教授背书基础上的大学，其成功是难以想象的。但任何一个大学教授，无论多么有学问，都无法独立签订、独立履行大学的社会契约。甚至，如果大学的每一位教授不通过协作而形成一个整体，那么社会契约

① 彭笑刚：《大学与伊甸园：理性教育与人性发展》，清华大学出版社，2015年，第111页。

② 王飞：《论大学教师专业化进程中的“知识暴发户”》，《现代大学教育》，2016年第1期。

还是没有办法完成。在英文中，“大学教授们”和“一个大学教授”是两个完全不同的词，“大学教授们”是“faculty”，“一个大学教授”则是“professor”。在强调一位教授是教授整体中的一员的时候，英文则用“faculty member”。时至今日，“faculty”这个词还没有一个很好的中文翻译。也许，这从一个侧面反映了国人对大学的理解还是不太到位。①

（五）教授是学生契约生效的课堂践行者

如果说大学教授们与社会签订的社会契约是大学建立的基石，那么大学还依赖另外一个契约而运行，这个契约是一门课程的某个教授与所在课堂的学生之间的契约，简称为“学生契约”。不同于社会契约，学生契约不是长期不变的，而是短期的、频繁更换对象的；学生契约不是大学教授整体的契约，而是一个具体大学教授所履行的契约。学生契约有一个重要作用。原则上，大学的社会契约并不涉及学生，而是由社会与大学教授整体签订的契约，在比较狭窄的层面看，也是投资者与执行人之间的契约。学生契约的作用，相当于把大学的社会契约具体化，从而把社会契约的直接受益人——大学学生，与原始的社会契约联系起来。当一个教授开一门课的时候，他与所在课堂的学生之间的学生契约就生效了。学生契约大致包括三部分：在不违背大学精神的前提下，教授承诺讲授该课程教学大纲规定的课程内容，并努力完成大学社会契约“树人、育才”的目标；学生必须遵守大学有关校规、课堂纪律，按时完成教授提出的课程要求；教授拥有给学生布置作业、检查学生课业、对学生进行各种考试的权利。虽然这个契约是必需的，但大学一般只会在学校的规章制度中做一般性描述。这导致了一些教授，包括学校的行政人员，完全无视它的存在。这就是为什么会出现新疆石河子大学的事情（2013 年，新疆石河子大学校方把上课不认真的各种情况录像，在教学楼的大屏幕上滚动播放，以此警示学生）。②

在一个大学里，每位教授都应该牢记学生契约的存在。在学生契约里，教授对学生的要求是有条件的。首先，所有的要求都不能突破大学

① 彭笑刚：《大学与伊甸园：理性教育与人性发展》，清华大学出版社，2015 年，第 114 页。

② 彭笑刚：《大学与伊甸园：理性教育与人性发展》，清华大学出版社，2015 年，第 116 页。

的社会契约和大学精神。其次，一个教授只能针对给定课程的需要要求学生。除此以外，任何损害学生利益和意愿（例如期待甚至要求学生请客送礼）、侵犯学生个人隐私（例如公布学业不好的学生名单）、侵犯学生受教育的权利（例如歧视甚至羞辱某个特定群体的学生）的事情，都是违背学生契约的。一个合格的大学教授，必须要有足够的精神准备履行学生契约，并能够主动而愉快地完成一份份学生契约。当然，仅仅有契约精神还是不够的，一个合格的大学教授还必须拥有足够的学术修养，有一定的传授真理的能力。只有同时具备这两条，一个大学教授才可能完好地履行学生契约。应该指出的是，学生契约实际上也规定了学生的义务和教授的权利。由于大学对应的学生个体处于“黄金主动教育期”，学生一般不应该被强制要求学习。但是，只要一个学生选择了某一门课程，这个学生就必须按照这门课程的要求遵守课堂纪律、完成规定学业。教授有权利对学生提出符合规章的课堂纪律要求，如不允许扰乱课堂秩序等。教授有权利对学生进行课程考核。在不违背大学精神的情况下，对没有能够达到课程要求的学生，教授有权利给予“不及格”的成绩记录，任何人（包括学校行政人员）不得干涉。

大学教育实际上属于成人教育的范畴。对于大学学子在学校的学习过程，大学教授只能通过学生契约加以规范，进而以教授自身的个性魅力和学术实力加以引导。对于主动放弃学习的学生，大学教授基本上是无能为力的。过度利用大学教授的优势，一旦突破了学生契约，就意味着实质上的教育失败。之所以把一位大学教授突破学生契约的做法称为教育失败，是因为大学教育的首要目的是“树人”。对照这个目的，可以看出，尽管突破学生契约的做法（如强制学习）可能会对某些学生有近期效果，但其对大学精神甚至公民精神的侵蚀是无法弥补的。因此，由于学生契约是每个大学教授头上的“紧箍咒”，一个大学教授要做好充分的心理准备，有时候不得不面对劳而无功但又束手无策的痛苦局面。对于那些实在是提不起学习兴趣的学生，如果激励、引导等正面手段都没有效果，剩下的就只有根据规章客观地给出成绩。如果学生达不到所在大学制定的毕业要求，大学有不给予毕业证书的权利。

（六）教授是提升大学整体效能的治校者

说起大学教育的不足，不少人会抱怨之所以做得不好，是因为没有实现教授治校。本书前面已说过，如果问一问这些抱怨之人，教授治校如何治、都治什么，得到的答案基本上是大白话，难得有可操作性。在欧美国度里，现代大学的一个核心价值确实是教授治校。根据上面的讨论，我们可以看出，大学教授整体是大学社会契约的实际签约人、履行者，而每一个大学教授又是学生契约的签约人、履行者。也就是说，大学教授通过自己的双重身份承担大学得以存在的两份基本契约，因此，大学教授便必然是治校者。前面的分析同时又告诉我们，教授治校有两重含义（见图 7-2）。第一重含义对应大学教授整体的治校，他们治校的最终目标是保障大学对社会契约的有效履行；第二重含义则对应大学教授个体的治校，他通过每一个课堂的治理而履行学生契约。

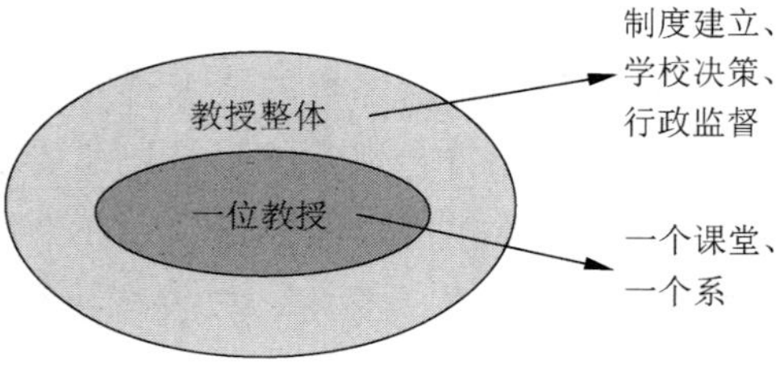

图 7-2　教授治校的双重含义

尽管涉及整个大学的治校，但是，一所大学的所有教授——教授整体，治理学校的方式并不是“当官”。在一个一定规模的大学里，各种行政部门分门别类、层级林立。首先是书记、校长，接着是常务副书记、常务副校长，为数不少的副书记、副校长，各种记名的副校长官员、校长助理、书记助理，接着是各种副校级机关的领导人，再下去是处长、副处长，以及比处级低一层级的各种科长、副科长。一个大学需要一定的行政架构是毫无疑问的。只要是完成大学的使命所需，怎么设立机构都不是问题。看看 21 世纪初的各大学，这些位置绝大部分竟然是教授占着。如果只有极少数教授参与行政事务，并不让人奇怪。但这样大面积、大规模的参与，并不应该。仿佛一个大学的所有行政岗位都由教授占着，教授治校就实现了。看看图 7-2 中，为了保证社会契约的有效履行，教授整体（faculty）治校大致覆盖三个方面：第一个方面是学校大政方针和基本制度的制定。当然，不可能由全体教授你一言我一语地写就大政方针，在一定程度上，教授整体只是批准这些基本制度，保证大学的运转不偏离大学精神。第二个方面是学校决策。这里的决策并不是维持大学日常运转的行政性决策，而是关系大学本质性改变的决策。例如，大学校长的推选、新院系的设立、学校各学科之间的平衡发展等。第三个方面则是对行政管理的监督。如前述，大学教授不会也不可能过多卷入大学的日常运作，而是委托校长全权负责，大学教授整体有权利也有义务对校长的行政措施、运转情况进行有效监督。

至于每一个教授个体，除了作为教授整体中的一员（faculty member）参与行使教授整体治校职能以外，他的个体治校职能主要体现在具体的课堂上。对于任何一个正式聘任到岗的大学教授，他的课堂就是作为一个教授（professor）治校的舞台。他不但有权利把一个课堂按照自己的方式治理好，同时也有义务这样做，以此为基础完成一份份学生契约。从大学的基本目标——“树人、育才”看，任何不能治理好一个课堂的教授都是不合格的。依照学生契约，这样的教授应该被从讲台上请下来。除了治理好一个课堂外，教授个体还会直接参与一个系的管理与治理。不过，这部分任务并不带有明显的行政色彩，更多的还是学术的、教学的管理与治理任务。一个课堂的治理是大学的根本与具体价值所在，而整个学校的治理则是大学的大是大非所在。事实上，在一个大学里，如果多数教授没有意愿（或者有意愿无能力）治理好一个课堂，那么很难想象由这样的教授组成的教授整体可以行使好群体的治校权。“教授治校”的状态有一个很好的衡量标准，就是大学教授对大学的拥有感与归属感。对于一个具体的教授，作为教授整体的一员（a faculty member），他视所在大学为自己生命的一部分；作为一个课堂的授课者（a professor），他认定这个课堂是自己的，是自己实践人生的舞台，无法与自己在精神上割离。

第三节　中国教授学术职业的多维建构

一、教授学术职业的多维建构

（一）内在制度建构

从我国大学发展的历程和现实状况来看，我们探讨现代大学制度正是因为我们的大学还远没有达到大学充分发育的“理性”高度，与现代大学制度的内在要求还有较长的距离，这也正是包括教授学术职业发展在内的大学改革所要逼近的目标。据此，在现代大学治理体系建设时期，包括教授学术职业发展制度在内的我国现代大学制度建设也面临两重任务：一是把大学定位于学术组织来建设，在政府逐步下放办学自主权的同时，厘清大学的组织边界，使学术自由、大学自治的办学理念贯穿于大学制度建设中；二是大学在回应越来越强烈的社会问责的同时，加强大学内部的自律机制，培育大学的内在学术传统，使各项制度最终服务于大学的主旨目的。

在内部制度建设上，至少要做到以下一些方面：其一是学术为本，这是制度建设的根基。大学之所以是大学，就是因为“学术”两个字，因此而区别于其他组织。制度上一定要真正保障学术自由和终身教授制度，建设好学术公正和教授学术评价制度，建设好学术道德和学术管理规范制度。其二是科学管理，这是改革的必然要求。管理模式是实行共享决策和参与管理，权力配置是学术权力和行政权力的协调，组织制度是做到规章制度的完善，完善好人事部门的服务职能。

（二）外在制度建构

1. 政府管理方式的转变

根据学术自由的原则，学术只有在自由、公平的环境中才能成长、繁荣。政府靠审批和确定学术等级来约束学术的做法应尽可能消除。

2. 建设学术劳动力市场

教授和学术行政人员被称为学术劳动力，学术劳动力市场与一般劳动力市场一样，也是由供给方、需求方及劳动力价格三个要素构成的一个系统，但是，它在受市场资源配置作用制约的同时，也深受学术职业和学术活动自身特点的影响。

3. 建设好法律环境制度

法律环境制度的建设主要是从教授聘任制上来看的，也就是为了更好地履行前述的“社会契约”和“学生契约”的需要，从而维护好教授的合法权益。美国学者拜兹在对美国教授聘任制中存在的法律问题及司法诉讼案例等进行研究和审视后，推荐如下做法，值得我们借鉴。

（1）大学应使法律顾问参与决定续聘、晋升和终身职决策的政策和程序。（2）续聘、晋升和终身职政策应该是明示的、不含糊的、一致的，这些政策应明确地阐明终身职如何才能获得等程序性的问题。（3）大学应当消除或减少那些在大学书面政策中没有特别提及的做法。（4）大学的官员和重要行政人员应该被告知他们的行动和言辞可能使大学受到默示契约的约束。（5）大学中所有的单位应该接受单一的续聘、晋升和终身职政策的管制，尽管标准在各单位之间可能存在差异。（6）续聘、晋升和终身职标准应该足够地明确，能为教师提供指导。（7）教师应该被提供尽可能多的信息来准备续聘、晋升和终身职审查。（8）当教师被解除合同时，学校应为其提供程序性的保护。（9）大学应为新雇佣的教师提供职业发展方向的指导。（10）大学应制定对教师进行年度评估的程序。（11）教师应被告知任何绩效问题都有足够的时间加以改进。（12）教师应该得到即便是很少的、经过删改的绩效评估和同行评议材料的副本。（13）大学应承诺杜绝歧视并采取达到这种目的所需要的各种步骤。（14）大学应当知晓与肯定性行动相关的重要的法律、政治和社会利益。（15）参与评估和审议过程的个人必须知道就业歧视法律的基本知识。（16）大学应当建立简便易行的申诉程序。（17）大学应考虑采纳各方遵守的仲裁或其他解决争议的替代办法。①

4. 建设好的组织文化

在组织文化的建设上，可以采取以下措施。

第一，应着眼于创设宽松、自由、和谐的学术氛围，提供一种自主创新的工作环境。教授的工作不是简单的模仿和复制，而是来自他们在教学和科研活动中的不断创新②。如果把太多的官僚作风强加在学术研究人员身上并限制他们创造性的发挥，大学中的新学术的概念将会消亡。学术无法计划、无法靠硬性的管理来催生，“管得太具体，学术没希望”。硬性的管理只能引起教授的抵触情绪，不利于创新。尊重学术研究人员的自主性，学校应提供一个“宽容”的政策，营造一个“宽松”的学术环境和氛围。

第二，培育学者文化，营造教授民主参与管理的组织环境。大学不

---

① 陈文申：《公共组织的人事决策：转型期中国大学人事改革的政策选择》，河南人民出版社，2002 年，第 212-213 页。

② 郭丽君：《大学教师聘任制改革中的组织文化建设》，《辽宁教育研究》，2006 年第 10 期。

仅要激发教授在学术、科研和教学中的积极性和主动性，而且要培育独立的学者文化，确立广大教授在民主管理中的地位和作用。学校的发展需要引起态度的变化。外部强加的改革之所以容易失败，就是因为改革与其执行者——教授的价值观不一致和不和谐。“由于组织最终要反映到参与者的头脑之中，所以有效的组织改革就意味着文化的变化。”①

第三，应创造促进大学教授成长和职业生涯发展的良好环境。（1）强调文化育人理念。文化育人主要以校园文化建设为载体和平台。涂又光先生有个著名的“泡菜理论”：校园是泡菜坛，文化就是泡菜水，学生就是泡菜；有什么样的泡菜水，就将泡制出什么样的泡菜。该理论形象地说明了校园文化的育人功能。校园文化内涵丰富，涵盖了精神、物质、思想、制度、活动等各个方面，校园文化的建设也是全方位和多层次的，其育人功能也应全方位体现。因此，促进教授积极投身校园文化建设具有重要的意义。要鼓励教授参与校园环境美化、人文思想交流、校园文化活动、管理体制制定等项目，积极为校园文化整体氛围的营造献计献策、身体力行，将个人力量汇聚成环境育人、文化育人的强大影响力，使学生融身其中得到潜移默化的教育，充分发挥文化的育人功能。（2）完善教授培养机制。大学对教授的知识、能力和水平的培养机制包含各方面内容，如入职培训、业务培训、学习进修、技能培训等。为了强化大学教授的育人职能，要在重视业务的同时，将提高教授的育人能力和水平纳入培养体系，进一步完善培养机制。基于此，要针对实际，制订明确的培养方案，正如顾明远所指出的，除了教学专业水平和文化素养的提升外，教师要有“提高教书育人能力的学习，掌握教育学、心理学、教学论的理论和能力，不断改善教育方法”。另外，要通过积极组织开展各类主题活动强化大学教授对育人职能的认识和理解，使其开阔眼界，创新理念，有效提升教书育人、管理育人和服务育人的能力和水平。还要发挥监督机制和考核机制的作用，将育人成效纳入绩效评价体系和人才遴选体系，促使教授重视育人职能并自觉履行。（3）健全教师教育体制。研究显示，教育体制对教师行为具有重要影响。健全的教师教育体制是教师深化认识、更新观念、强化行为的保障和前提。

① ［英］托尼·布什：《当代西方教育管理模式》，强海燕主译，南京师范大学出版社，1998 年，第 214 页。

在教育途径的建设中，不仅要积极组织学习讨论、专题报告、座谈会、经验交流会等多元化的教育活动，开展各类评选表彰活动，使教书育人的模范教师成为榜样和标杆，而且要重视教师的日常教育实践。一方面要大力引导教师关爱学生的成长，开展师生互动活动，增进师生感情；另一方面要注重实施个性教育和特长教育，鼓励教师培育学生的主动精神和创造性思维，积极发掘学生的兴趣和潜能。

二、教授学术职业的行为调适

（一）教授要全身心地投入

全身心地投入是教授教书育人的前提和保证，在这种教育中，教授个人的成就几乎没有人会注意到。教授不是抱着投机的态度敷衍了事，而是全身心地投入其中，为人的生成——一个稳定而且持续不断的工作而服务。① 对于教授来说，从事教学研究、学术研究、学术交流等工作需要花费很多的时间和精力，育人工作烦琐细碎，很多人往往会感觉有心无力。优秀的教授会结合对学生的教育引导，把工作与教学、研究等环节相结合，结合学生的实际需求，全身心投入，营造春风化雨的育人氛围。

（二）教授要努力培养学生

教师与学生的关系体现在六个问题中：一是最优秀的教师知道什么，了解什么？二是他们如何为教学做准备？三是他们对学生的期望是什么？四是他们如何教学？五是他们如何对待学生？六是他们如何检查自己的进步和评价自己的努力？卓越教授（教师）的教学模式是只有当学习发生时教学才发生，教学就是一种状态。在这种状态里，大部分学生将会发现他们的学习潜能。也就是说，教育还是教授培养和发掘学生能力的过程。

（三）教授要真心关爱学生

爱是教育的原动力，教授要在对学生的真心关爱中实现教育内涵的升华。“爱的施予，例如在教育中对年轻一代的爱护并非降低格调——

---

① 程良宏，陈伟：《迁徙与守望：“候鸟型”乡村教师现象审思》，《教育发展研究》，2020 年第 z2 期。

除非你被统治欲迷住或是为图利的目的去教育——而是达到自我升华。”① 真心热爱学生，以生为本，关爱每一名学生的成长进步，努力成为学生的良师益友，成为学生健康成长的指导者和引路人，是教授履行育人职能的基本要求，也是高素质人才培养的重要内容。

（四）教授要树立良好风范

教授履行育人职能是自己作为教师的主要职责，教授主要通过言传身教、以身作则来体现教授的风范。一要志存高远，具有远大的追求和坚定的信念，具有高度的使命感和责任感；二要淡泊名利，坚守高尚情操，甘为人梯，乐于奉献；三要奋发进取，积极探索教育教学规律，更新教育观念，改革教学内容、方法、手段，勇于创新；四要健全学术人格，恪守学术道德，发扬优良学风，养成求真务实和严谨自律的治学态度。

（五）教授要提升自我内涵

即便是教授，也要时刻提升自己，自我内涵的提升对提高教授个人威望和人格魅力、正确引导和教育学生极其重要。学习型的大学主要包括两方面的学习：教师的学习与学生的学习。教师在教书育人的同时，更要坚持自我学习。要加强自我道德修养，人才为本、以德为先，通过师德修养的提高塑造教授的良好形象，使身教与言教有效结合；要强化教授主体意识，通过不断主动地学习，实现自我更新、自我发展，提高业务水平、文化素养和内在涵养；要努力提高教授的综合能力和水平，努力具备传授知识的能力、综合运用知识的能力、创新知识的能力和实践知识的能力。

三、教授学术职业的制度建构

光有名家（教授）还不够，制度建设同样很重要。② 制度必须一点一点地建立。“如果只要是‘名角’，就去捧，就去挖，而不去考虑对大学的发展是否有好处，这可就念歪了梅校长的真经了。”③ 管理制度和政策导向对大学教授的行为影响显著，科学合理的制度和政策有利于激发

---

① ［德］雅斯贝尔斯：《什么是教育》，邹进译，生活·读书·新知三联书店，1991 年，第 92 页。

② 陈平原：《大学何为（修订版）》，北京大学出版社，2015 年，第 36 页。

③ 陆海：《研究型大学学术文化考量》，《江苏社会科学》，2008 年第 s1 期。

教授的潜力，充分发挥教授的才能，产生积极的作用，而保守落后甚至不合理的制度和政策会压制教授的兴趣，限制其才能的发挥。管理制度和政策的制定者需要理解和掌握教授实际，在社会、教育、学校、学科、专业发展需要的前提下，对教授进行分类指导、重点推进，而范式的建立有助于管理者客观认识的形成。我们要注重培养“研究型的管理者”。教育管理者要具备研究者的素质和诉求，以研究的眼光和视角实施教授的管理工作，尊重学术原则和学术规律，尊重教授的发展规律和内在要求，充分发挥教授的能力和水平，使教授作为大学中的主要人才资源，人尽其用、才尽其能。

四、教授在学术与政治之间的定位

教授恰当的发展定位是在“学术本位”和“政治本位”之间找到平衡点。单纯的学术本位或单纯的政治本位都是不可取的。“学术本位”割裂与政治的联系，揭示了教授拒绝政治干预，按照自己的价值偏好自主地开展学术探究、整合、应用和传播的心理倾向和行为特征。“学术本位”状态下，教授学术工作的现实意义是教授群体凭着自己的理性自主开展学术活动，而不是依照政府和政党所提供的现实问题开展学术探究。实际上，教授这种自主研究、自主传播、学术至上的做法忽略了学术改造现实、服务社会的应有功能。按照美国学者布鲁贝克说的，当社会发展到“过去根据经验就可以解决的政府、企业、农业、劳动、原料、国际关系、教育、卫生等问题，现在则需要极深奥的知识才能解决”，“人们探讨深奥的知识不仅出于闲逸的好奇，而且还因为它对国家有着深远影响。如果没有学院和大学，那么，想解决我们复杂社会的复杂问题就几乎是不可能了”。① 这揭示了学术至上在现实社会中是会遭遇阻力的，学术要适当兼顾社会的需要，要承担对社会问题的解决，而不能“独善其身”、不问世事地孤芳自赏。因为学术只有联姻政治方能对社会产生直接的强大的影响，学术与政治联姻也获得了学术发展所必需的资源。现代社会条件下，现实问题愈来愈复杂，愈来愈依赖学术的参与才能有效地解决，因而单纯的“学术本位”也难以得到民众的理解和支持。

---

① ［美］约翰·S. 布鲁贝克：《高等教育哲学》，王承绪，郑继伟，张维平，等译，浙江教育出版社，2002 年，第 15 页。

蔡元培主掌北京大学时期之所以能够出现趋于“学术本位”的形态，是因为当时的中国处于非正常的政治秩序之中，军阀们忙于混战和争权夺利，无心开展国家建设，也无意关注学术事务，只要不从事颠覆其统治的行为，北洋政府都无暇顾及。当然，这种非正常的社会环境是不会长久的，历史的现实有力地证明了这个道理。当各路军阀不顾国计民生而忙于混战时，北伐战争便让北洋政府顷刻之间垮台。这从一个侧面反映了当时的北洋政府因无心搞建设而不企图干涉学术事务的情形。在正常的社会秩序下，社会的各项建设应该有序地开展，教授拥有的知识智慧也应该被政府、社会所看重，政府、社会应该采取政策引导、财政拨款等方式干预大学组织的学术活动，以使其更好地为政府、社会提供智力服务。翻阅中外大学发展史，不难发现，正常统治秩序下，政治往往会引导学术发展，而学术也会视情况做出理性的回应。学者与政府、社会应保持一定的合作关系。

同理，教授单纯追求学术权利的“政治本位”也是非理性的。它揭示了教授忘记学术自身的发展规律，完全按照政治需要的逻辑开展学术工作的非理性行为。这可能出现两种严重的后果：其一，学者穿凿学术。这在人文社会科学领域表现最为突出。认同学术应该臣服于政治的干涉，学者（教授们）会自觉地按照政党、政府的政治利益去牵强附会地进行文字的逻辑组合。其二，学术领域片面发展。“政治本位”的思想意识下，教授们聚集在政治所需的学科领域开展学术活动，那些政府、社会所不急需的学科知识将被忽略。这同样不是学术发展的理性态势。因为学术应该是包罗万象的，任何高深知识都是学术探究的对象，而不论当下政治需要与否。学术领域的自然科学、社会科学、人文科学，每一种学术都有其社会价值，它们的区别仅仅在于不同时期、不同历史条件下某种学术更为迫切而已。因为，自然科学的学术帮助人类揭示自然的奥秘，帮助人类从自由走向自为，提高人类生活的质量；社会科学的学术帮助人类建设和谐的社会关系，创造和谐幸福的人类生活；人文科学的学术帮助人类认识自我，从自我的羁绊中走出来，实现自身潜能的大发掘。这三个方面的学术对于人类和谐美好的生活都是必需的，因而不能采取发展某种、禁止某种学术的极端做法。故而，“政治本位”所造成的学术臣服于政治力量的态势也是不能长久存在的。[①] 学术让位政治的现象是短暂的历史现象，一旦社会秩序转入正轨，各项建设有序开展的时候，这种政治干预学术发展的局面便会发生转变，历史早已证明了这个道理。因此，在学术与政治的关系上，理性的态度应该是——学术与政治保持一定的联系，学术既要遵循自身发展的规律，又要适当兼顾政治需要，适当地调整学术活动的领域和方向，但是不能唯政治命令是从，违背学术发展的内在规律开展学术活动。教授要在“学术本位”和“政治本位”两个端点之间不停地游弋，而不能靠近或停留在某个端点，这种游离的状态便是应该倡导的教授发展的适当定位。

进一步看，如何理性地把握学术与政治之间的关系呢？借鉴历史的智慧，笔者认为，根据学术与政治之间不可分割而又彼此独立的特性，它们之间的关系应该是既联合又分离的平衡形态。因为，学术与政治完全融合或绝对隔离既是对学术发展的戕害，又是对政治前景的谋杀。趋向两种极端形态的学术权利仅仅在较短的时期内、特定的条件下存在。当社会稳定发展时，学术与政治应该是一种既亲近又疏离的关系，应该在“学术本位”与“政治本位”两个端点之间来回游弋，而不能停滞于某一端点。

当前及未来的中国社会是否会形成这种学术与政治之间的平衡理性模型呢？回答是肯定的。第一，中国的民主法制建设为这种模型的形成提供了制度保障。中国大学及其学术在曲折中前进，终于在 20 世纪 70 年代末迎来了发展的春天。1978 年 5 月全党开展的思想大讨论，明确了实践是检验真理的唯一标准的认识路线，这是一次思想的大解放，对于学术来说更是枯木逢春、重焕生机的绝好时机。1985 年颁布实施的《中共中央关于教育体制改革的决定》规定了逐步放权和让高校自主发展的原则，确立了大学独立法人的地位。1998 年《中华人民共和国高等教育法》的颁布施行以及“985 工程”建设的全面推进，无一不越来越多地赋予大学办学自主权。大学基本上都开展了大学章程建设，依据大学章程自主办学，有的大学在大学章程建设和运行中已经取得了宝贵的经验

---

① 夏仕武：《大学教师学术权利的制度设计研究》，北京师范大学出版社，2011 年，第 319 页。

和可喜的成绩。

第二，市场经济体制所倡导的民主、平等、自由的观念逐步深入人心，这为教授自主开展学术工作提供了心理基础。计划经济体制与市场经济体制是两种不同的体制，计划经济讲究等级、集中、服从，而市场经济注重平等、自由、竞争。市场经济的价值观和思维方式与精神气质更有助于教授独立意识和自由精神的形成塑造，这对学术研究与传播都是非常必要的。因为，学术自由是学术发展的本质要求，而当前的时代为自由、民主、独立精神的形成与传播提供了有利的社会条件。另外，最为重要的一点就是市场经济的运行模式使得简单的行政命令去干涉学术发展变得越来越不可行，教授只要有独立人格和自由精神，他们完全可以按照学术的逻辑和自己的志趣去探索前进。当然，教授的社会良心也让有着人文关怀的人要兼顾社会的需要开展利国利民的学术探究和传播工作。

第三，国际合作交流愈发频繁所形成的多元文化为教授自由开展学术活动提供了思想基础。思想的自由能够有力地推动学术的发展。人类科学发展的历史早已揭示了这样的规律。①

这三个方面的因素在当下和未来的中国会持久地存在，笔者认为，未来教授学术权利的发展定位较为理想的状态就是在学术和政治之间保持平衡。教授在学术活动中完全可以与政治保持既合作又独立的理性关系。

第四节　健全教授学术职业的权利保护体系

一、丰富教授的权利体系

教授作为专业的学术职业工作者，其权利保护不能仅仅停留在劳动权上，而要以学术权利作为建构教授权利保护的核心。学术发展具有自己的逻辑而不受制于行政权力，其发展的动力来自学术自由，而这种学术自由要求学校管理者要忍受教授特立独行的做法，禁止学校以维护学

① 夏仕武：《大学教师学术权利的制度设计研究》，北京师范大学出版社，2011 年，第 320-321 页。

校纪律为由通过解聘等方式排斥教授中的另类。支持学校对教授予以解聘或做出其他处分的理由必须是学术自由行为“切实危害”到学校的正常运转。“切实危害”是一个不确定的概念，其含义界定取决于一个社会、国家的特定制度、生活方式，但这种“切实危害”标准较好地平衡了教授和学校的利益。当然，学术自由也不能成为教授违背主流价值观、越过人类伦理底线的借口。即便是最狂热的学术自由鼓吹者也会承认，一名教授应该是负责任的，如果他在教室内犯有粗心教学或对他所表达的信息和思想作误导，那么他应当服从于学术团体的适当的和相称的纪律约束。① 教授的权利应当包括：选择研究方法、研究内容权；发表研究成果权、表达专业意见权；参与同行评议的学术评价权；制定学术规则的参与权；教学方法和教学内容自主权；开设课程权；获得薪酬权、培训权；对学生的学术评价权；校务参与权；职业保障权；获得公正评价、公正待遇权；程序保障和救济权。②

二、强化教授的主体地位

北京大学前校长蒋梦麟说：“在一个大学中，校长、教授、学生是三种势力。如果三者之中，有两种联合起来，反对其余一种，一种必然失败。梅贻琦跟教授相处很好，常称：大学者，有大师之谓也；校长的职务是率领职员为教授服务。”③ 这些言论都是对教授主体地位的突出。教授参与管理活动是维护其权利和保护学术自由的必备条件。教授并不仅仅是一个领取薪金的雇员，还是一个学校管理者，教授在学校管理中的发言权大小与学术自由的保护程度密切相关。

传统上大陆法系的教授参与大学自治管理的方式主要是教授治校，胡适曾指出，欧洲大学能得以长久有两个因素：一个是主持财产的董事会，一个是终身任职的教授会。④ 教授会作为与大学校长平行的组织机构，代表教师行使大学学术决策、评价和管理的权利，大学的学术自由扩大是以大学内同领域的学术人员为主，现在已经不限于教授而扩展到

---

① 安宗林，李学永：《大学治理的法制框架构建研究》，北京大学出版社，2011年，第223页。

② 唐巍华，李自茂：《多中心治理理论视野下的大学章程研究》，《赣南师范学院学报》，2010年第2期。

③ 李麟：《清华大学凭什么出名》，同心出版社，2012年，第248页。

④ 姜义华：《胡适学术文集：教育》，中华书局，1998年，第266页。

大学职员。依德国大学纲领法规定，并非所有大学内的教师都为大学的当然成员，德国大学成员分为当然成员、拟制成员和法律扩及成员三种，教师分为教授族群与大学讲师族群。① 在中国台湾地区，随着1990年以来的高等教育改革，学校权力从校长个人转移到了教师群体，校务会议作为决策单位负责审议校务发展计划及重要章则与规程，由校长、副校长、教师代表、学术与行政主管、研究人员代表、职员代表、学生代表及其他有关人员代表组成，其中教师代表人数不得少于全体会议人员之1/2，同时又建立了教师评审委员会和教师申诉评议委员会，前者负责审议教师聘任、升等、停聘、解聘、不续聘与资遣等事宜，后者则受理教师不服上述事宜的申诉，显然教师成为大学治理中的主要力量构成，不过教授治校的传统痕迹依然非常明显，比如校务会议教师代表中具备教授或副教授资格者，以不少于教师代表人数之2/3为原则。“美国大学虽然深受欧洲大陆模式影响，但却没有沿袭学者行会模式，而形成了独特的权利保护模式，即依靠美国大学教授协会（AAUP）实现教师权利自救，AAUP自成立以来，致力于教师学术自由和参与院校管理权利的保护，制定了有关学术自由和教师终身聘任的制度规范，推动学术自由原则和终身聘任制的实施，制定了教师参与大学管理的制度规范，开展学术管理重建运动，争取教师在大学管理中的权利，特别是采取调查和调停教师投诉、集体谈判、公布谴责院校名单等实际措施，促进教师权利的实现。”② 在AAUP的推动下，教师参与学校管理的制度逐渐规范化，教师基于学术自由而参与学校管理的权利是学术审议权，这种权利通过学术委员会的方式来审议决定师资、资源分配和规划、教师权益和工作条件、待遇等涉及教师权益的事项，教师作为一个整体履行着广泛的学术评价功能，特别是利用同行评议制度在聘任、晋升和终身职授予等事项中发挥教师的决定性作用，教师招聘并不是雇主选拔教师的过程，而是教师选择自己同行的过程。“虽然校长名义上享有教师的

---

① 安宗林，李学永：《大学治理的法制框架构建研究》，北京大学出版社，2011年，第224页。

② 安宗林：《大学自治框架内的学术自由保护》，山东大学硕士学位论文，2010年，第45页。

聘任权，但实际上它属于教师的决策范围。这是学校中最重要的权力之一。”①

三、建构适切的学术评价机制

以 2020 年 10 月中共中央、国务院印发的《深化新时代教育评价改革总体方案》为牵引，系统设计中国本身的评审制度，去除极端西方化倾向。

① ［美］唐纳德·肯尼迪：《学术责任》，阎凤桥，等译，新华出版社，2002 年，第 155 页。

后　记

教授的本质是什么？

我是什么时候知道“教授”这个词的呢？可能是上中学的时候吧。现在回想一下，“教授”这个词语最早进入自己的意识系统的时候，第一感觉应该是“这是一个很高尚、很厉害的称谓”，朦朦胧胧中觉得这是让我羡慕的一个职业。我出生农门，伴随着祖国改革开放的步伐成长，体验了农村从20世纪80年代到建党100周年期间的变化，经历过祖国最边远山区低质量的农村中小学教育，学习成绩不好的我一路跌跌撞撞地考上了大学本科，之后考上了硕士研究生，到大学工作后考上了博士研究生，没有想到，最后自己也成了一名大学教授。

“教授”在我心中，一直以来都是“望之如神仙中人”（季羡林先生语），尤其是从我小时候到上大学本科那段时间，对季羡林先生此观点更是感受鲜明。那么，一个教授究竟要具备什么样的资格或水准才能称得上是“神仙中人”？马克斯·韦伯说：“一个学者要想赢得社会的认同感，无论就其表面和本质而言，个人只有通过最彻底的专业化，才有可能具备信心在知识领域取得一些完美的成就。”韦伯所说的主要是强调其专业水准或专业能力。是的，专业水准是前提。季羡林先生没有解释他所说的“神仙中人”，我的理解是，做到专业能力和公共能力兼容并包，才是教授身份获得同行认同和社会认同的基本坐标。这样才起码具备成为“神仙中人”的资格。本书所有篇章的阐述，或许可以将中心点归纳于此——教授的专业水准和公共能力。

从专业水准上，可以追问一个问题：教授能够贡献些什么？

从公共能力上，可以审视一个问题：教授如何走出象牙塔？

教授能够贡献些什么？

在这个角度问这个问题，大抵问的是教授在学术共同体内应该具有什么样的学术水准。学术共同体是个金字塔，站在塔尖的是极少数人，是大师，是泰斗；次一级的，是名家，是学术带头人；占据中间位置的，是取得不俗业绩的学者；而处于底端的，是绝大多数学者，虽一生忙碌，但到头来默默无闻。金字塔的不同位序，或许可以说明教授的专业能力，但并不是说金字塔各层级之间的人没有关系，一个好汉三个帮，红花需要绿叶扶。大师的产生离不开生活于其中的社会形成一种浓郁的学术氛围，假如没有一定数量的从业人员以及他们的研究作为基础，大师的高峰怎能拔地而起？并且，假如学术共同体里都是大师，等于没有大师；学术成果都是精品，等于没有精品。引用北京大学钱理群教授的观点来判断教授的专业水准是——“正教授的资格是，在你的学术领域有所创新，并开出一条像样的道路，有人选择并跟进这一条路；副教授的资格是，在你的学术领域有公认的贡献，并保持高水准以上的质和量；助理教授的资格是，在你初出茅庐之际，一定表现得有活力、有潜力，让人觉得假以时日，你会有贡献也有创新”。从专业水平的角度，我很赞成这个判断标准。

具体怎样看待教授的专业贡献呢？可以从两个视角进行理解：一是任何一个教授从事的专业都是一个系统的理论教育，因此不能回到学校寻求实际问题的解决方法，教授的价值在于系统、科学地研究和传授相关专业理论，而不是解答作为某些其他人的问题；二是很多人来到学校就是带着问题来、要拿到方法走，就是要教授回答社会相关领域的具体问题，而不仅仅是给予理论的传授。这两方面独立来看都没有错误，但是我们需要回答的不是谁对谁错的问题，关键的问题是，我们需要回到前述问题上去，即教授应该如何贡献价值。据此，教授必须回答“我能贡献什么”，这是教授的价值所在。基于对这个责任的理解，教授应该在以下几方面贡献价值：

一是让人反思。大学是一个反思的地方，是一个从经验实践中抽身出来并从中学习的地方。任何人来到大学这个可以反思的地方，都应该进入一个纯粹思考的环境里，让自己离开经验而进入纯粹的学习中。教授带领他人在这个学习的状态里，不再关注事物本身而是关注事物之间的必然联系，所以教授需要做的是，引导学生进行批判性的反省，抽身出来重构自身的某些东西，用理性的、逻辑的方式审视自身的一切。

二是传授分享而非知识。信息时代，任何人的学习都是一方面体现了学习自身的重要性，另一方面表明任何人都越来越依赖于他人提供的信息和技能，教授也不例外。从这个角度看，判断相关专业课程的效果不是看教授讲授了什么，而是看学生学到了什么。这就更需要彼此分享知识。

三是教晓综合而非分析。人类的知识发展至今，所有的知识课程都被独立地界定了出来，每门课程都有自己的独立体系。社会生活的很多问题都被掩盖在课程的细分之中，所以，在具体的实践现实中，置身其中的人会因为陷入特定的事务中而被这些细分的职能所遮蔽。但是，在大学里学习研究的，主要是学习方法而不是某些具体细节，要学会综合思维。教授不要单纯地执着于细分的每一个课程，而要以某些细分的课程为桥梁来带有综合性地培养人才。因为综合性是特定工作和生活的真正精髓。一个教授要是能够培养学生的系统思维能力，这个教授应该是一个合格的教授。

四是启发思考而非解惑。在学习型社会，主要的学习方式有两种：个人学习和组织学习。在大学里，教授的作用就是让个人学习和组织学习能够发生联系。解决问题的人永远是面临问题的人自身，他人不能代劳而只能指点。

教授如何走出象牙塔？

大学教授所置身的是一座象牙塔。能否把专业能力或多或少地转化为公共能力，这是教授的公共能力的表现。

象牙塔，美丽而尊贵，充满了文明的气息和艺术的魅力。生活在象牙塔之外的人们，很少能否认象牙塔的艺术价值和魅力，那么，生活在象牙塔之中的教授，又该如何看待自己和象牙塔呢？英国近代学者科林伍德说，象牙塔看似高雅精致，却是一种自我囚禁。他指出，囚禁在象牙塔里的艺术精英除了自己之外别无可谈，谈完了自己就互为观众。他认为，全部无聊、麻烦、伤害，就产生于这种小空间里的“互为观众”。科林伍德批评的对象是艺术和艺术精英，他的批评也是有理有据的。那么，文明自身会不会由于人们的“互为观众”而凋萎呢？

科林伍德得出一个惊人的论断：“真正的文化人、艺术家要做的事，正是文化艺术界竭力要反对的事。这个事，就是出走。”

那么，对于一个文明的囚禁者们而言，什么是出走？谁又是出走者呢？怀疑、探索、创造、变革、开放、分工，这些群体意识，就是对文明的出走。怀疑者、探索者、创造者、变革者、开放者、领导者，这些人类群体，就是文明的出走者。要想成为具有公共能力的教授，理当成为这样的出走者。象牙塔里“互为观众”的囚禁者们只要看到有人离开，就会暂时地一致对外，对付出走者。然而，正因为这样方才证明，除了出走别无选择。因为公共能力是教授理当具有的能力，服务社会理当是教授承担的职责之一。

出走，是居住在象牙塔中的教授获得社会高度认同的唯一选择。只有走出自我囚禁，教授才可能认识自己。换言之，教授只有出走，才能把自己的学术能力转化为公共能力。

也许人们会怀疑：“离开象牙塔？难道我们要抛弃自己的文明吗?”不是的。象牙塔的囚禁是出走的理由，但是象牙塔也是文明进步的起点。象牙塔看似在我们的身外，实际在我们的心中。走出象牙塔，就意味着心中得到一座更尊贵、更美丽的象牙塔，身外得到一个更文明、更幸福的世界。

只有把学术职业能力转化为公共能力，以教授为主体所创造的文明之花才可能永不凋萎。

王　飞

2021 年 3 月 25 日于济南长清大学城